U0893242

汽车检测与故障诊断技术

主　编：蒲云刚　周　旭
副主编：宋　欢　佘晓东　姜招祥

东北师范大学出版社
长　春

图书在版编目（CIP）数据

汽车检测与故障诊断技术 / 蒲云刚，周旭主编.
长春：东北师范大学出版社，2024. 6. --ISBN 978-7-5771-1585-6

Ⅰ. U472. 9

中国国家版本馆 CIP 数据核字第 20243QH934 号

□责任编辑：吴　琼　□封面设计：创智时代
□责任校对：徐　莹　□责任印制：侯 建 军

东北师范大学出版社出版发行
长春净月经济开发区金宝街 118 号（邮政编码：130117）
电话：010-82893125
传真：010-82896571
网址：http：//www. nenup. com
东北师范大学音像出版社制版
长春惠天印刷有限责任公司印装
长春市绿园区城西镇红民村桑家窝堡屯（邮政编码：130062）
2024 年 6 月第 1 版　2024 年 6 月第 1 次印刷
幅面尺寸：185 mm×260 mm　印张：14　字数：314 千

定价：39. 80 元

前 言

为适应职业教育改革与发展的需要，全面实施职业教育培训与创新工程，为职业教育教学提供更加丰富的教材、实用教程，专业教师与企业技术人员按照教育部办公厅等部门制定的《中等职业学校汽车运用与维修专业领域技能型紧缺人才培养指导方案》的要求，通过对汽车检测行业岗位进行调研，紧密结合汽车检测维修行业的实际需求，编写了本教材。

本教材力求贯彻以全面素质教育为基础，以能力为本位的职业教育教学指导思想，从社会发展对高素质技能人才培养实际出发，突出体现了职业教育特色。

1. 注重汽车人才市场职业岗位对人才的知识、能力要求，力求与国家职业资格标准衔接，突出理论实践的一体化，重在职业能力的培养。

2. 以汽车维修关键技术操作为核心，立足专业知识、综合能力的培养，以项目引领新模式构建学习内容，突出实用理论对实践的指导，在强化技能的同时，引导学生扩展知识，养成持续学习的能力。

本教材由辽宁丰田金杯技师学院蒲云刚负责项目四中的 4. 1—4. 4 的编写，辽宁装备制造职业技术学院周旭任主编，负责项目二中的 2. 4—2. 7、项目四中的 4. 5 的编写。辽宁丰田金杯技师学院宋欢任副主编，负责项目一、项目五中的 5. 1—5. 5 的编写；佘晓东任副主编，负责项目三、项目五中的 5. 6—5. 7 的编写；姜招祥任副主编，负责项目二中的 2. 1—2. 3 的编写。全书由蒲云刚负责统稿、定稿。在编写过程中，编者参考了相关的文献资料，并且得到了华晨汽车工程研究院的专家、汽车企业骨干人员的协助与支持，在此深表感谢。

本教材可作为职业技术学院汽车工程类专业（车辆工程、汽车服务工程、汽车检测、汽车技术服务与营销等）的教材，也可供汽车行业的工程技术人员参考。

由于编者水平有限，书中难免存在疏漏和不妥之处，恳请读者批评指正。

编　者

2023 年 12 月

目　录

项目一 汽车检测概述及检测站

知识目标

1. 能够正确了解汽车检测技术的发展;
2. 应知汽车各类检测站的工位布置及检测项目。

能力目标

1. 能够正确叙述安全环保检测线各工位的检测设备;
2. 应会不同汽车的检测流程。

建议学时

学时：4 学时。

1.1 汽车检测与故障诊断基础

1.1.1 汽车检测与故障诊断技术基础理论

汽车检测诊断技术工作检修人员不仅要掌握完善的检测手段和分析、判断的方法，而且要有正确的理论指导和必备的基础理论知识。

诊断参数、诊断标准、诊断周期，是从事汽车检测诊断技术工作者必须掌握的基础理论知识。

一、诊断参数

1. 诊断参数概述

参数是表明某一种重要性质的量。汽车诊断参数是供诊断用的，表征汽车、总成及机构技术状况的量。

尽管有些结构参数（如磨损量、间隙量等）可以表征技术状况，但在不解体情况下直接测量汽车、总成和机构的结构参数往往受到限制，如气缸间隙、气缸磨损量、曲轴和凸轮轴各轴承间隙、曲轴和凸轮轴各道轴颈磨损量、各齿轮间隙及磨损量、各轴向间隙及磨损量等，都无法在不解体情况下直接测量。因此，在检测诊断汽车技术状况时，需要采用一种与结构参数有关而又能表征技术状况的间接指标（量），该间接指标（量）就是诊断参数。可以看出，诊断参数既与结构参数紧密相关，又能够反映汽车的技术状况，是一些可测的物理量和化学量。

汽车诊断参数包括工作过程参数、伴随过程参数和几何尺寸参数。

（1）工作过程参数。该参数是汽车、总成或机构工作过程中输出的一些可供测量的物理量和化学量。例如，发动机功率、驱动车轮输出功率或驱动力、汽车燃料消耗量、制动距离、制动力或制动减速度、滑行距离等，往往能表征诊断对象工作过程中总的技术状况，适合于总体诊断。例如，通过检测得知底盘输出功率符合要求，说明汽车动力性符合要求，也说明发动机技术状况和传动系技术状况均符合要求；反之，通过检测得知底盘输出功率不符合要求，则说明汽车动力性不符合要求，也说明发动机输出功率不足或传动系损失功率太大。因此，检修人员可以通过工程参数从整体上确定汽车和总成的技术状况。

汽车不工作时，工作过程参数无法测得。

（2）伴随过程参数。该参数是伴随汽车、总成或机构工作过程输出的一些可测量。例如，对于汽车、总成或机构工作过程中出现的振动、噪声、异响、过热等，可提供诊断对象的局部信息，常用于复杂系统的深入诊断。汽车不工作（过热除外）时，伴随过程参数无法测得。

（3）几何尺寸参数。该参数可提供总成或机构中配合零件之间或独立零件的技术状况。例如，总成或机构中的配合间隙、自由行程、圆度、圆柱度、端面圆跳动、径向圆跳动等，都可以作为诊断参数使用。它们提供的信息量虽然有限，但能表征诊断对象的具体状态。

汽车常用诊断参数见表 1-1。

表 1-1　汽车常用诊断参数

诊断对象	诊断参数	诊断对象	诊断参数
汽车整体	最高车速/（km/h）	发动机总成	额定转速/（r/min）
	加速时间/（s）		怠速转速/（r/min）
			发动机功率/kW
	最大爬坡度/%		发动机燃油消耗量/（L/h）
	驱动车轮输出功率/（kW）		单缸断火（油）转速平均下降值/（r/min）
	驱动车轮驱动力/kN		汽油车怠速排放 CO 的体积分数/%
			汽油车怠速排放 HC 的体积分数/%
			柴油车自由加速烟度/FSN
	汽车燃油消耗量/（L/km）或/（L/100km）或/（km/L）		排气温度/℃
			异响
	汽车侧倾稳定角/（°）	曲柄连杆机构	气缸压力/MPa
	汽车排放 CO 容积百分数/%		气缸漏气量/kPa
	汽车排放 HC 容积百万分数/10^{-6}		气缸漏气率/%
	汽车排放 NO_x 容积百分数/%		曲轴箱窜气量/（L/min）
	汽车排放 CO_2 容积百分数/%		进气管真空度/kPa
	汽车排放 O_2 容积百分数/%	配气机构	气门间隙/mm
	柴油车自由加速烟度/Rb		配气相位/（°）
汽油机供油系	空燃比	柴油机供给系	输油泵输油压力/kPa
	汽油泵出口关闭压力/kPa		喷油泵高压油管最高压力/kPa
	供油系供油压力/kPa		油泵高压油管残余压力/kPa
	喷油器喷油压力/kPa		喷油器针阀开启压力/kPa
	喷油器喷油量/mL		喷油器针阀升程/mm
	喷油器喷油不均匀度/%		各缸喷油器喷油量/mL
冷却系	冷却液温度/℃		各缸喷油器喷油不均匀度/%
	冷却液液面高度		供油提前角/（°）
	风扇皮带张力/kN		喷油提前角/（°）

续 表

诊断对象	诊断参数	诊断对象	诊断参数
润滑系	机油压力/kPa	传动系	传动系游动角度/（°）
	机油池液面高度		传动系功率损失/kW
	机油温度/℃		机械传动效率
	机油消耗量/kg 或 L		传动系统噪声/dB
	机油透光度/%	行驶系	车轮静不平衡/g
	清净性系数 K 的变化量		车轮动不平衡/g
	介电常数的变化量		车轮振动/（m/s^2）
	金属微粒的容积百分数/%		轮胎胎面花纹深度/mm
点火系	断电器触点间隙/mm	转向系	车轮侧滑量/（m/km）
	断电器触点闭合角/（°）		车轮前束值/mm
	点火波形重叠角/（°）		主销后倾角/（°）
	火花塞间隙/mm		主销内倾角/（°）
	各缸点火电压值/kV		车轮外倾角/（°）
	点火系最高电压值/kV		转向轮最大转向角/（°）
	火花塞加速特性值/kV		最小转弯半径/m
	点火提前角/（°）		转向盘最大自由转动量/（°）
其他	前照灯发光强度/cd		转向盘外缘最大切向力/N
	前照灯光束照射位置/mm	制动系	驻车制动力/N
	车速表允许误差范围/%		制动滞后时间/s
	喇叭声级（A 声级）/dB		制动完全释放时间/s
	客车车内噪声声级（A 声级）/dB		制动距离/m
	驾驶员耳旁噪声声级（A 声级）/dB		制动减速度/（m/s^2）

2. 诊断参数的特性与选择

在汽车行驶过程中，诊断参数的变化规律与汽车技术状况变化规律之间有一定的关系。能够表征汽车技术状况的参数有很多，为了保证诊断结果的可信性和准确性，检修人员应该选择那些符合下列要求或具有下列特性的诊断参数。

（1）灵敏性。灵敏性亦称灵敏度，是指诊断对象的技术状况在从正常状态到进入故障状态之前的整个使用期内，诊断参数相对于技术状况参数的变化率。

选用灵敏性高的诊断参数诊断汽车的技术状况时，可使诊断的可靠性提高。

（2）单值性。单值性是指汽车技术状况参数从开始值变化到极限值的过程中，诊断参数的变化不应出现极值。诊断参数值与技术状况参数值一一对应。

（3）稳定性。稳定性是指在相同的测试条件下，多次测得的同一诊断参数的测量值具有良好的一致性（重复性）。诊断参数的稳定性越好，其测量值的离散度（或方差）越小。

（4）信息性。信息性是指诊断参数对汽车技术状况具有良好的表征性。表征性好的诊断参数，能表明、揭示汽车技术状况的特征和现象。也就是说，诊断参数应真实地反映诊断对象的技术状况。

（5）方便性。方便性是指对诊断对象进行诊断时的难易程度。在汽车检测与诊断过程中，应选择那些易于对诊断对象进行诊断的诊断参数，即选择方便性好的诊断参数。

（6）经济性。经济性是指获得诊断参数的测量值所需要的诊断作业费用的多少，包括人员、工时、场地、设备和能源消耗等的费用。汽车诊断的目的是要查明汽车技术状况，视情况采用相应的维修措施，以便提高汽车的使用可靠性和经济性。如果诊断费用很高，则这种参数是不可取的。

3. 诊断参数与测量条件、测量方法的关系

不同的测量条件和不同的测量方法可以测得不同的诊断参数值。测量条件一般包括温度条件、速度条件、负荷条件等。多数诊断参数的测量需要汽车运行至正常工作温度，只有少数诊断参数的测量可在冷温下进行。除了温度条件外，速度条件和负荷条件也很重要。如发动机功率的检测，需要在一定的转速和节气门开度下进行；汽车制动距离的检测，需要在一定的制动初速度和载荷（空载或满载）下进行。对诊断参数的测量方法也有规定，如对于汽油车排放污染物的测量，应采用怠速法，各排气组分均要采用不分光红外线吸收型（NDIR）监测仪；对于柴油车自由加速烟度的测量，应采用滤纸烟度法，并要使用滤纸式烟度计。没有规范的测量条件和测量方法，无法统一尺度，因而测得的诊断参数值也就无法评价汽车的技术状况。所以，检修人员要把诊断参数及其测量条件、测量方法看成一个不可分割的整体。

二、诊断标准

诊断标准也称诊断参数标准，它是利用诊断参数测量值对诊断对象的技术状况进行评价的依据。汽车诊断标准是汽车技术标准中的一种，是对汽车诊断的方法、技术要求和极限值等的统一规定。

1. 诊断标准的类型

汽车诊断标准与其他技术标准一样，分为国家标准、行业标准、地方标准和企业标准四种类型。

（1）国家标准。该种标准是国家制定的标准，冠以中华人民共和国国家标准字样。国家标准一般由某行业部、委提出，由国家质量技术监督局批准、发布，全国各级各有关单位和个人都要贯彻执行，具有强制性和权威性。

（2）行业标准。该种标准也称部、委标准，是部级或国家委员会级部门制定、发布并经国家质量技术监督局备案的标准，在部、委系统内或行业内贯彻执行，一般冠以中华人民共和国某某部或某某行业标准，也在一定范围内具有强制性和权威性，各级各有关单位和个人也必须贯彻执行。

（3）地方标准。该种标准是地方部门制定并发布的标准，在地方范围内贯彻执行，也在一定范围内具有强制性和权威性，所属范围内的各级各有关单位和个人必须贯彻执行。地方部门除贯彻执行上级标准外，可根据本地具体情况制定地方标准或率先制定上级没有制定的标准。地方标准中的限值可能比上级标准中的限值要求还要严格。

（4）企业标准。该种标准包括汽车制造厂推荐的标准、汽车运输企业和汽车维修企业内部制定的标准和检测设备制造厂推荐的参考性标准三部分。

汽车制造厂推荐的标准是汽车制造厂在汽车使用说明书中公布的汽车使用性能参数、结构参数、调整数据和使用极限等中选择一部分作为诊断参数标准来使用。该种标准是汽车制造厂根据设计要求、制造水平，为保证汽车的使用性能和技术状况而制定的。

汽车运输企业和汽车维修企业内部制定的标准只在企业内部贯彻执行。有条件的企业除贯彻执行上级标准外，往往还能根据本企业的具体情况，制定企业标准或率先制定上级没有制定的标准。企业标准中有些诊断参数的限值甚至比上级标准还要严格，以保证汽车维修质量，树立良好的企业形象。一般情况下，企业标准应达到国家标准和上级标准的要求，同时允许高于国家标准和上级标准的要求。

检测设备制造厂推荐的参考性标准是检测设备制造厂针对本设备所检测的诊断参数，在尚没有国家标准和行业标准的情况下制定的诊断参数限值，它通过检测设备使用说明书提供给使用单位作为参考性标准，以判断汽车、总成、机构的技术状况。

对于任何一级标准的制定和修订，制定者都要既考虑技术性和经济性，又要考虑先进性，并尽量靠拢同类型国际标准。

2. 诊断参数标准的组成

为了定量地评价汽车、总成、机构的技术状况，确定维护、修理的范围和深度，预报无故障工作里程，只诊断参数是不够的，还必须建立诊断参数标准，提供一个比较尺度。这样，检测人员将检测到的诊断参数值与诊断参数标准值做对照，即可确定汽车是继续运行还是进厂维修。

诊断参数标准一般由初始值 P_f、许用值 P_d 和极限值 P_n 三部分组成。

（1）初始值 P_f。此值相当于无故障新车和大修车诊断参数值的大小。它往往是最佳值，可作为新车和大修车的诊断参数标准。当诊断参数测量值处于初始值范围内时，表明诊断对象技术状况良好，无须维修，可继续运行。

（2）许用值 P_d。诊断参数测量值若在此值范围内，则诊断对象技术状况虽发生变化但尚属正常，无须修理（但应按时维护），可继续运行。超过此值，勉强许用，但应及时安排维修。否则，汽车带病行车，故障率上升，可能行驶不到下一个诊断周期。

（3）极限值 P_n。诊断参数测量值超过此值后，诊断对象技术状况严重恶化，汽车须立即停驶修理。此时，汽车的动力性、燃料经济性和排气净化性大大降低，行驶安全性得不到保证，有关机件磨损严重，甚至可能发生机械事故，所以必须立即停驶汽车进行修理，否则将造成更大损失。

可以看出，通过对汽车进行检测，当诊断参数测量值在许用值以内时，汽车可继续运行；当诊断参数测量值超过极限值时，须停止运行，进厂修理。检修人员须将诊断参数测量值与诊断参数标准值做比较，得知汽车技术状况，并做出相应的决断。诊断参数标准的初始值、许用值和极限值可能是一个单一的数值，也可能是一个数值范围。它们三者之间的关系及诊断参数随行驶里程的变化情况如图 1-1 所示。

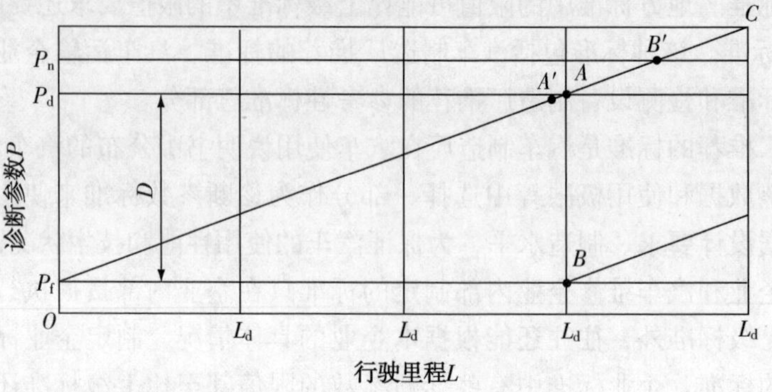

图 1-1　诊断参数随行驶里程的变化情况

D：诊断参数 P 的允许变化范围。

L_d：诊断周期。

P_fC：诊断参数 P 随行驶里程 L 的变化。

A′：P 变化至与 P_d 相交，继续行驶可能发生故障。

B′：P 变化至与 P_n 相交，继续行驶可能发生损坏。

C：发生损坏。

A：P 变化至 A′后可继续行驶，至最近的一个诊断周期采取维修措施。

AB：采取维修措施后，P 降至初始值 P_f，汽车技术状况恢复。

可以看出，在诊断参数标准 P_f~P_d 区间，即 D 区间，是诊断参数 P 允许变化的区间，属于无故障区间；在 P_d~P_n 区间，是可能发生故障的区间；在诊断参数 P 超过 P_n 以后的区间，是可能发生损坏的区间。

三、诊断周期

汽车诊断周期是汽车诊断的间隔期，用行驶里程或使用时间（月或日）表示。诊断周期的确定，应满足技术和经济两方面的条件，以获得最佳诊断周期。最佳汽车诊断周期是保证车辆的完好率最高而消耗的费用最少的诊断周期。

确定最佳诊断周期的工作是非常重要的，它既要保证车辆在无故障状态下运行，又要使我国维修制度中“定期检测、强制维护、视情修理”的费用降至最低，因此相关工作人员要在“定期”上做好文章。

1. 确定最佳诊断周期应考虑的因素

确定最佳诊断周期，应考虑汽车技术状况、汽车使用条件、汽车检测诊断、维护修理、停驶损耗的费用等因素。

（1）汽车技术状况。在汽车新旧程度不一、行驶里程不一、技术状况等级不一，甚至还有使用性能、结构特点、故障规律、配件质量不一等情况下，确定的最佳诊断周期也会不一样。凡是新车或大修车、行驶里程较少的车、技术状况等级为一级的车，其最佳诊断周期应长，反之则应短。

（2）汽车使用条件。它包括气候条件、道路条件、装载条件、驾驶技术、是否拖挂、燃润料质量等条件。凡是气候恶劣、道路状况极差、经常超载、驾驶技术不佳、拖挂行驶、燃润料质量得不到保障的汽车，其最佳诊断周期应短，反之则应长。

（3）费用。它包括检测诊断、维护修理、停驶损耗的费用。若使检测诊断、维护修理费用降低，则应使最佳诊断周期延长，但汽车因故障停驶的损耗费用会增加；若使停驶损耗的费用降低，则应使最佳诊断周期缩短，但检测诊断、维护修理的费用会增加。

2. 确定最佳诊断周期

运输业汽车实行“定期检测、强制维护、视情修理”的维修制度。对车辆实行二级维护前应进行检测诊断和技术评定，根据结果确定附加作业或修理项目，并结合二级维护一并进行。车辆修理应贯彻视情修理的原则，即根据车辆检测诊断和技术鉴定的结果，视情按不同作业范围和深度进行，既要防止拖延修理造成车况恶化，又要防止提前修理造成浪费。

从上述规定可以看出，二级维护前和车辆大修前都要进行检测诊断。其中，大修前的检测诊断，一般在大修间隔里程行将结束时结合二级维护前的检测诊断进行。既然规定检测诊断在二级维护前进行，则二级维护周期（间隔里程）就是诊断周期。二级维护周期在我国已经使用多年，实践证明它基本上是合理的，因此可将其视为我国目前的最佳诊断周期。

1.1.2 国外汽车检测与故障诊断发展概况

国外一些发达国家早在二十世纪四五十年代就成功研制了一些功能单一的检测或诊断设备，后发展成为以性能调试和故障诊断为主的单项检测、诊断技术。20 世纪 60 年代后，检测设备的应用获得较大发展，设备使用率大大提高，逐渐由单项检测、诊断设备（出现汽车检测站）发展为既能进行安全环保检测，又能进行维修诊断的综合检测技术。随着微机的发展，不仅单个检测、诊断设备实现了微机控制，而且于 20 世纪 70 年代初出现了检测控制自动化、数据采集自动化、数据处理自动化、检测结果自动存储并可打印的现代综合检测技术，检测效率极高。进入 20 世纪 80 年代后，一些先进国家的现代检测诊断技术已进入广泛应用的阶段，不仅社会上针对在用汽车的专职汽车检测站众多，而且汽车制造厂装配线终端和汽车维修企业内部也都建有汽车检测线，在交通安全、环境保护、节约能源、降低运输成本和提高运力等方面产生了明显的社会效益和经济效益。

1.1.3 我国汽车检测与故障诊断发展概况

我国的现代汽车检测技术起步较晚。在二十世纪六七十年代，国家有关部门虽然也从国外引进过少量现代检测设备，国内不少科研单位和企业也组织研制过汽车检测设备，但由于种种原因，该项技术一直发展缓慢。20 世纪 80 年代以后，随着国民经济的发展，特别是随着汽车制造业、公路交通运输业的发展和进口车辆的增多，我国的机动车保有量迅速增加。车辆增加必然带来一系列社会问题，如何保证这些车辆安全运行和降低社会公害等问题被逐渐提到了政府有关部门的议事日程上来，因而促进了汽车检测诊断技术的发展，并成为国家“六五”期间重点推广的项目，被视为推进汽车维修现代化管理的一项重要技术措施。交通部门自 1980 年开始，有计划地在全国公路交通运输系统筹建汽车综合性能检测站，并取得了很大成绩。公安部门在全国中等以上城市中也建成了许多安全性能检测站。到 20 世纪 90 年代初，除交通、公安两部门外，机械、石油、冶金、煤炭、林业、外贸等系统和部分大专院校也建成了相当数量的汽车检测站。进入 21 世纪以后，交通、公安两部门的汽车检测站已建至县级市。可以说，中国已基本形成了全国性的汽车检测网，汽车检测诊断技术已初具规模。不仅如此，全国各地的汽车维修企业使用的检测诊断设备也日益增多。

可以预见，随着公路交通运输企业、汽车维修企业、汽车制造企业和整个国民经济的发展，我国的汽车检测诊断技术在 21 世纪必将获得进一步发展，而且会取得更加明显的经济效益和社会效益。

1.2 汽车检测站

1.2.1 汽车检测站的任务

根据《汽车运输业车辆综合性能检测站管理办法》的规定，汽车检测站的主要任务如下。

（1）对在用运输车辆的技术状况进行检测诊断。

（2）对汽车维修行业的维修车辆进行质量检测。

（3）接受委托，对车辆改装、改造、报废及其有关新工艺、新技术、新产品、科研成果等项目进行检测，提供检测结果。

（4）接受公安、环保、商检、计量和保险等部门的委托，为其进行有关项目的检测，提供检测结果。

其中主要任务是前两点，后两点是次要的，主要为汽车运输业的车辆和维修车辆服务。

1.2.2 汽车检测站的类型

按不同的分类方法，汽车检测站可以分为不同的类型。

一、按服务功能分类

按服务功能分类，检测站可分为安全环保检测站、维修检测站和综合检测站三种类型。

1. 安全环保检测站

安全环保检测站按照国家规定的车检法规，担负定期检测车辆中与安全和环保有关的项目，以保证汽车安全行驶，并将污染降低到允许的限度。这种检测站对检测结果往往只显示“合格”“不合格”两种，而不做出具体数据显示和故障分析，因而检测速度快，检测效率高。如果自动化程度比较高，其年度检车量可达数万辆次。检测合格的车辆凭检测结果报告单办理年审签证，在有效期内准予车辆行驶。这种检测站一般由车辆管理机关直接建立，或由车辆管理机关认可的汽车运输企业、汽车维修企业等企业单位或事业单位建立，也可多方联合建立。

2. 维修检测站

维修检测站主要是从车辆使用和维修的角度，担负车辆维修前、后的技术状况检测。它能检测出车辆的主要使用性能，并能进行故障分析与诊断。它一般由汽车运输企业或汽车维修企业建立。

3. 综合检测站

综合检测站既能担负交通运输管理部门的综合性能检测和车辆管理部门的安全环保检测，又能担负车辆使用、维修企业的技术状况诊断，还能承接科研或教学方面的性能试验和参数测试。这种检测站检测设备多，自动化程度高，数据处理迅速、准确，功能齐全，检测项目广，可为合理确定诊断参数标准、诊断周期以及为科研、教学、设计、制造和维修等部门或单位提供可靠依据，并能担负对检测设备的精度测试等工作。

二、按规模大小分类

按规模大小分类，检测站可分为大、中、小三种类型。

其中，大型检测站的检测线多，自动化程度高，年检能力大，且能检测多种车型。大型综合检测站可成为一定地区范围内的检测中心。

中型检测站至少有两条检测线，目前国内地级市及以上的城市建成或正在筹建的检测站多为这种类型。

小型检测站主要指那些服务对象单一的检测站，如规模不大的安全检测站和维修检测站就属于这种类型，它不能担负更多的检测任务。这种检测站设有一条或两条作用相同的检测线。如果是设有一条检测线的检测站，它往往能兼顾大、小型汽车的检测；如果是设有两条检测线的检测站，其中一条线往往专检小型汽车，而另一条线则大小型汽车兼顾。这种规模的检测站在国外较为常见。

有些检测站虽然服务对象单一，但站内设置的检测线较多，因而不应再称之为小型检测站。比如国外把拥有四条安全环保检测线的检测站视为中型检测站。

三、按自动化程度分类

按检测线的自动化程度分类，检测站可分为手动式、全自动式和半自动式检测站三种类型。

1. 手动式检测站

手动式检测站的各检测设备由人工手动控制检测过程，检测人员从各单机配备的指示装置上读数，笔录检测结果或由单机配备的打印机打印检测结果，因而占用人员多、检测效率低、读数误差大，多适用于维修检测站。

2. 全自动式检测站

全自动式检测站利用微机控制系统将检测线上各检测设备连接起来，除车辆上部和下部的外观检查工位仍需要人工检查外，它能自动控制其他所有工位上的检测过程，使设备的启动与运转、数据采集、分析判断、存储、显示和集中打印报表等全过程实现自动化。检测人员可坐在主控制室内通过闭路电视观察各工位的检测情况，并通过检测程序向各工位受检车辆的驾驶员和检测员发出各种操作指令。每一项检测结果均能在主控制室内的微机显示器和各工位上的检验程序指示器上同时显示，因而检测长、各工位检测员和驾驶员均能随时了解每一项检测结果。由于全自动式检测站的自动化程度高，且检测效率高，能避免人为的判断错误，因而获得广泛应用。目前，国内外的安全检测站几乎全部为这种形式。

3. 半自动式检测站

半自动式检测站的自动化程度或范围介于手动式和全自动式检测站之间，它一般是在原手动式检测站的基础上将部分检测设备（如侧滑试验台、制动试验台、车速表试验台等）与微机联网以实现自动控制，而另一部分检测设备（如烟度计、废气分析仪、前照灯检测仪、声级计等）仍然需要检测人员手动操作。当微机联网的检测设备因故不能进行自动控制时，各检测设备仍可通过人工手动使用。

四、按站内检测线数分类

按站内检测线数分类，检测站可分为单线检测站、双线检测站、三线检测站等多种类型。总之，站内有几条检测线，就可以称之为几线检测站。

五、按所有制分类

按所有制分类，检测站可分为全民所有（国家经营）检测站、集体所有（集体经营）检测站和个体所有（私人经营）检测站三种类型。例如，日本的检测站就有国家车检场和民间车检场之分，我国也早已出现集体所有制企业建立的检测站。

六、综合检测站按职能分类

按职能分类，综合检测站可分为 A 级检测站、B 级检测站和 C 级检测站三种类型，其职能如下。

1. A 级检测站

能够承担汽车技术状况、技术等级评定检测、维修质量检测和接受有关部门委托对汽车和相关项目进行检测的汽车综合性能检测站，即能检测车辆的制动、侧滑、灯光、转向、前轮定位、车速、车轮动平衡、底盘输出功率、燃料消耗、发动机功率和点火系状况以及异响、磨损、变形、裂纹、噪声、废气排放等状况。

2. B 级检测站

能承担在用车辆技术状况和车辆维修质量的检测，即能检测车辆的制动、侧滑、灯光、转向、车轮动平衡、燃料消耗、发动机功率和点火系状况以及异响、变形、噪声、废气排放等状况。

3. C 级检测站

能承担在用车辆技术状况的检测，即能检测车辆的制动、侧滑、灯光、转向、车轮动平衡、燃料消耗、发动机功率以及异响、噪声、废气排放等状况。

1.2.3 汽车综合检测站的组成及工位布置

一、检测站的组成

检测站主要由一条至数条检测线组成。对于独立而完整的检测站来说，除检测线外，它还应有停车场、业务大厅、维修车间等设施。

（1）安全检测站，一般由一条至数条安全环保检测线组成。

（2）维修检测站，一般由一条至数条综合检测线组成。

（3）综合检测站，一般由安全环保检测线和综合检测线组成，可以各位一条，也可以各位数条。国内交通系统建成的检测站大多数属于综合检测站，一般由一条安全环保检测线和一条综合检测线组成，如图 1-2 所示。

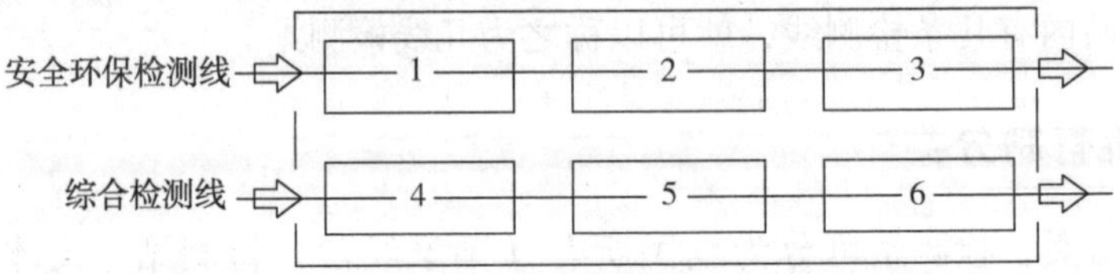

图 1-2　双线综合检测站平面布置示意图

1：外观检查工位；2：侧滑制动车速表工位；3：灯光尾气工位；

4：外观检查及车轮定位工位；5-制动工位；6：底盘测功工位

二、检测线的组成和工位布置

不管是安全环保检测线，还是综合检测线，它们都由多个检测工位组成，布置形式多为直线通道式，检测工位则按一定顺序分布在直线通道上。

1. 安全环保检测线

手动和半自动的安全环保检测线一般由外观检查（人工检查）工位、侧滑制动车速表工位和灯光尾气工位三个工位组成。全自动安全环保检测线可以由三工位、四工位（如图 1-3 所示）或五工位组成。五工位一般是指汽车资料输入及安全装置检查工位、侧滑制动车速表工位、灯光尾气工位、车底检查工位、综合判定及主控制室工位。图1-4所示的为国产五工位全自动安全环保检测线。

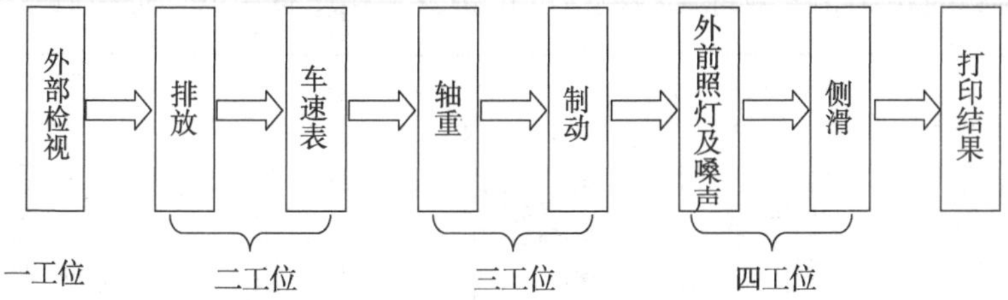

图 1-3 四工位安全环保检测线布置图

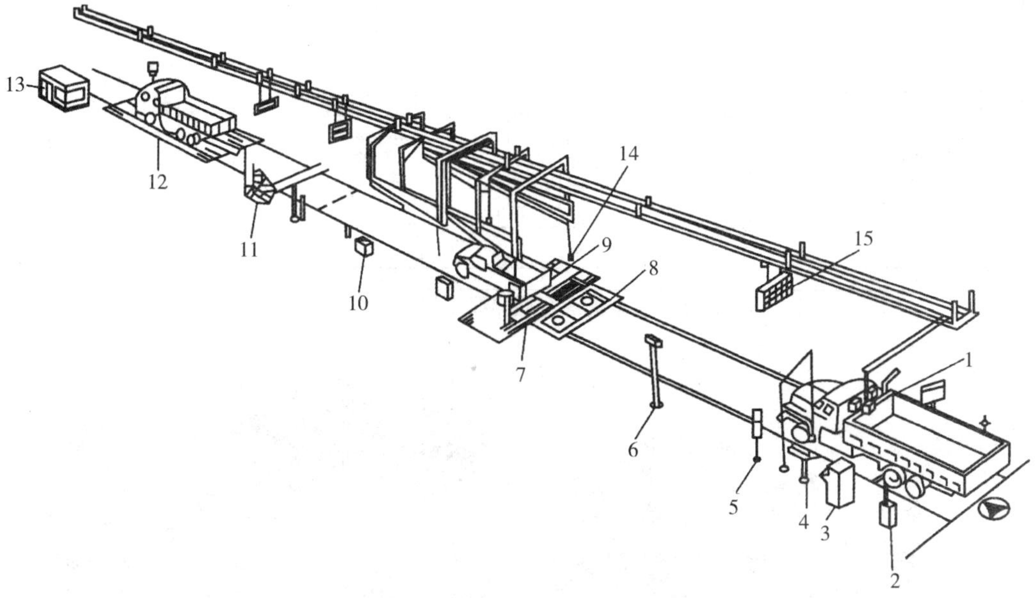

图 1-4 国产五工位全自动安全环保检测线

1：进线指示灯；2：烟度计；3：汽车资料登录微机；4：安全装置检查不合格项目输入键盘；5：烟度计检验程序指示器；6：电视摄像机；7：制动试验台；8-侧滑试验台；9：车速表试验台；10：废气分析仪；11：前照灯检测仪；12：车底检查工位；13：主控制室；14：车速表检测申报开关；15：检验程序指示器

2. 综合检测线

综合检测站分为 A、B、C 三种类型，职能各不一样，因而站内综合检测线的职能也不一样。A 级站在国内一般设置两条检测线，一条为安全环保检测线，主要承担车管部门对车辆进行年审的任务；另一条为综合检测线，主要承担对车辆技术状况的检测诊断。其综合检测线一般有两种类型：一种是全能综合检测线（如图 1-5 所示），设有包括安全环保检测线主要检测设备在内的比较齐全的工位，这种检测线的设备多，检测项目齐全，与安全环保检测线互不干扰，因而检测效率相对较高，但建站费用也高；另一种是一般综合检测线，设置的工位不包括安全环保检测线的主要检测设备，主要由底盘测功工位组成，能承担除安全环保检测项目以外的检测诊断，必要时车辆须开到安全环保检测线上才能完成有关项目的检测，国内有相当多已建成的综合检测站是属于这种类型的，与全能综合检测线相比，一般综合检测线的设备少，建站费用低，但检测效率也低。

图 1-5　全能综合检测线工位设置布局

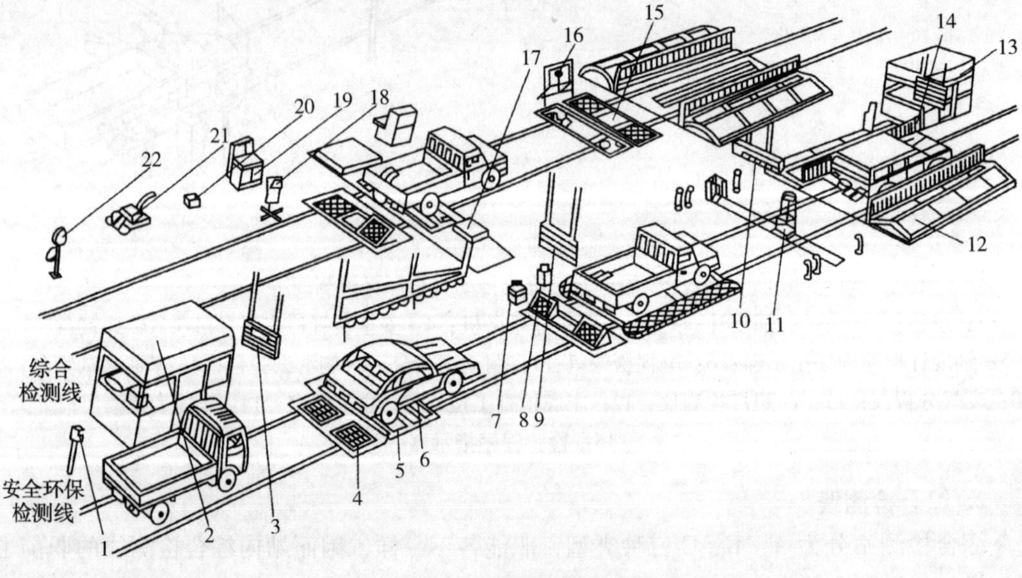

图 1-6　双线综合检测站

1：进线指示灯；2：进线控制室；3：L 工位检验程序指示器；4、15：侧滑试验台；5：制动试验台；6：车速表试验台；7：烟度计；8：排气分析仪；9：ABS 工位检验程序指示器；10：HX 工位检验程序指示器；11：前照灯检验仪；12：地沟系统；13：主控制室；14：P 工位检验程序指示器；16：前轮定位检测仪；17：底盘测功工位；18、19：发动机综合测试仪；20：机油清净性分析仪；21：就车式车轮平衡仪；22：轮胎自动充气机

1.2.4 汽车检测站各工位的设备及检测项目

一、安全环保检测站

以五工位全自动安全环保检测线为例。

1. 汽车资料输入及安全装置检查工位及项目

本工位除了将汽车资料输入登录微机并发送给检测线主机外，还要进行汽车上部的灯光和安全装置等项目的外观检查，简称 L 工位。

外观检查属于人工检查项目，要检查的项目较多，主要有以下几个方面：

（1）车辆外表，如喷漆、喷字是否完好，牌照是否符合规定。

（2）各种灯光、后视镜、刮水器、喇叭、仪表等设备是否齐全有效。

（3）驾驶室及车厢的密封情况，门窗的开闭、门窗玻璃升降是否正常。

（4）转向盘、离合器、制动踏板的自由行程是否符合要求等。

2. 侧滑制动车速表工位

本工位由侧滑检测、轴重检测、制动检测和车速表检测组成，简称 ABS 工位。

检测项目如下：

（1）检查前轮侧滑量，要使用侧滑试验台。

（2）轴重测量。轴重也叫轴荷，即汽车某一轴的重量。轴重测量是为了配合检查制动效果而做的一个检测项目。测量轴重时应使用轴重仪，有时将轴重仪与制动试验台安装在一起。

（3）制动效果检查。制动检查是安全检查站最重要的检测项目之一，检测制动力要使用制动试验台。

（4）车速表校验。车速表校验要在车速表试验台上进行。

3. 灯光、尾气工位

本工位主要由前照灯检测、排气检测、烟度检测和喇叭声级检测组成，简称 HX 工位。

检测项目如下：

（1）前照灯检测，包括前照灯的发光强度和照射方向，使用前照灯检测仪的检测。

（2）排气污染物检测，检查废气排放，也是检测站的一项重要任务。对于汽油车来说，要检测 CO 和 HC 的排放；对于柴油车来说，则检测排气的烟度。

（3）噪声测量，包括车内噪声和喇叭声级，使用声级计测量。

4. 车底检查工位

本工位是车辆底盘的外观检查工位，简称 P 工位。检查人员在地沟内人工检查底盘各装置及发动机的连接是否可靠，有无弯扭断裂、松旷及漏油、漏水、漏气、漏电等现象。

检查项目如下：

（1）油、水、电、气系统的泄漏情况。

（2）转向系、制动系和传动系各机件是否连接牢固、转向灵活。

（3）前后桥、传动轴、车架等装置是否有明显的断裂、损伤、变形等问题。

（4）排气管、消音器、燃油箱、蓄电池、减振器、风扇等的连接是否可靠。

5. 综合判定及主控制室工位

汽车达到本工位时，检测项目已全部检测完毕，主控制微机对各工位检测结果进行综合判定后，由打印机集中打印检测结果报告单，并由负责人交给被检车辆驾驶员。

二、综合检测站

本书以 A 级综合检测站为例进行说明。

检测站一般被设计成两条检测线，一条为安全环保检测线，另一条为其他专用设备。图 1-7 所示的是综合检测线设备布局图。

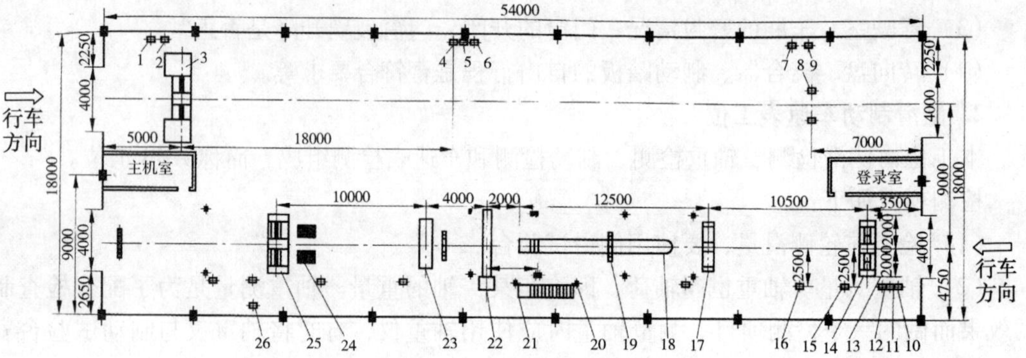

图 1-7　综合检测线设备布置图

1：发动机综合分析仪；2：油耗仪；3：底盘测功机；4：传动系游动角度检测仪；5：气缸漏气量检测仪；6：润滑油质检测仪；7：车轮动平衡机；8：前轮定位仪；9：转向盘测力计；10：轮胎气压表；11：气体分析仪；12：柴油车烟度计；13：光电开关；14：车速表试验台；15：设备仪表；16：广角镜；17：侧滑试验台；18：外检地沟；19：工位显示屏；20：外检通信仪；21：声级计；22：大灯检测仪；23：轴重仪；24：制动试验台摩擦板；25：制动试验台；26：液压式踏板力计

1. 安全检测线部分

第一工位除了录入车辆数据之外，还包括车速表、尾气和侧滑检测。之所以把这几个检测项目放在一起，是因为考虑它们的污染都较大，置于检测线入口处，有利于通风。

第二工位包括灯光、喇叭和外观检查，所以有一条地沟。

第三工位包括轴重、制动以及主机打印检测等。

2. 综合检测线部分

第一工位的设备包括发动机综合分析仪、油耗仪和底盘测功机等。发动机综合分析仪是测试发动机功率、点火等工作状况的仪器，底盘测功机和油耗仪用于测量汽车的驱动力、功率、加速性能和燃料消耗情况。

第二工位的设备包括传动系游动角度检测仪、气缸漏气量检测仪和润滑油质检验仪等，分别用于测量传动系游动角度、气缸漏气量和分析润滑油质量。

第三工位的设备包括车轮动平衡机、前轮定位仪、转向角度测试仪、转向盘测力计等设备。其中车轮动平衡机用于检验和校正轮胎动平衡，前轮定位仪可测量前轮定位的四个参数，转向角度测试仪用于测量前轮最大转向角度，转向盘测力计可测量转动转向盘时所用的力。

1.2.5 汽车检测站检测流程

汽车进入检测站后，在站内、线内只有按照规定的检测工艺路线和检测工艺程序流动，才能完成整个检测过程。

一、检测工艺路线

1. 检测站工艺路线

对于一个独立而完整的监测站，汽车进站后的检测站工艺路线如图 1-8 所示。

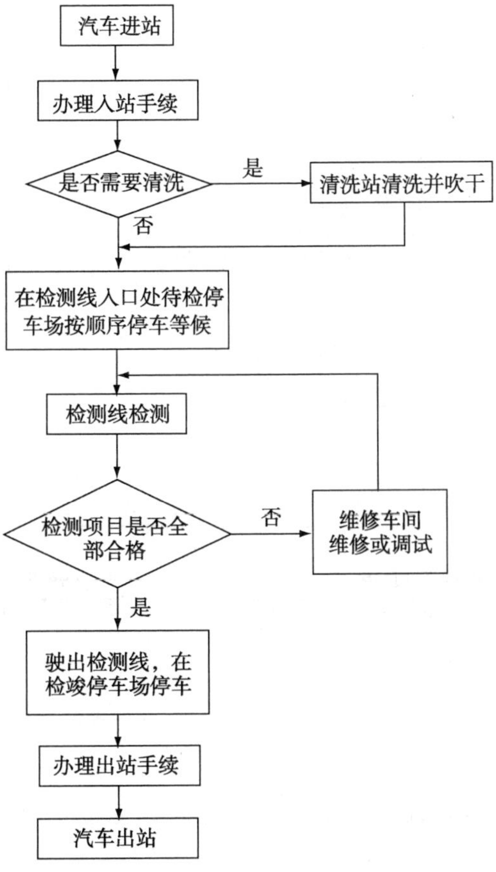

图 1-8　检测站工艺路线流程图

2. 检测线工艺路线

检测线的工位布置是固定的，进线检测的汽车按工位顺序流水作业。

(1) 全自动式安全环保检测线工艺路线流程图如图 1-9 所示。

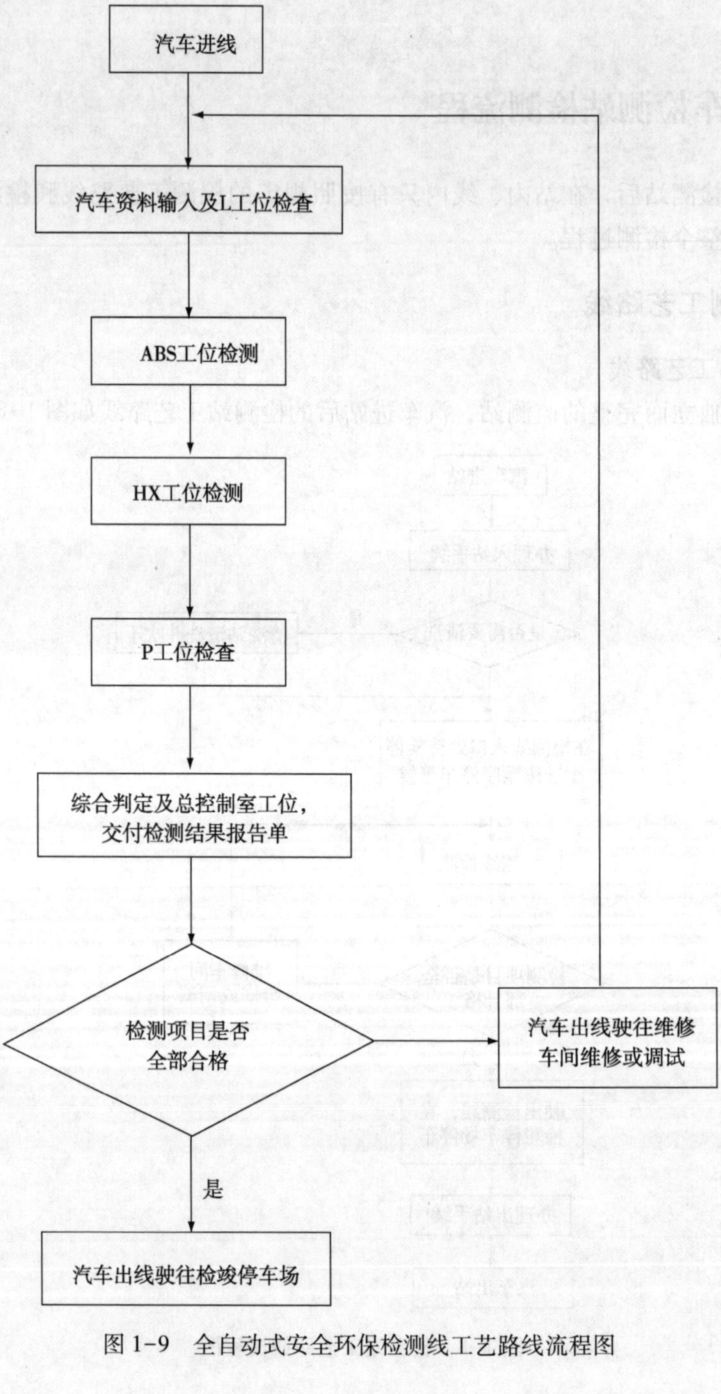

图 1-9　全自动式安全环保检测线工艺路线流程图

（2）全能综合检测线工艺路线流程图如图 1-10 所示。

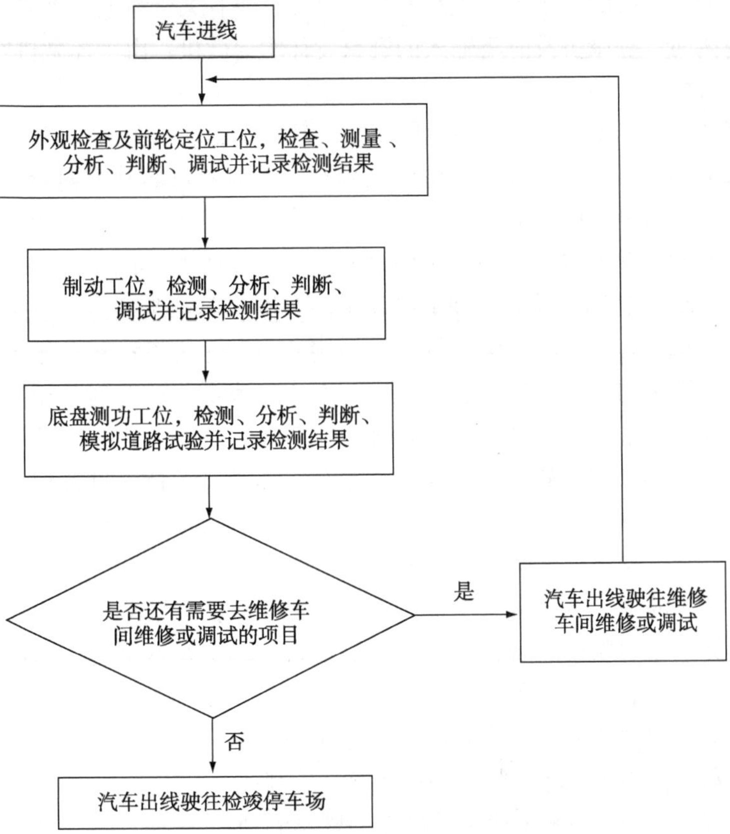

图 1-10　全能综合检测线工艺路线流程图

二、检测程序

以五工位全自动安全环保检测线的全工位检测为例。

车辆进站后在停车场停放、排队等待检测；车辆凭借检测委托单和有效证件到业务大厅（受理室）登记；车辆登记后按照以下程序进行检测。

1. 汽车资料输入及 L 工位检查

汽车资料登录微机一般放置在进线控制室或检测线入口处的左侧，由登录员操作。经过清洗并已吹干的车辆，在检测线入口处等候进线。一般在检测线入口处设一个红绿灯，当第一个工位空闲时，绿灯亮，受检车辆可以驶入。

在该工位一方面做外观检查，同时要将受检车辆的有关资料输入入口计算机。这些资料包括车牌号、发动机号、底盘号、厂牌型号、车主、燃料类别（汽车或柴油，用来决定检测 CO、HC 还是烟度）、驱动型式（前驱或后驱，因为不同的驱动方式在 ABS 工位的检测顺序不同）、前照灯制、检验类型（初检或年检）、检验次数等。

同时要将外观检查结果输入同一计算机。

检测结束时，程序指示器会显示检测结果。当第二工位无车时，指示器会显示“前进”，提示本工位的车辆可进入第二工位。

国内不少的检测线的登录员在汽车进线前就已经将有关资料输入登录微机中。此后，当第一工位空闲时，登录员及时将输入的资料发往主控微机，由主控微机安排检测程序。

2. ABS 工位

受检车辆进入第二工位后，若为后轮驱动，后驻车制动的车辆检测程序为：

（1）侧滑检测。让汽车低速驶入侧滑试验台，此时不可转动方向盘。通过后，第二工位显示器即可显示侧滑检测结果。

（2）轴重检测。将车辆前后轮先后驶过轴重仪，分别测出前后轴质量。

（3）制动检测。分别将前后轮驶上制动试验台测量前轴制动力。按工位指示器的提示，将制动踏板踩到底，即可分别测得前后轴制动力。此时指示器会显示检测结果。若结果不合格，允许重测一次。测量驻车制动，方法与测量前后轮制动相同。可按指示器的提示拉住手刹，若结果不合格，允许重测一次。

（4）车速表校验。将后轮驶上车速表试验台，驾驶员手持测试按钮，缓慢踩下加速踏板，当车速表指示 40 km/h 时，按下测试按钮。指示器可显示检测结果，若结果不合格，允许重测一次。测完后放松加速踏板，令车轮停转。

这里需要注意的是，检测顺序与驱动轮的位置以及驻车制动器安装位置有关。处理的原则就是测完前轮的项目之后，再测后轮的项目，以免车辆倒退。例如，不同结构的车辆可采用以下不同的检测顺序。

后驱后驻车：前制动→后制动→驻车制动→车速表

前驱前驻车：前制动→驻车制动→车速表→后制动

前驱后驻车：前制动→车速表→后制动→驻车制动

该工位测完后，若第三工位空闲，则工位指示器显示“前进”，否则会显示“暂停”。

3. HX 工位

受检车辆进入该工位后，按以下步骤操作：

（1）前照灯检测。汽车停下的位置应与前照灯检测仪保持一定距离，且面向正前方。注意汽车应与前照灯检测仪的导轨保持垂直，并按引导指示器的指令在停车线上停车。本工位检验程序指示器指令驾驶员打开远光灯，前照灯检测仪会自动驶入，分别测量左、右灯远光的发光强度和照射位置。检测结果会在工位指示器上显示。

（2）尾气检测。汽车在前照灯检测停车线上停车后，微机确认车辆到位，安排尾气检测程序。

检测汽油机废气时，令发动机处于怠速状态，将探头插入排气管中（要插入排气管规定深度），几秒钟后指示器即可显示检测结果。

检测柴油机废气时，根据检测程序指示器指令，检测人员或驾驶员将烟度计探头插入怠速运转的柴油车排气管规定深度，先做三次自由加速的预动作，以熟悉加速方法并把排气管中的炭渣等积存物吹掉，然后在加速踏板上安置踏板开关，再按指令和操作规程进行四次自由加速。几秒钟后指示器也会显示检测结果。烟度检测要求测三次，取平均值。

（3）噪声检测。汽车在前照灯检测停车线上停车后，微机确认车辆到位，安排喇叭声级检测程序。驾驶员按照工位检验程序指示器的指令按下喇叭 3~5 s，检测人员按要求测量车内噪声。测完后，指示器会显示检测结果。

本工位的前照灯检测、尾气检测和噪声检测，可安排同步进行，也可安排按照一定顺序进行。一般情况下，前照灯检测与尾气检测可同步进行，噪声检测则安排在之前或之后进行。

当本工位检验程序指示器显示“前进”二字时，车辆可进入下一工位。

4. P 工位

汽车沿地面标线驶入本工位。汽车停在地沟上，由检查人员按规定项目进行车辆底部人工检查，检查部件连接是否牢固，有无变形、断裂，水、电、油、气有无泄漏，等等。检测人员通过对讲机或自制的按钮板等设备将结果送至主控微机，工位指示器会给出检测结果。

5. 综合判定及主控制室工位

汽车进入本工位后，主控制微机根据该车在前四个工位的检查结果进行综合判定。在 L 检测、ABS 检测、HX 检测和 P 检测的各项目中，只有各项均合格，整车检测的总评价才判定为合格；只要有一项不合格，则总评价判为不合格。

主控制微机将汽车资料、检测项目、检测结果及整车检测总评价等进行存储。汽车安全检测报告单样式见表 1-2。

表 1-2　汽车安全检测报告单样式

广东省汽车安全检测报告

NO.

检验单位：　　　　代码：　　　　电话：

<table>
<tr><td colspan="3">车牌号码</td><td colspan="3">粤 B-×××××</td><td colspan="3">总质量/座位</td><td colspan="3"></td></tr>
<tr><td colspan="3">车主</td><td colspan="3">×××</td><td colspan="3">燃料类别</td><td colspan="3">汽油</td></tr>
<tr><td colspan="3">号牌种类</td><td colspan="3"></td><td colspan="3">驱动方式</td><td colspan="3">后驱动</td></tr>
<tr><td colspan="3">厂牌型号</td><td colspan="3">丰田</td><td colspan="3">前照灯制</td><td colspan="3">两灯制</td></tr>
<tr><td colspan="3">发动机号码</td><td colspan="3">×××××××</td><td colspan="3">前照灯高</td><td colspan="3">mm</td></tr>
<tr><td colspan="3">车架号码</td><td colspan="3">×××××××</td><td colspan="3">检测次数</td><td colspan="3">1</td></tr>
<tr><td colspan="3">登记日期</td><td colspan="3">2001. 11. 1</td><td colspan="3">检验类型</td><td colspan="3">年审</td></tr>
<tr><td>序号</td><td colspan="10">检测项目及结果</td><td>评价</td></tr>
<tr><td rowspan="2">1</td><td rowspan="2">排放</td><td colspan="2">一氧化碳</td><td colspan="2">3.7</td><td colspan="2">碳氢化合物/$\times10^{-6}$</td><td colspan="3"></td><td rowspan="2">合格</td></tr>
<tr><td>烟度/Rb</td><td>一次</td><td></td><td>二次</td><td></td><td>三次</td><td></td><td>平均</td><td></td></tr>
<tr><td>2</td><td>车速</td><td colspan="6">车速表为 40 km/h 时的实测车速/（km/h）</td><td colspan="3">39.1</td><td>合格</td></tr>
</table>

续表

<table>
<tr><td rowspan="6">3</td><td rowspan="6">前照灯</td><td rowspan="2">子项</td><td rowspan="2">光强度
/×100 cd</td><td colspan="2">远光偏移</td><td colspan="2">近光偏移</td><td rowspan="6">合格</td></tr>
<tr><td>垂直偏差</td><td>水平偏移
/×100 cd</td><td>垂直偏差</td><td>水平偏移
/mm/10 m</td></tr>
<tr><td>左内灯</td><td>239</td><td>下 135</td><td>左 60</td><td></td><td></td></tr>
<tr><td>右内灯</td><td>221</td><td>下 136</td><td>右 43</td><td></td><td></td></tr>
<tr><td>左外灯</td><td></td><td></td><td></td><td></td><td></td></tr>
<tr><td>右外灯</td><td></td><td></td><td></td><td></td><td></td></tr>
<tr><td>4</td><td>侧滑</td><td colspan="2">侧滑量/m/km</td><td colspan="4">偏外 2.1</td><td>合格</td></tr>
<tr><td>5</td><td>喇叭</td><td colspan="2">声级/dB（A）</td><td colspan="4">109.2</td><td>合格</td></tr>
</table>

<table>
<tr><td rowspan="6">6</td><td rowspan="6">制动</td><td colspan="4">子项</td><td>轴荷
/kg</td><td>制动力
/×10 N</td><td>轮阻滞/%</td><td>协调时间/s</td><td>制动力平衡/%</td><td>轴制动/%</td><td>整车制动/%</td><td></td></tr>
<tr><td rowspan="4" colspan="2">行车制动</td><td rowspan="2">前轴</td><td>左</td><td rowspan="2">826</td><td>258</td><td>3.3</td><td rowspan="2">0.32</td><td rowspan="2">9.7</td><td rowspan="2">62.3</td><td rowspan="4">63.6</td><td rowspan="4">合格</td></tr>
<tr><td>右</td><td>257</td><td>0.0</td></tr>
<tr><td rowspan="2">后轴</td><td>左</td><td rowspan="2">637</td><td>222</td><td>2.2</td><td rowspan="2">0.20</td><td rowspan="2">18.8</td><td rowspan="2">65.1</td></tr>
<tr><td>右</td><td>193</td><td>0.1</td></tr>
<tr><td colspan="4">驻车制动</td><td>左轮
/×10 N</td><td>173</td><td>右轮
/×10 N</td><td>174</td><td>总力/总重量/%</td><td colspan="2">28.4</td><td>合格</td></tr>
<tr><td>7</td><td>外检</td><td colspan="10">不合格项目：
无</td><td>合格</td></tr>
</table>

<table>
<tr><td>总评结果：
合格
检测日期：2001 年 11 月 1 日</td><td>引车员签章：

年　月　日</td><td>主任检验员签章：

年　月　日</td><td rowspan="2">检验员签章：

年　月　日</td></tr>
<tr><td colspan="3">本检测站对上述检测结果负责</td></tr>
</table>

图 1-11　机动车检验合格标志

2020 年，环保标志取消。最新的政策指出，汽车年检与环保检测的标志合二为一，机动车尾气的检验正常进行，只要通过年检，将不用再领取环保标志。

机动车检验合格标志和机动车环保合格标志应贴于机动车前挡风玻璃的右内侧不影响驾驶员视线的地方，以便车外检验。合格标志上打孔的月份表示该车下一年度进行检验的月份。

为进一步深化公安交管“放管服”改革，提升“互联网+交管服务”水平，公安部在 16 个城市试点的基础上，决定自 2020 年 4 月 25 日起全国分两批推广机动车检验标志电子化，为机动车所有人、驾驶人以及相关行业和管理部门提供电子证照服务。

机动车检验标志电子化，一方面将减少纸质证明凭证，免去群众粘贴（去除）检验标志的麻烦，更加方便人们通过手机等方式出示使用；另一方面将更加便利群众在车辆租赁、二手车交易、保险理赔等领域的应用，方便群众、企业办事，更好地服务企业发展。

机动车所有人可以通过互联网交通安全综合服务平台或“交管 12123”手机 App 申领、查看和使用机动车检验标志电子凭证。

[illegible]

[illegible]

[illegible]

[illegible] 2020 年 [illegible]

[illegible]

[illegible] App [illegible]

项目二 发动机检测与故障诊断

知识目标

1. 应知发动机各系统的常见故障；
2. 能够正确描述发动机各系统的检测内容、检测方法及检测标准；
3. 能够简单叙述发动机各系统的常见故障现象。

能力目标

1. 应会使用发动机检测常用设备；
2. 应会分析发动机各系统故障产生的原因；
3. 能够正确运用发动机故障检测方法排除常见故障。

建议学时

学时：30 学时。

发动机是汽车的动力源。汽车的动力性、燃料经济性、可靠性和机械磨损等性能指标都直接与发动机有关。由于发动机结构复杂，而且运行时内部零部件要在高温、高压的苛刻条件下工作，加上转速和负荷经常变化，所以发动机的故障率比较高。

发动机技术状况变化主要表现为故障增多、性能降低和损耗增加。用以评价发动机技术状况的主要诊断参数有很多。那么我们在进行发动机检测时，可以应用发动机检测设备，重点检测出与发动机功率、油耗、点火系统工作状况、机油品质、发动机运行时的异响、振动等有关的诊断参数，并与标准对照进行分析、判断和评价。本章重点介绍有关发动机功率检测、气缸密封性检测、汽油机燃油供给系统检测、点火系统检测、润滑系检测、冷却系常见故障诊断和发动机异响诊断等问题。

2.1 发动机功率检测

2.1.1 发动机功率检测

发动机有效功率是发动机通过飞轮对外输出的功率，是一个综合性评价指标。通过该评价指标，检测人员不仅能定量地获得发动机的动力性，而且可以定性地确定发动机的技术状况。检测发动机功率的评价方法可以分为稳态测功和动态测功。

一、稳态测功

稳态测功又称有负荷测功，是指在发动机节气门开度一定、转速一定和其他参数不变的稳定状况下，通过给发动机加一定的模拟负载，来测量发动机的转速、扭矩和功率的方法。这种方法的测试结果准确，但需要在专门的试验台架上进行，所以比较费时、费力。通常汽车制造厂和科研部门较多使用这种方法，汽车运输企业、汽车维修企业和汽车检测站一般不采用。发动机测功试验台架如图 2-1 所示。

图 2-1 发动机测功试验台架

二、动态测功

动态测功又称无负荷测功或无外载测功，它是指发动机在不带负荷的情况下，突然开大节气门，使发动机克服惯性和摩擦阻力而加速运转，通过测量发动机的加速性能来测量所发出瞬时功率的方法。这种方法的操作简单，不需要将发动机从车上拆下来，所用的仪器设备也比较轻便，虽然测量精度不如稳态测功，但具有价格低廉、使用方便、省时省力等优点，一般维修企业使用较多。

2.1.2 无负载测试原理及测试方法

一、无负载测功原理

无负载测功原理是基于动力学的原理。当发动机在怠速或空载低速运转时，突然全开节气门加速运转，此时发动机产生的动力、克服惯性和内部各种运转阻力，使曲轴加速运转，即发动机以自身运转机件为载荷加速运转。被测发动机的有效功率越大，曲轴的瞬时角加速度也越大，而加速时间越短。所以，只要测得角加速度或加速时间，就可以测得发动机有效功率。无负载测功可分为两种：一种是用测定瞬时角加速度的方法测量瞬时加速功率；另一种是用测定加速时间的方法测量平均加速功率。

1. 通过测量瞬时角加速度计算发动机的瞬时功率

所谓的瞬时功率是指发动机在加速运转时某一转速所对应的功率。

通过动力学原理我们可推出，发动机有效功率与发动机转速之间的关系式：

$$P_e = C_1 Jn \frac{dn}{dt} = C_2 n \frac{dm}{dt}$$

P_e：发动机所发出的有效功率（kW）。

C_1：为常数。

J：发动机转动惯量（$kg \cdot m^2$）。

n：发动机瞬时转速（r/min）。

dn/dt：曲轴的加速度（r/s^2）。

其中，发动机转动惯量可以由手册资料或者经过试验得到，因此 C_2 也为常数，由此可以看出，发动机在加速过程中所发出的瞬时功率与转速和转速变化率的乘积成正比。因此，只要能够测量发动机的转速和转速变化率，检测人员就可以计算出发动机的瞬时功率。

实际应用中，人们往往通过测量发动机额定转速下的功率来评价发动机的动力性，判断发动机的技术状况。

2. 通过测量加速时间来计算发动机的平均功率

所谓平均功率是指发动机在加速运转时某一指定转速范围内的平均功率。

实际应用中，通常不是测量某一转速下的瞬时功率，而往往是测量加速过程中某段时间内的平均功率。

$$P_{av} = C_2 n_{av} \left(\frac{dn}{dt}\right)_{av} = C_2 \frac{n_1 + n_2}{2} \left(\frac{n_2 - n_1}{t_2 - t_1}\right) = C_2 \frac{n_2^2 - n_1^2}{2\Delta T}$$

由上式可知，发动机发出的平均功率 P_{av} 与从 n_1 到 n_2 所需时间成反比。实际测量时，n_1 和 n_2 是给定的，所以只要测量时间 ΔT，就可以算出平均功率。

实际应用中，人们往往将额定功率作为发动机的动力性评价指标，因此应将测出的某一转速范围的平均功率转化为稳态时额定转速下的功率进行对比评价。

二、无负载测功仪的组成及原理

无负载测功仪按其工作原理可分为两种方案：测瞬时加速度方案和测加速时间方案。

1. 测瞬时加速度方案

它是一种通过测量加速过程中某一转速的加速度从而获得瞬时功率的仪器方案。按这一方案设计的仪器由传感器、脉冲整形装置、时间信号发生器、加速度计算器和控制装置、转换分析器、转换开关、功率指示表、转速表和电源等组成，如图 2-2 所示。

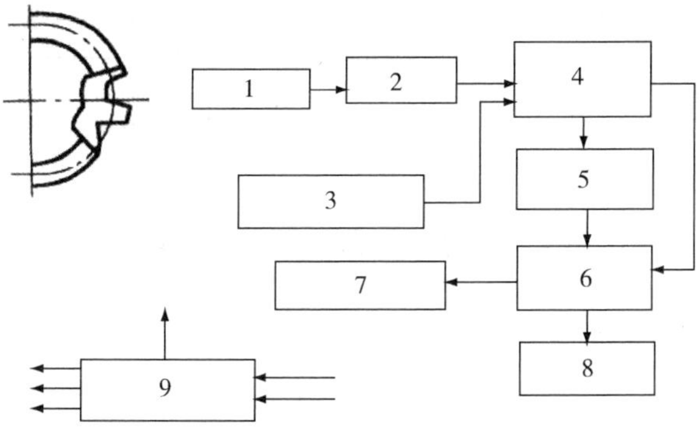

图 2-2 测瞬时加速度方案的框图

1：传感器；2：脉冲整形装置；3：时间信号发生器；4：加速度计算器和控制装置；5：转换分析器；6：转换开关；7：功率指示表；8：转速表；9：电源

电磁感应式传感器装在离合器壳体上的一个特制的加工孔内，它与飞轮齿圈的齿顶保持 2~4 mm 的间隙，属于非接触式传感器。当飞轮转动时，传感器产生脉冲信号。脉冲信号的频率为飞轮齿圈齿数乘以飞轮每秒钟转数，这就是发动机的转速信号。所以，每分钟脉冲信号频率数与飞轮齿圈齿数的比值，即发动机的转速。从传感器传来的脉冲信号经过脉冲整形装置的整形、放大，变成矩形触发脉冲信号。一般要把脉冲信号的频率放大 2~4 倍。倍频的目的是提高仪器的灵敏度。矩形触发脉冲信号要输到加速度计算器中，并且只有发动机转速加速到设定的起始转速 n_1 时，整形装置才输出触发脉冲信号。触发脉冲信号通过控制装置触发加速度计算器工作，计算出一定时间间隔内输入的脉冲数，并把这些脉冲数累加起来，直至终止转速 n_2。时间间隔由时间信号发生器控制。每一时间间隔的脉冲数与发动机转速成正比，后一时间间隔和前一时间间隔脉冲数的差值则与发动机的加速度成正比，而发动机的有效功率又与加速度成正比，转换分析器能把加速度计算器输出的脉冲信号变成直流电压信号输到指示仪表中，从而可直接读取所测功率值。时间间隔取得越小，则测得的有效功率就越接近瞬时有效功率。

2. 测加速时间方案

它是一种通过测量加速过程中某一转速范围内的加速时间，从而获得平均加速功率的方案。按该方案设计的仪器由转速信号传感器、转速脉冲整形装置、起始转速触发器、终止转速触发器、时间信号发生器、计算与控制装置和显示装置等组成，如图 2-3 所示。

这种仪器能把来自点火系一次电路断电器触电开闭一次电流的感应信号作为发动机转速的脉冲信号，经整形电路整形为矩形波形，并变为平均电压信号。当发动机节气门突然全开，转速达到起始转速 n_1 时，此时对应的电压信号通过触发器触发计算与控制电路，使时间信号进入计算器并寄存。当发动机加速到终止转速 n_2 时，对应的电压信号通过触发器触发计算与控制电路，使时间信号停止进入计算器，并把寄存器中的时间脉冲数经 *A/D* 转换成电流信号，在指示仪表上显示出加速时间或直接标定成功率。

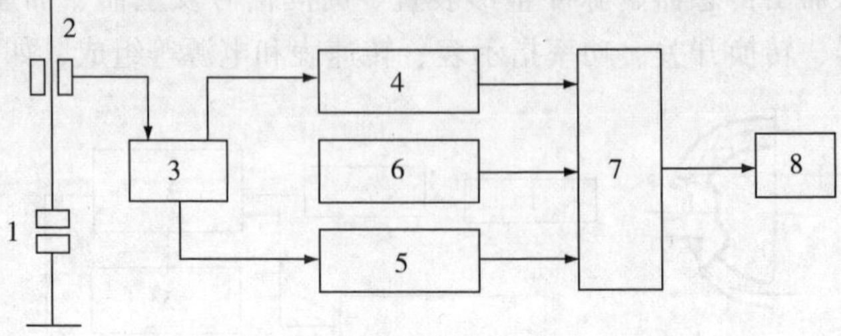

图 2-3 无负荷平均功率测功仪方框图

1：断电器触点（或点火触发信号）；2：转速信号传感器；3：转速脉冲整形装置；4：起始转速触发器；5：终止转速触发器；6：时间信号发生器；7：计算与控制装置；8：显示装置

3. 显示方法

无负载测功仪的显示方法一般有三种形式，即指针指示式、数字显示式和等级显示式。指针指示式和数字显示式可指示功率或加速时间的具体数值，等级显示式只显示良好、合格、不合格三个等级。

三、无负载测功仪的使用方法

无负载测功仪，既可以制成单一功能的便携式测功仪，也可以和其他测试仪表组合起来制成便携式或台式移动发动机综合检测仪。如图 2-4 所示的就是国产单一功能的便携式无负载测功仪，它可以测出发动机加速过程中起始转速 n_1 至终止转速 n_2 转速范围内的加速时间，即平均加速功率。

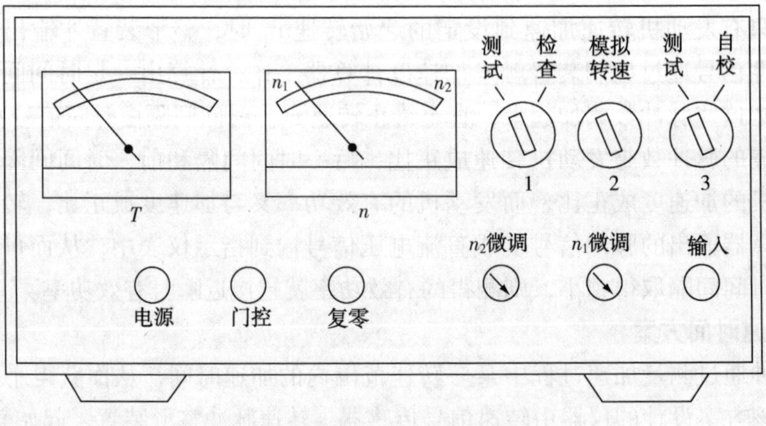

图 2-4 便携式无负载测功仪

便携式无负载测功仪一般都比较小，使用时与发动机的连接也很方便。有的无负载测功仪甚至像袖珍式收音机一样大小，带有天线，可以收取发动机运转时的点火脉冲信号，而不必与发动机采取任何有线连接。

不管哪种形式的无负载测功仪，其测功方法都如下：

1. 仪器准备

（1）未接通电源前，若指示装置为指针式，应检查指针是否在零点，否则应调整。

（2）接通电源，电源指示灯亮，预热仪器至规定时间。

（3）带有数码管的仪器，数码管的亮度应正常，且数码均在零位。

（4）按仪器使用说明书给定的方法，对仪器进行检查、调试和校正，待完全符合使用要求后才能投入使用。

（5）测加速时间的仪器，要借助仪器的模拟转速、门控指示灯和微调电位计调整好起始转速 n_1 和终止转速 n_2 的门控。微机控制的仪器，可通过数字键输入 n_1 和 n_2 的设定值。

（6）需要输入转动惯量的仪器，要把被测发动机的转动惯量输到无负载测功机内。

2. 发动机准备

预热发动机至正常工作温度（80 ℃～90 ℃），调整发动机怠速，使其在规定的转速范围内稳定运转。

3. 仪器与发动机连接

仪器和发动机准备好后，把仪器的传感器按要求连接在发动机规定部位。

4. 测功方法

（1）按下“复零”键，使指示装置复零。

（2）按下其他必要的键位，如机型选择键、缸数选择键和“测试”键等。需要输入操作码的仪器，则应按要求输入规定的操作码。

（3）发动机在怠速下稳定运转，操作者在驾驶室内急速踩下加速踏板，发动机转速迅速升高；当发动机转速超过终止转速 n_2 时，应立即松开加速踏板，切忌使发动机长时间高速空转。记下或打印出测量结果，按下“复零”键，使指示装置复零。重复上述操作三次，检测结果取平均值。

有些仪器为了保护发动机不受损害和提高使用方便性，当转速上升超过 n_2 时，能使发动机自动熄火；而当转速下降至低于 n_1 时，只要按下“复零”键，在指示装置复零的同时，便能自动接通点火线路，使发动机重新运转。上述测功方法称为怠速加速法，既适用于汽油机，又适用于柴油机。

5. 查对功率

仅能显示加速时间的无负载测功仪，测得加速时间后应到仪器制造厂推荐的曲线图或表中查出对应的功率值，以便与标准功率对照。

2.1.3 各缸功率均衡性检测

发动机所发出的功率应该是各气缸发出功率的总和。从理论上讲，正常运行时，发动机各气缸所发出的功率应相同。但由于结构、供油系统以及点火系统方面的差异，各气缸实际发出的功率还是会有所不同的，特别是当某气缸有故障时，这种差别就更加明显。例如，当发动机以某一转速运行时，若某气缸火花塞突然断火，该气缸就不能做功，发动机总功率就会下降。

依据这种分析，检测人员就可以采用轮流将各缸断火的办法来判断某缸技术状况是否完好。“单缸断火”的具体测试方法有两种：一种是测试功率的变化；另一种是测试转速的变化。

一、单缸功率的检测

检测人员利用前面介绍的无外载测功原理可以测量某个气缸的功率。具体方法是：首先测量整个发动机的总功率，然后在某缸断火的条件下，再测量发动机的功率。两次测量功率之差就是断火气缸所发出的功率。比较各单缸功率即可判断各缸工作情况。正常时，各单缸功率应基本相同，单缸断火后的功率也应该是相近的。若某缸断火后测得的功率没有变化，则可认为这个气缸未参与做功。

二、单缸断火后转速的变化

发动机在一定转速下运行时，若某缸突然断火，则发动机输出功率将减小，因而转速也会降低，以寻求与负载和摩擦功率新的平衡。若各缸的功率是均衡的，则当各缸轮流断火时，转速下降的幅度应基本相同。反之，若转速下降的幅度差别很大，则说明有的气缸工作不正常。因而检测人员可以利用单缸断火情况下的转速下降值来评价各缸的工作状况。转速下降的平均值与气缸数有关。显然，气缸数越多，单缸断火后转速下降值就越小。表 2-1 表明了发动机在以 800 r/min 的转速稳定工作的条件下，取消一个气缸工作后，转速的平均下降值。一般要求转速下降的最高、最低值之差，不应大于平均值的 30%。某缸断火后，若发动机转速下降值越小，则说明该缸发动的功率也越小；若转速下降值为零，则说明该缸不工作。

应该指出，发动机气缸数越多，每个气缸对发动机总功率的贡献率就越低，单缸断火后转速下降值就越小，测量的误差以及判断故障的难度就越大。

表 2-1 单缸断火后，转速下降的平均值

发动机气缸数	转速下降平均值/（r/min）
4	80~100
6	60~80
8	40~60

三、检测结果分析

检测人员可以根据测定结果进行分析，对发动机技术状况做出判断。

根据国标 GB 7258—1997《机动车运行安全技术条件》和 GB/T 15746. 2—1995《汽车修理质量检查评定标准 发动机大修》附录 B 的规定，在用车发动机功率不得低于原标定功率的 75%，大修后发动机最大功率不得低于原设计标定值的 90%。

（1）若发动机功率偏低，说明燃料供给系统工作不良、点火系统工作不良，应对油、电路进行检修。若调整后功率仍然低，应结合气缸压力和进气歧管真空度的检查，判断是否为机械部分故障。

（2）对个别气缸技术状况有怀疑时，可用单缸断火方法进行检测。单缸功率偏低，一般是该缸分缸高压线或火花塞技术状况不良、气缸密封性不良或气缸供油等造成的，应及时检修。

（3）发动机功率与海拔有密切关系，无负载测功仪所测的结果是实际大气压力下的发动机功率，如果要校正到标准大气压下的功率，应乘以校正系数。

2. 1. 4　发动机综合性能检测仪

发动机综合性能检测仪，也称发动机综合性能分析仪，是发动机检测、诊断仪器中检测项目最多、功能最全、涉及面最广的一种仪器。

一、检测仪的类型

发动机综合性能检测仪是以示波器为核心的测试仪器。当配以多种传感器、夹持器和测试探头时，它能实现对多种电量、非电量参数（温度、压力、真空、转速等）的检测、分析与判断。

检测仪的类型，按照使用方式可分为台式移动式和便携式两种；按照示波器形式可分为模拟示波器式和数字示波器式两种；按照示波器显示器形式可分为阴极射线管显示器式和液晶显示器式两种；按照控制方式可分为电子控制式、微机控制式和模块控制式三种；按照电源类型可分为交流 220 V 式、直流 12 V 式和直流电池式三种。

二、检测仪的功能与特点

1. 功能

大多数检测仪有以下功能：

（1）汽油机检测有以下功能。

点火系检测。可观测、分析点火系的平列波、并列波、重叠波、单缸波、重叠角、断电器触点闭合角、点火高压值和点火提前角等。

（2）柴油机检测有以下功能。

喷油压力检测。检测喷油压力数据，观测、分析供油压力波形。

（3）电控燃油喷射发动机检测具有以下功能。

空气流量检测、转速检测、温度检测、进气管真空度检测、节气门位置检测、爆燃信号检测、氧传感器检测、喷油脉冲信号检测。

（4）故障分析具有以下功能。

故障查询；信号回放与分析。

（5）参数设定。

（6）数字示波器、显示器、数值。

2. 特点

（1）具有动态测试功能。检测仪的信号采集系统能迅速、准确地捕获发动机运转中各瞬间参数随时间变化的函数曲线。这些动态参数是对发动机工作性能和技术状况进行准确判断的科学依据。

（2）具有普遍性和通用性。由于检测仪的测试、分析过程不依据被测发动机的数据卡，而只针对发动机基本结构和工作原理，因此检测结果具有良好的普遍性，检测方法具有广泛的通用性。

（3）具有主动性。检测仪不仅能适时采集发动机的动态参数，而且能主动地发出某些指令干预发动机的工作，以完成某些特定的检测程序，如发动机断缸试验。

三、检测仪的基本结构

发动机综合性能检测仪，一般是由信号提取系统、信号处理系统和采控显示系统三大部分组成的。国产元征 EA-2000 型发动机综合性能检测仪的外形如图 2-5 所示，主要性能指标见表 2-2。

表 2-2　元征 EA-2000 型发动机综合性能检测仪主要性能指标

参数	量程	精度	参数	量程	精度
转速/（r/min）	0~8000	1%	充电电流/A	0~40	3%
点火提前角/（°）	0~60	±1%	进气管真空度/kPa	0~105	2%
点火电压/kV	0~40	5%	温度/℃	-20~120	2%
火花电压/V	0~4000	5%	电流/A	0~4	1%
点火持续时间/ms	0. 04~9. 99	0. 04	电压/V	0~400	1%
启动电流/A	0~900	5%	电阻/MΩ	0~40	1%

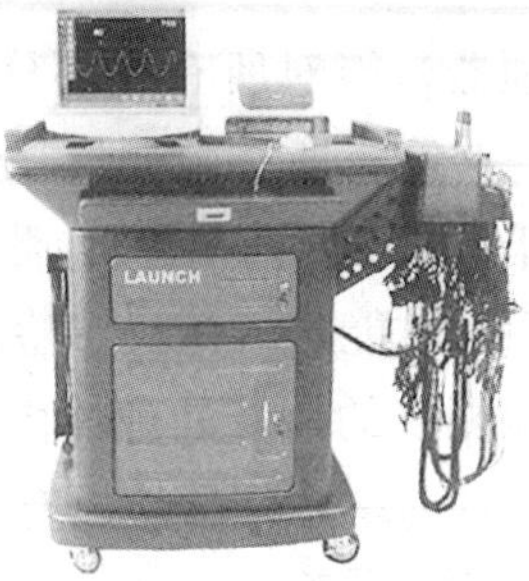

图 2-5　国产元征 EA-2000 型发动机综合性能检测仪

1. 信号提取系统

信号提取系统的作用是拾取测量点的信号，它必须配备多种传感器、夹持器和探针等，直接或间接地与被测点接触。元征 EA-2000 型发动机综合性能检测仪信号提取系统如图 2-6 所示，该系统由 12 组拾取器组成，每 1 组拾取器根据任务不同，由相应的传感器、夹持器或探针通过电缆与其适配器或接插头构成。适配器的作用是对采集的信号在进入前端处理器之前进行预处理。

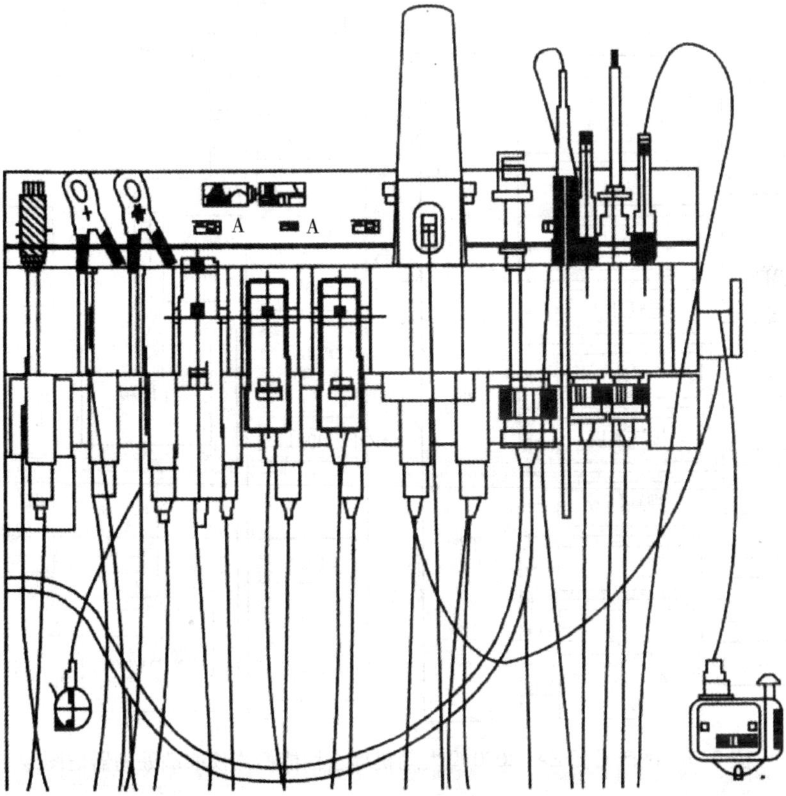

图 2-6　国产元征 EA-2000 型发动机综合性能检测仪信号提取系统

2. 信号处理系统

信号处理系统，也称前端处理器，能对所有或部分采集来的信号进行处理，即进行衰减、滤波、放大、整形等处理，并能将所有脉冲信号和数字信号直接输入 CPU 的高速输入端。从发动机采集来的信号千差万别，不能被检测仪中央控制器直接使用，必须经过预处理，转换成标准数字信号后，才能送入微机。检测仪前端处理器框图如 2-7 所示。元征 EA-2000 型发动机综合性能检测仪的前端处理器由部分信号处理、32 路换线开关等组成，并承担与微机的并行通信。其前端处理器地面有 8 个适配器插座、4 个航空插座和 1 个主电缆插座，以便与信号提取系统连接。

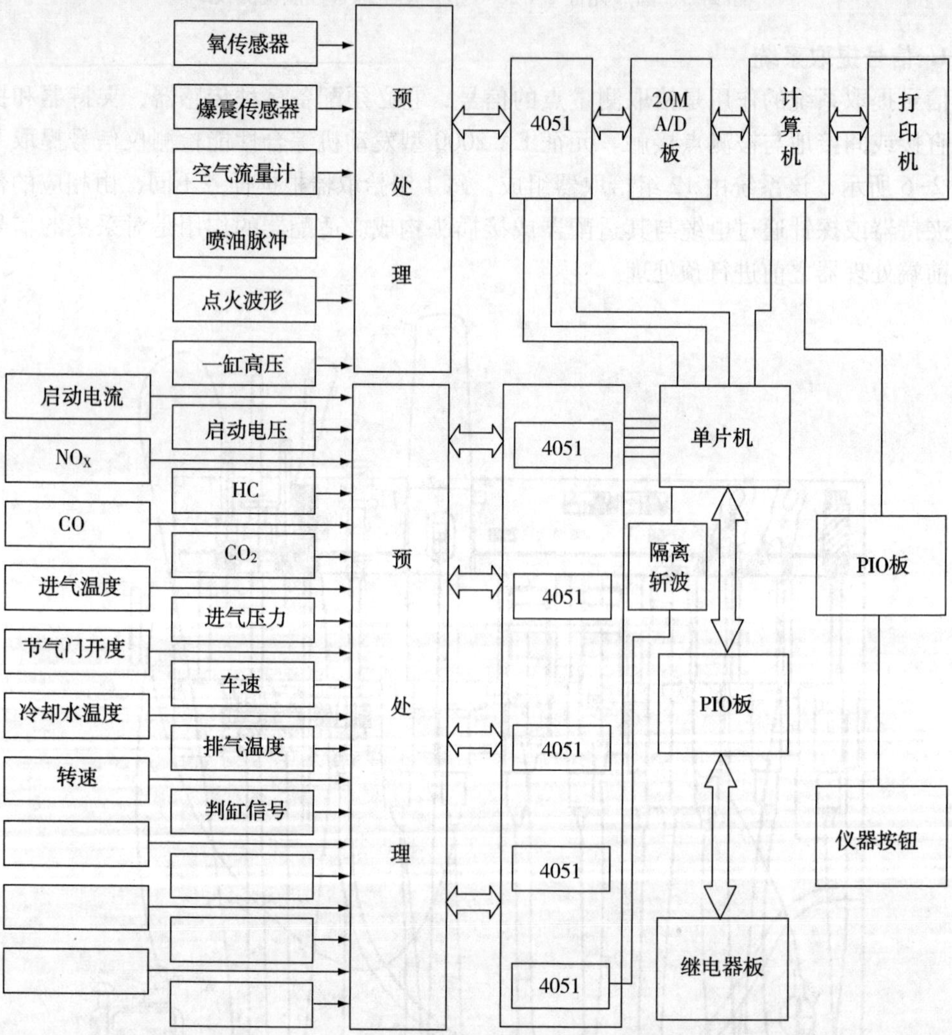

图 2-7 国产元征 EA-2000 型发动机综合性能检测仪前端处理器框图

3. 采控显示系统

元征 EA-2000 型发动机综合性能检测仪内装有 PC 微机，10/20Mb/s、10bit 高速采集卡，并行通信卡和 RS-232 输出接口。检测仪在显示系统方面为彩色 CRT（阴极射线管）

显示器，采用上、下级菜单操作，能实时显示被测发动机的动态参数和波形，观察非常醒目。

四、检测仪的使用方法

下面以元征 EA-2000 型发动机综合性能检测仪为例，介绍其使用方法。

1. 准备工作

（1）准备工作。

①接通电源（220V±10%，50 Hz），打开检测仪总开关、电脑主机开关和显示器开关，暖机 20 分钟。

②在发动机不工作和点火系关闭的情况下，将信号提取系统连接到被测发动机上。

③电源线必须可靠接地。

④在测试电控燃油喷射系统发动机 ECU 时，除仪器电源接地外，仪器地线必须与发动机共地，测试人员必须随时与汽车车身接触。

（2）发动机准备。

①发动机应预热至正常工作温度。

②调整发动机怠速，怠速转速应在规定范围内。

③发动机在运转中。

2. 启动检测仪

（1）检测仪已经预热。

（2）鼠标左键双击显示器上“元征发动机分析仪”图标，启动检测仪综合性能检测程序。

（3）检测仪主机对单片机通信、8 个适配器进行逐一自检。自检通过为绿，未通过将给予提示。

（4）显示屏出现“用户资料录入”界面。单击“修改”按钮，输入汽车用户资料，然后单击“确定”按钮，显示屏出现检测主、副菜单。

（5）在主菜单上选择要测试的“汽油机”“柴油机”“电控发动机参数”或“故障分析”等项。如果前述步骤未进行汽车用户资料录入，则选择“参数设定”，单击“修改”按钮，输入汽车用户资料后单击“确定”按钮即可。

（6）如需要清除以前测试的数据，可按 F2 键或单击显示器下方的“清除数据”按钮。

3. 检测方法

（1）在主菜单上选择要测试的“汽油机”“柴油机”“电控发动机参数”或“故障分析”等项中的其中一项，单击后进入下一级菜单。

（2）在下一级菜单中再选择要测试的项，单击后进入检测界面。

（3）按检测界面上的要求进行操作、读数、存储和打印。

2.2 气缸密封性检测

2.2.1 气缸压缩压力检测

检测活塞到达压缩终了上止点时气缸压缩压力（以下简称为“气缸压力”）的大小，可以表征气缸的密封性。检测气缸压力所使用的检测设备和检测方法有以下几种。

一、用气缸压力表检测

气缸压力表具有结构简单、小巧轻便、价格低廉和使用可靠等优点，因而它在汽车维修企业中广泛应用。

1. 气缸压力表的结构与工作原理

该压力表是一种气体专用压力表，一般由压力表头、导管、单向阀和接头等组成。压力表头多为 Bourdon-tube 式，其驱动元件是一根扁平的弯曲成圆圈状的管子，一端为固定端，另一端为活动端。活动端通过杠杆、齿轮机构与表头指针相连。当气体压力进入弯管时，弯管伸直，于是杠杆、齿轮机构带动表头指针摆动，在表盘上指示出气体压力的大小。

气缸压力表的接头有两种形式。一种为螺纹管接头，可以拧紧在火花塞或喷油器螺纹孔内；另一种为锥形或阶梯形的橡胶接头，可以用手压紧在火花塞或喷油器孔上。接头通过导管与压力表头相连通。导管也有两种，一种为软导管，另一种为金属硬导管。软导管适用于螺纹管接头与压力表头的连接，硬导管适用于橡胶接头与表头的连接。

气缸压力表导管上还装有能通大气的单向阀。当单向阀处于关闭位置时，可保持压力表指针的测试状态，以便于读数。当单向阀处于打开位置时，可使压力表指针回零，以便于重新测试。气缸压力表的外形图如图 2-8 所示。

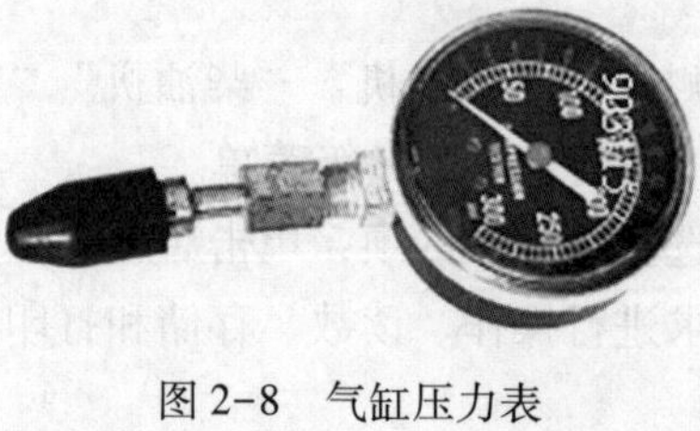

图 2-8　气缸压力表

2. 气缸压力表的使用方法

（1）检测条件。

发动机应运转至正常工作温度，用启动机带动已拆除全部火花塞或喷油器的发动机运转，转速应符合原厂规定。

（2）检测方法。

拆下发动机空气滤清器，用压缩空气吹净火花塞或喷油器周围的脏物，拆下全部火花塞和喷油器插头，并按气缸顺序放置。然后，把气缸压力表的橡胶接头插在被测缸的火花塞或喷油器孔内，扶正压紧，如图 2-9 所示。将节气门置于全开位置，用启动机转动曲轴 3~5s（不少于四个压缩行程），待气缸压力表指针指示并保持最大压力后停止转动。取下气缸压力表，记录读数，按下单向阀使气缸压力表指针回零。

按上述方法依次测量各缸，每缸测量不少于两次，每缸测量结果取算术平均值。

检测完成后，安装所有火花塞和喷油器插头，并用解码器清除故障诊断代码。

就车检测柴油机气缸压力时，应使用螺纹接头的压力表。如果该机要求在较高转速下测量，则除受检气缸外，其余气缸均应工作（喷油器不能拆下）。其他检测条件和检测方法同汽油机。

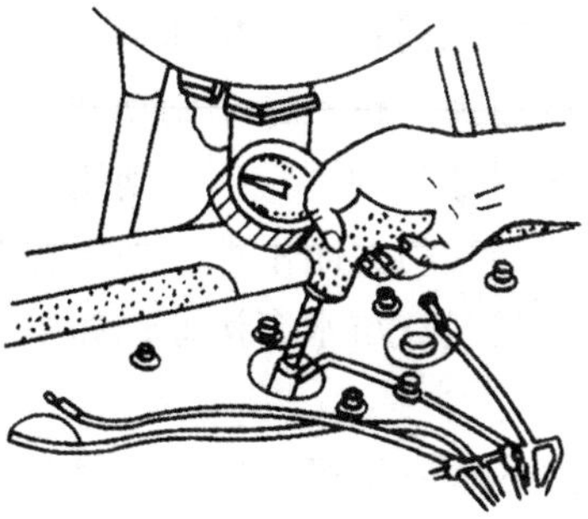

图 2-9　测量气缸压缩压力

3. 诊断参数标准

对于在用汽车发动机，按照国家标准 GB 18565—2001《营运车辆综合性能要求和检验方法》的规定，发动机各气缸压力应不小于原设计规定值的 85%；每缸压力与各缸平均压力的差：汽油机应不大于 8%，柴油机应不大于 10%。对于大修竣工发动机，按照国家标准 GB/T 15746. 2—1995《汽车修理质量检查评定标准 发动机大修》附录 B 的规定，大修竣工发动机的气缸压力应符合原设计规定；每缸压力与各缸平均压力的差：汽油机不超过 8%，柴油机不超过 10%。

4. 结果分析

气缸压缩压力检测的结果可以用来评价发动机的技术状况。若气缸压缩压力超过标准，过低或过高，则说明发动机气缸组技术状况不良，存在故障。检修人员通常可根据以下几种情况做出诊断。

（1）在 2~3 次的气缸压力测量中，若压力读数时高时低，相差较大，说明其进、排气门有时关闭不严。

（2）一缸或数个缸压力偏低，可以将 20~30 mL 清洁而黏度较大的机油注入压力偏低缸的火花塞或喷油器孔内再测量气缸压力。

若压力上升接近标准压力，则说明该气缸、活塞环、活塞磨损过大或活塞环对口、卡死或气缸壁拉伤等；若压力基本无变化，则说明该缸进、排气门关闭不严或气缸衬垫密封不良。

（3）若相邻两缸压力相当低，而其他缸正常，加注机油后检测其压力仍然很低，说明相邻两缸间气缸衬垫烧损窜气。

（4）个别缸压力偏高，说明这些缸可能积炭过多，导致燃烧室容积减少。

（5）各缸压力都偏高，汽车行驶中又出现过热或爆燃现象，则可能是因为燃烧室积炭过多，或经几次大修后缸径加大、缸盖接合平面修理磨削过度，或气缸衬垫过薄而使压缩比增大。

以上仅为气缸组不密封部位的故障分析或判断，并不能十分准确地诊断。为了准确地测出故障部位，检修人员可在测量完气缸压力后，针对压力低的气缸采用以下方法进行诊断：拆下发动机空气滤清器，打开散热器盖、加机油口盖和节气门，把一条 3 m 左右长的胶管一头接在压缩空气气源（600 kPa 以上）上，另一头通过锥形橡皮头插在该气缸火花塞或喷油器孔内。用手摇把摇转发动机曲轴，使被测气缸活塞处于压缩终了上止点位置，然后将变速器挂入低速挡，拉紧驻车制动器，打开压缩空气开关，注意倾听发动机漏气声。如果在空气滤清器处听到漏气声，则说明进气门关闭不严；如果在排气消音器口处听到漏气声，则说明排气门关闭不严；如果在散热器加水口处看到有气泡冒出，则说明气缸衬垫不密封，造成气缸与水套沟通；如果在加机油口处听到漏气声，则说明气缸活塞组配合副磨损严重。

用气缸压力表检测气缸压力尽管应用极为广泛，但存在测量误差大的缺点。研究表明，气缸压力的测量结果不只与气缸内各处的密封程度有关，还与曲轴的转速有关。某发动机气缸压力与曲轴转速的关系曲线如图 2-10 所示。

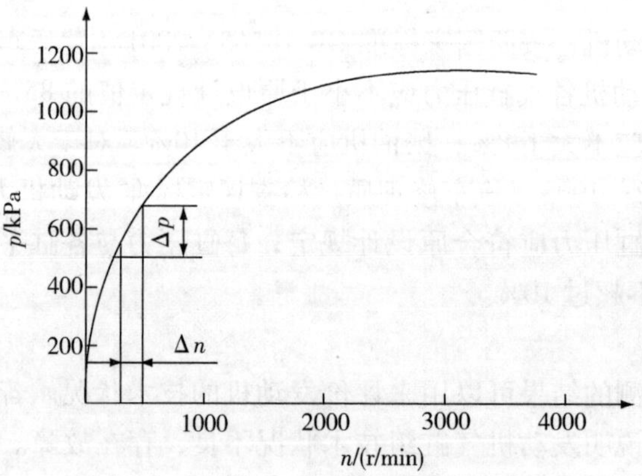

图 2-10　气缸压力与曲轴转速的关系曲线

从图中可以看出，只有当曲轴转速超过 1500 r/min 以后，气缸压力曲线才变得比较平缓。但在低转速范围内，即在检测条件中由启动机带动曲轴达到的转速范围内，即使较小的转速变化 Δn，也能引起气缸压力测量值较大的变化 Δp。不同型号的发动机，由启动机带动曲轴的转速不可能一致，即使是同一型号的发动机，由于蓄电池、启动机和发动机的技术状况不一，检测转速也不可能完全一致。这就出现了检测转速是否符合规定值的问题。它是用气缸压力表检测气缸压力误差大的主要原因之一。因此在检测气缸压力时，检修人员应该用转速表监测曲轴转速，这是发现问题，获得正确结果分析的前提。常见的汽车发动机的气缸压缩压力标准值见表 2-3。

表 2-3　常见的汽车发动机的气缸压缩压力标准值

车型	压缩比	气缸压力/kPa	测定转速/（r/min）
华晨 H530 的 4A92	10.5	1550	300
桑塔纳 2000AFE	9.0	1000~1300	200~250
桑塔纳 2000AJR	9.5	1000~1300	200~250
夏利 TJ376Q-E	9.5	1000~1225	200~250
广州本田雅阁	8.9	930~1230	200~250
解放 CA1091	7.4	930	100~150
北京 BJ1040	7.2	785~981	200~250
跃进 NJ1041	7.5	980	200~250
天津大发	9.0	1225	200~250

二、用气缸压力检测仪检测

气缸压力检测仪主要有压力传感器式气缸压力检测仪、启动电流式气缸压力检测仪、电感放电式气缸压力检测仪等，用于评价各缸气缸压力的均衡情况。

1. 压力传感器式气缸压力检测仪

压力传感器式气缸压力检测仪利用压力传感器拾取气缸内的压力信号，经 A/D 转换器进行模、数转换，再送入显示装置，这样即可测得气缸压力。用该种方法检测气缸压力时，须拆下被测缸的火花塞或喷油器，旋上仪器配置的压力传感器，用启动机带动曲轴旋转 3~5 s 即可。

2. 启动电流式气缸压力检测仪

（1）检测原理。通过测启动电源（蓄电池）的电压降，也可以获得气缸压力。这是因为发动机启动时的阻力矩主要由曲柄连杆机构产生的摩擦力矩、惯性力矩和各缸压缩行程受压气体的反力矩三部分组成。摩擦力矩和惯性力矩可被认为是稳定的常数，各缸压缩行程受压气体的反力矩是随各缸气缸压力变化的波动量。气缸压缩气体的反力矩引起的启动机工作电流波动会导致蓄电池端电压的波动。启动电流增大时，蓄电池端电压降低，即启动电流与电压降成正比。由于启动电流峰值与气缸压缩压力成正比，因此启动时蓄电池的电压降也与气缸压缩压力成正比，故检修人员可以通过测量蓄电池的启动电压降检测气缸压缩压力。用该检测仪检测气缸压力时，无须拆下火花塞。

根据上述原理制成的气缸压缩压力测试仪，被称为启动电流式或启动电压降式气缸压缩压力检测仪。有的检测仪可以显示各缸压缩压力的具体数值，并能与标准值对照；有的仅能定性显示“合格”或“不合格”；有的只能显示波形。对于后者，如果各缸波形振幅一致，峰值又在规定范围内，则说明各缸压缩压力符合要求；若各缸波形振幅不一致，对应某缸电流峰值低于规定范围，则说明该缸压缩压力不足。至于各缸波形峰值对应的缸号，一般会通过点火传感器或喷油传感器来确定一缸波形位置，其他缸的波形位置按点火顺序确定。

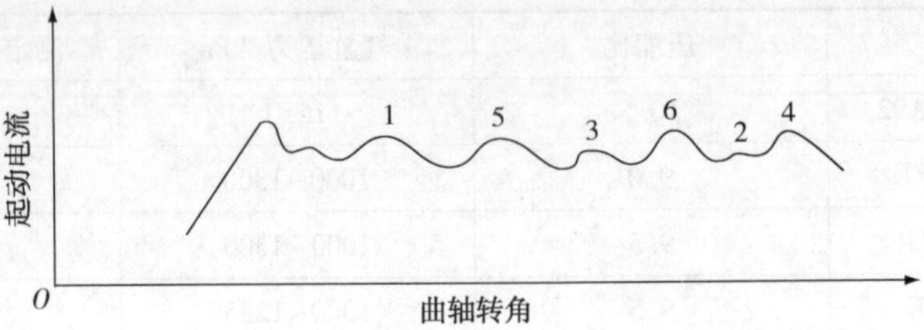

图 2-11　启动机起动电流与曲轴转角关系曲线

（2）检测方法。国产元征 EA-2000 型发动机综合性能检测仪的检测操作过程如下。

测试前，须将启动电流拾取器夹在与电瓶相连的启动机导线上（启动电流拾取器箭头的指向应与电流的流向相同）；将电瓶电压拾取器的红夹、黑夹分别夹在电瓶的正、负极上；将一缸信号拾取器夹在一缸高压线上。

测试时，在汽油机测试菜单下用鼠标左键点击“相对气缸压缩压力”图标，进入测试界面。用鼠标左键点击“测试”图标，系统进入测试状态。如汽车已经启动，则会弹出对话框，提示用户先关闭发动机。

启动发动机，系统测试完毕将自动显示发动机启动转速、电瓶电压值、相对气缸压缩压力直方图及启动电流波形。如图 2-12 所示，右侧坐标系内启动电流波形上方对应标出了各缸启动电流峰值，左侧为相对气缸压缩压力的百分比值的直方图。

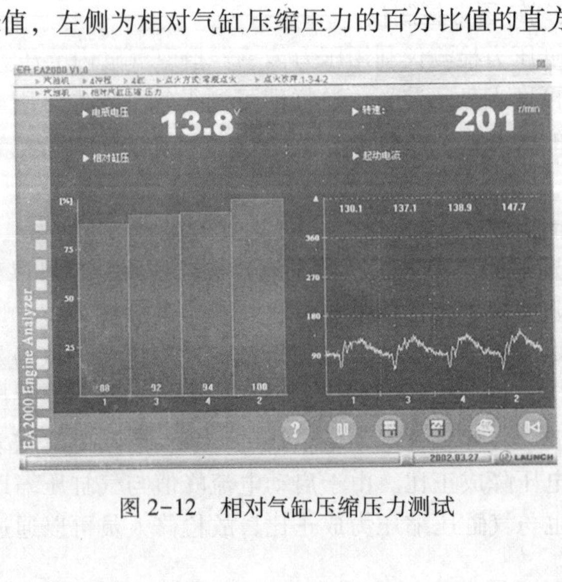

图 2-12　相对气缸压缩压力测试

3. 电感放电式气缸压力检测仪

它是一种通过检测点火系二次电感放电电压来确定气缸压力的仪器，仅适用于汽油机。汽油机工作时，断电器触点打开，二次电压随即上升击穿火花塞间隙，并维持火花塞放电。火花放电电压也称火花线，属于点火系电容放电后的电感放电部分。电感放电的电压与气缸压力之间具有近乎直线的对应关系。因此，各缸火花放电电压可作为检测各缸气缸压力的信号，该信号经变换处理后即可显示气缸压力。

使用以上气缸压力检测仪检测气缸压力时，发动机不应着火工作。对于汽油机，可拔下二次高压线搭铁或按测试仪要求处理；对于柴油机，可旋下喷油器高压油管接头断油，即可达到目的。

2.2.2 气缸漏气量检测

检修人员检测气缸的密封性可用检测气缸漏气量的方法。其检测基本原理是利用充入气缸的压缩空气，用压力表检测活塞处于压缩上止点时气缸内压力的变化情况来表征整个气缸组件的密封性。它不仅表征气缸活塞摩擦副的磨损程度，还表征进排气门、气缸垫、气缸盖及气缸的密封性。

一、气缸漏气量检测仪结构与工作原理

1. 气缸漏气量检测仪的结构

国产 QLY-1 型气缸漏气量检测仪主要由调压阀、进气压力表、测量表、校正孔板、橡胶软管、快换管接头和充气嘴等组成，如图 2-13 所示。此外，它还要配备外部气源、指示活塞位置的指针和活塞定位盘。

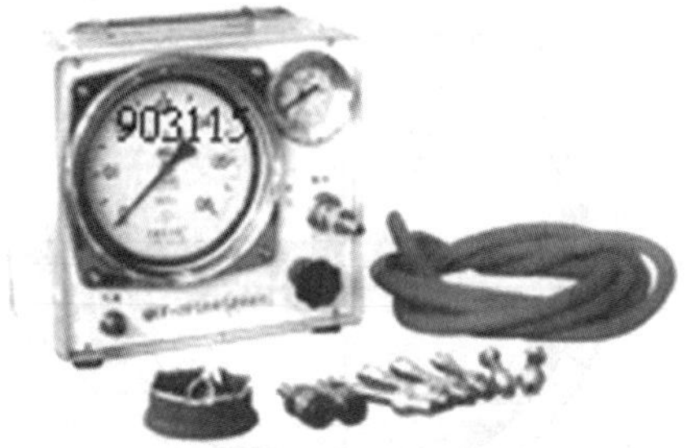

图 2-13　气缸漏气量检测仪

2. 工作原理

外部气源的压力相当于气缸压缩压力，一般应为 600~900 kPa。压缩空气按图2-14中箭头方向进入气缸漏气量检测仪，压力由进气压力表显示，随后由调压阀调压后，经校正孔板、橡胶软管、快换管接头、充气嘴进入处于压缩终了上止点的气缸。气缸内的压力变化情况由测量表显示，该压力变化情况表明了气缸组件的密封状况。

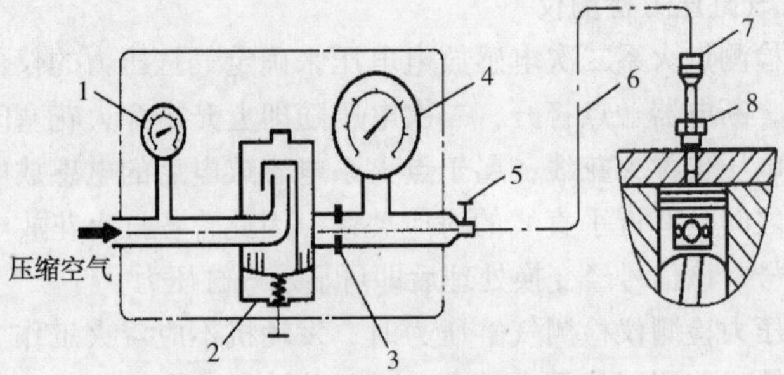

图 2-14　气缸漏气量检测仪的结构图

1：进气压力表；2：调压阀；3：校正孔板；4：测量表；5：出气阀；6：橡胶软管；7：快换管接头；8：充气嘴

二、气缸漏气量检测仪的使用方法

(1) 先将发动机预热到正常工作温度，然后用压缩空气吹净火花塞孔处的灰尘，最后拧下所有火花塞，装上充气嘴。

(2) 转动曲轴，使第一缸活塞位于压缩行程上止点，并拆下分电器盖及分火头，装上活塞位置指示器，如图 2-15 所示。指针可用旧分火头改制，仍装在原来分火头的位置。活塞位置指示器用较薄的板材制成，检修人员应按照缸数进行刻度，并按分火头的旋转方向和点火顺序刻上缸号。假设被测发动机是 6 缸发动机，分火头顺时针方向旋转，点火顺序应为 153624，则活塞位置指示器上每 60°有一刻度，共有 6 个刻度，然后按顺时针方向在每个刻度上刻上 1、5、3、6、2、4 这 6 个数字。

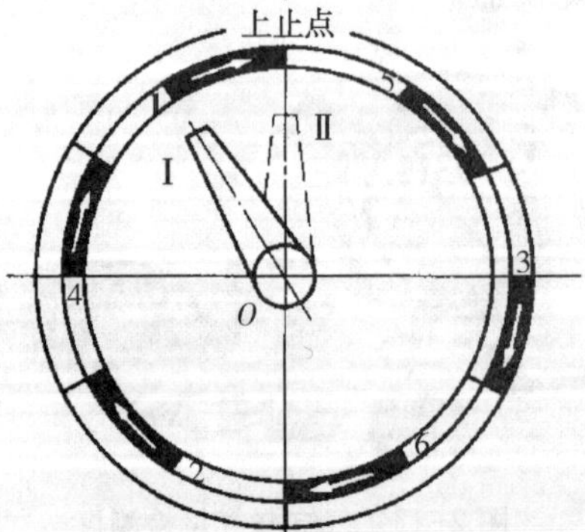

图 2-15　活塞位置指示器

Ⅰ：压缩行程开始位置；Ⅱ：压缩行程上止点；1-5-3-6-2-4：发动机工作顺序

(3) 将变速器置于Ⅰ挡，并拉紧驻车制动，以防压缩空气进入气缸后推动活塞下移。

(4) 调定测量表初始压力。将仪器与气源接通，在出气阀完全关闭的情况下，调整调压阀，使测量表初始压力为 400 kPa。

(5) 当第 1 缸充气嘴接上快换接头时，打开出气阀，向第 1 缸充入压缩空气，此时测量表的读数便反映了该缸的漏气量。同时判断可能漏气部位是否有漏气声，以便确诊故障所在位置。

（6）转动曲轴，根据点火顺序，使活塞位置指示器指针指向各缸压缩行程上止点位置，按上述方法分别检测各缸漏气量。为保证检测结果可靠，应重复再检测一次各缸漏气量，取算术平均值。

三、诊断参数标准

对于气缸漏气量，我国还没有制定出统一的诊断参数标准。国产 QLY-1 型气缸漏气量检测仪使用说明书中，对于国产货车的发动机，在确认进、排气门和气缸垫密封性良好的情况下，气缸密封状况（主要指气缸活塞配合副）的判断标准为：在测量表调定初始压力为 400 kPa 条件下，当测量表读数大于或等于 250 kPa 时，表示气缸密封性正常，发动机可继续使用；当测量表读数小于 250 kPa 时，表示气缸密封性差，不符合要求，应确诊故障部位并排除故障。

四、气缸漏气率的检测

无论是使用仪器检测的方法，还是使用判断故障的方法，气缸漏气率的检测方法都与气缸漏气量的检测方法是一致的，只不过气缸漏气量检测仪的测量表标定单位为 kPa 或 MPa，而气缸漏气率测量表的标定单位为百分数。

气缸漏气率检测仪是这样标定的：接通外部气源，在仪器出气口密封的情况下，调节减压阀，使测量表指针指示为“0%”，表示气缸不漏气；完全打开仪器出气口，测量表指针回落至最低点，标定为“100%”，表示气缸内的压缩空气百分百漏掉。

为了检测各缸整个压缩过程中不同阶段中的漏气率和漏气部位，检修人员还需要在活塞定位盘各缸压缩终了上止点刻线上，沿分火头逆转方向按凸轮轴转角标出进气门关闭点，此点代表压缩行程的开始点。这样，气缸漏气率的检测可通过摇转曲轴从压缩行程一开始就进行，一直进行到压缩行程终了上止点位置。

检测气缸漏气率时，测量表读数越大，表示漏气量越多。通常，漏气率在 0~10%，表示气缸密封性良好；漏气率在 10%~20%，表示气缸密封性一般；漏气率在 20%~30%，表示气缸密封性较差。

一般来说，当漏气率达 30%~40% 时，若能确认进排气门、气缸衬垫、气缸盖和气缸套等是密封的，则说明气缸活塞摩擦副的磨损临近极限值，已到了须换活塞环或镗磨气缸的程度。

2.2.3 曲轴箱窜气量检测

测定曲轴箱窜气量是检测气缸密封性的重要手段，气缸活塞组配合副磨损，间隙增大，或活塞环对口、断裂及拉缸时，窜入曲轴箱的气体量将会增加，发动机动力性会随之下降。

据相关资料介绍，国外新的发动机曲轴箱漏气量为15~20 L/min，磨损后的发动机的漏气量则高达80~130 L/min。检修人员采用曲轴箱窜气量作为诊断参数，间接了解气缸、活塞组结构参数的变化状况，并诊断其故障，这是很重要的汽车诊断技术。

一、检测原理

气缸活塞组配合副磨损、活塞环弹性下降或黏结均会使密封性下降，工作介质和燃气将会从不密封处窜入曲轴箱。窜入曲轴箱的气体量越多，表明气缸与活塞、活塞环间不密封程度越高。窜入曲轴箱的废气可以溢出的通道有加机油口、机油标尺口和曲轴箱强制通风阀。

二、检测方法

由于从曲轴箱窜出的气体具有温度高、量小、脉动、污浊的特点，因而检测难度较大。曲轴箱窜气量可采用曲轴箱窜气量检测仪检测，如图2-16所示。曲轴箱窜气量检测仪由气体流量计及与之相连的软管、集气头构成。当废气流过取样探头孔道时，在测量小孔处产生负压，微压传感器检测出负压并将其转变成电信号。流过集气头孔道的废气量越大，测量小孔处产生的负压越大，微压传感器输出的电信号越强。该信号输送到仪表箱，由仪表指示出大小，以反映曲轴箱窜气量的大小。

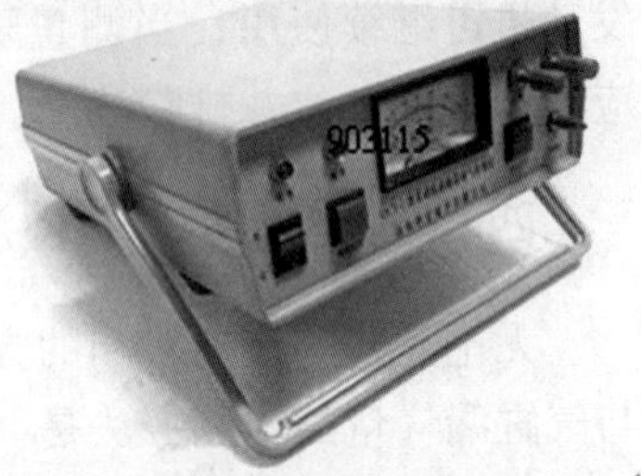

图2-16　CQY-J型发动机曲轴箱窜气检测仪

测试步骤如下：

（1）打开电源开关，按仪器说明书的要求对检测仪进行预调。

（2）密封曲轴箱，即堵塞机油尺口、曲轴箱通风口等，将取样探头插入机油加注口内。

（3）启动发动机，待其运转平稳后，仪表箱仪表的指示值就是发动机曲轴箱在该转速下的窜气量。曲轴箱窜气量除与发动机气缸活塞副技术状况有关外，还与发动机转速和负荷有关。在检测时，应加载发动机，使节气门全开，在最大转矩转速时测试。发动机加载可在底盘测功机上实现。测功机的加载装置可通过滚筒驱动车轮和传动系对发动机加载，可使发动机在全负荷工况下从最大转矩转速至额定转速的任一转速下运转，可用曲轴箱窜气量检测仪检测出任一工况下曲轴箱的窜气量。

三、检测标准

由于曲轴箱窜气量大小还与缸径大小和缸数多少有关，因此很难把众多车型的曲轴箱窜气量综合在一个检测标准中。维修企业和汽车检测站应积累具体车型的曲轴箱窜气量检测数据资料，经分析整理后制定企业标准，并将之作为检测依据。

在汽车二级维护前检测时，国产东风EQ1090汽车发动机在2000 r/min时，曲轴箱漏气量应不大于70 L/min；解放CA1091汽车发动机在1000 r/min时，曲轴箱漏气量应不大于40 L/min。此标准可供其他车型参考。

2.2.4 进气歧管真空度检测

进气歧管真空度（负压）是指进气歧管内的进气压力与外界大气压力之差。真空度数值随气缸活塞组的磨损而变化，并与配气机构零件状况以及点火系和供油系的调整有关。

因此，检测进气歧管真空度不仅可以评价发动机气缸的密封性，而且能诊断相关系统的故障。

一、用真空表检测真空度

1. 真空表结构与工作原理

真空表由表头和软管组成。真空表的表头与气缸压力表的表头一样，多为鲍登管。当真空（负压）进入表头内弯管时，弯管更加弯曲，于是通过杠杆和齿轮机构等带动表头指针动作，在表盘上指示出真空度的大小。真空表表头的量程为 0~101.325 kPa（旧式表头量程：公制为 0~760 mmHg，英制为 9~30 inHg）。软管的一头固定在表头上，另一头连接在节气门后方的进气管专用接头上。

2. 使用方法

（1）发动机应预热到正常工作温度。

（2）把真空表软管连接在节气门后的进气管专用接头上。

（3）发动机怠速运转。

（4）读取真空表上的读数，白针表示稳定，黑针表示漂移，如图 2-17 所示。

（5）必要时，按规定改变节气门的开度，根据真空度读数的变化情况来诊断相关故障。

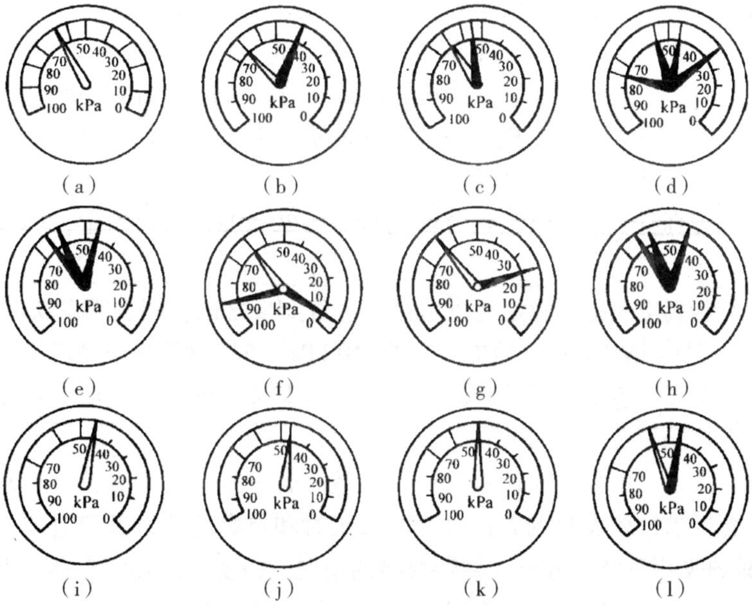

图 2-17　真空表检测结果

3. 检测结果的诊断

（1）进气歧管真空度诊断标准。一般进气歧管真空度在怠速时都有规定的正常值和波动范围。根据 GB/T 15746. 2—1995《汽车修理质量检查评定标准 发动机大修》的规定，大修竣工的汽油发动机在怠速时，进气歧管真空度应在 57~70 kPa 范围内；进气歧管真空度波动：六缸汽油机不超过 3 kPa，四缸汽油机不超过 5 kPa（大气压力以海平面为准）。

进气歧管真空度随海拔高度升高而降低。海拔每升高 1000 m，真空度将降低 10 kPa 左右。因此，进气歧管真空度的诊断标准也应根据当地海拔高度进行调整。

（2）进气歧管真空度诊断分析。检测时，检修人员通过对真空表指针摆动状态的研判和对进气歧管真空度检测结果的分析，可诊断发动机的技术状况和故障。

下面是一些典型的诊断实例：

①怠速时，若真空表指针稳定在 57~71 kPa 之间，则表明气缸密封性正常。海拔高度每升高 500 m，真空度应相应降低 4~5 kPa。

②怠速时，若真空表指针跌落 3~23 kPa，而且指针有规律地摆动，则表明气门与气门座密封不良。

③怠速时，若真空表指针时常快速跌落 10~16 kPa，则表明气门与导管卡滞。

④怠速时，若真空表指针在 33~74 kPa 范围内缓慢摆动，且随发动机转速升高摆动加剧，则表明气门弹簧弹力不足。

⑤怠速时，若真空表指针较正常值低 10~13 kPa，且缓慢地在 47~60 kPa 范围内摆动，则表明气门导管磨损严重。

⑥当发动机转速升至 2000 r/min 左右时，突然关闭节气门，若真空表指针迅速跌落至 6~16 kPa 以下，且当节气门关闭时，若指针不能回复到 83 kPa，则表明活塞环失效；当快速开启节气门时，若指针不低于 6~16 kPa，则表明活塞环工作状况良好。

⑦怠速时，若真空表指针从正常值突然跌落至 33 kPa，随后指针又恢复至正常值，在发动机运转过程中，真空表指针总是这样来回波动，则表明气缸衬垫有问题。

⑧怠速时，若真空表指针不规则跌落，则表明发动机的混合气过稀；若真空表指针缓慢摆动，则表明发动机的混合气过浓。

⑨怠速时，若真空表指示值比正常值约低 10~30 kPa，但很稳定，则表明进气歧管衬垫漏气。

⑩怠速时，若真空表指针稳定地指示在 47~57 kPa 之间，则表明发动机点火过迟。

⑪怠速时，若真空表指针稳定地指示在 27~50 kPa 之间，则表明发动机气门开启过迟。

⑫怠速时，若真空表指针缓慢地摆动在 47~54 kPa 之间，则表明火花塞电极间隙太小，断电器触点接触不良。

进气管真空度是一项综合性很强的诊断参数。若进气管真空度符合要求，不仅表明气缸密封性符合要求，还表明点火正时、配气正时和空燃比等也都符合要求。虽然以上只介绍了 12 种典型用真空度分析、判断故障的情况，但实际上真空表能检测的项目还有许多，而且检测时无须拆卸火花塞等机件，这在国外被认为是最重要、最实际和最快速的诊断方法之一，现在仍在使用。但是，进气管真空度的检测也有不足之处，它往往不能指出故障的确切部位。比如，检修人员利用真空表能测出气门有故障，但是无法检测出是哪一个气门有故障，这就需要其结合气缸压力检测或结合气缸漏气量（率）检测，才能加以诊断。

二、用示波器观测真空度波形

用示波器观测真空度波形，同样会起到分析、判断气缸密封性和诊断相关机件故障的作用。采用元征 EA-2000 型发动机综合性能检测仪检测进气管真空度波形的方法如下：

（1）发动机运转至正常工作温度。

（2）将检测仪真空度传感器的橡胶软管通过三通接头接到发动机的真空管上，电控发动机的真空软管一般都在发动机总成顶部，拔下一端后通过三通接头即可连接检测仪传感器，同时将一缸信号拾取器夹在一缸高压线上，如图 2-18 所示。

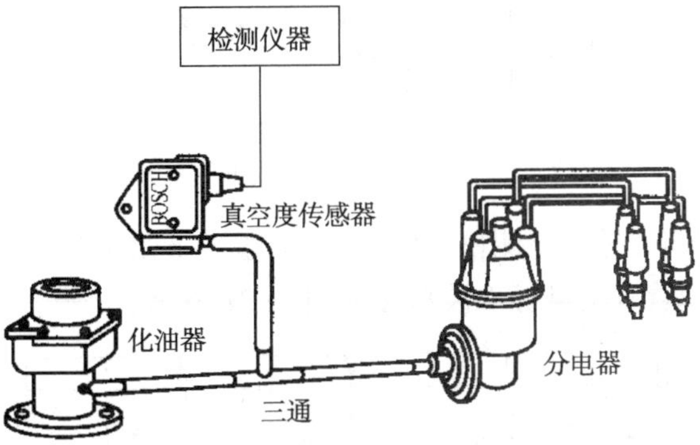

图 2-18　真空度传感器安装示意图

（3）使发动机稳定运转。

（4）用鼠标左键点击“汽油机测试菜单”中的“进气管内真空度”图标，进入进气管内真空度测试状态。

（5）用鼠标左键点击“测试”，系统即可进行自动检测并显示进气管内真空度波形、发动机当前转速，如图 2-19 所示。

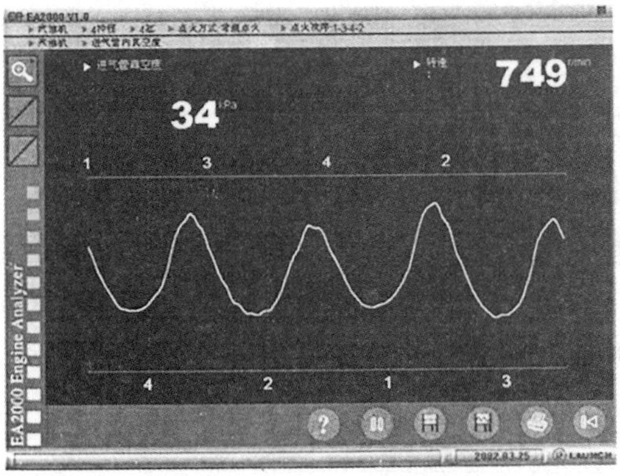

图 2-19　进气管内真空度测量

（6）可以用鼠标点击左上方“放大倍数”图标，选择相应的放大倍数，以便仔细观察波形。

（7）用鼠标左键点击“保存数据”图标可将检测有效结果进行保存。

（8）用鼠标左键点击“保存波形”图标可将波形保存于指定目录。

（9）用鼠标左键依次点击“帮助”图标，系统将进入帮助系统相应的部分，并给出典型的故障波形供用户参考。图 2-20 所示的为 4 缸发动机进气门漏气波形图。

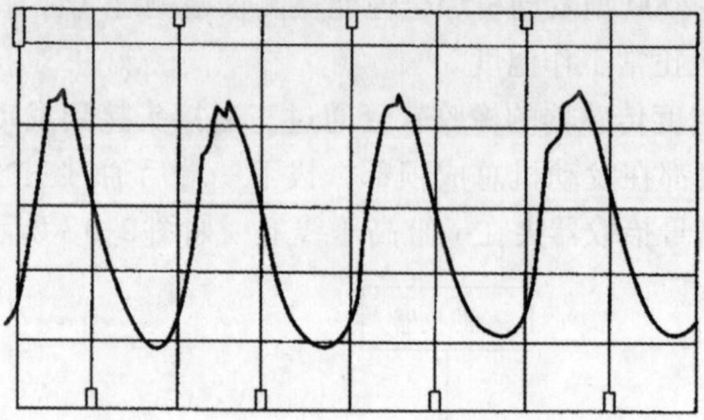

图 2-20　4 缸发动机进气门漏气波形图

（10）必要时按下 F4 键，检测仪提供 4 缸、6 缸或 8 缸的进气管真空度标准波形图。其中，4 缸发动机进气管真空度标准波形图如图 2-21 所示。

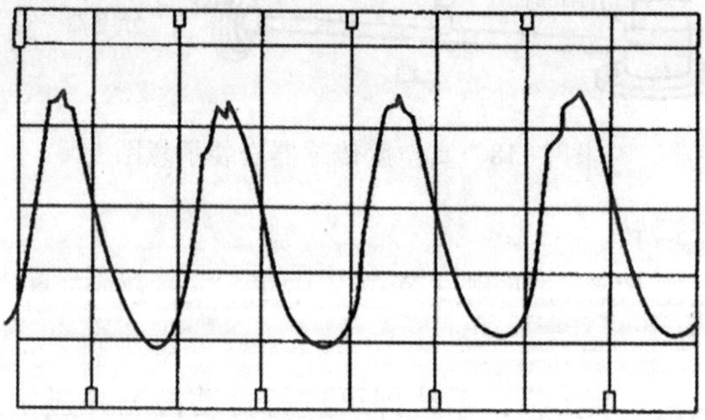

图 2-21　4 缸发动机进气管真空度标准波形图

三、诊断标准

根据 GB/T3799. 1—2005《商用汽车发动机大修竣工出厂技术条件》中有关汽油发动机的规定是：在正常工作温度和标准状态下，发动机怠速运转时，进气歧管真空度负荷原设计规定，其波动范围：6 缸发动机一般不超过 3 kPa；4 缸发动机一般不超过 5 kPa。

进气管负压随海拔升高而降低，海拔每升高 1000 m，负压约减少 10 kPa，检修人员检测时应根据所在地的海拔高度进行折算和修正。

2.3 汽油机燃油供给系统检测

汽油机燃油供给系统的作用是根据发动机各种工况的要求，向气缸按时提供一定数量和浓度的可燃混合气，以便在压缩终了时使发动机点火燃烧膨胀做功，最后把燃烧产物排至大气。燃油供给系统是发动机较易发动故障的系统之一，其技术状况好坏直接影响发动机的动力性、经济性和工作稳定性。

电控汽油喷射发动机燃油系统的基本组成如图 2-22 所示。

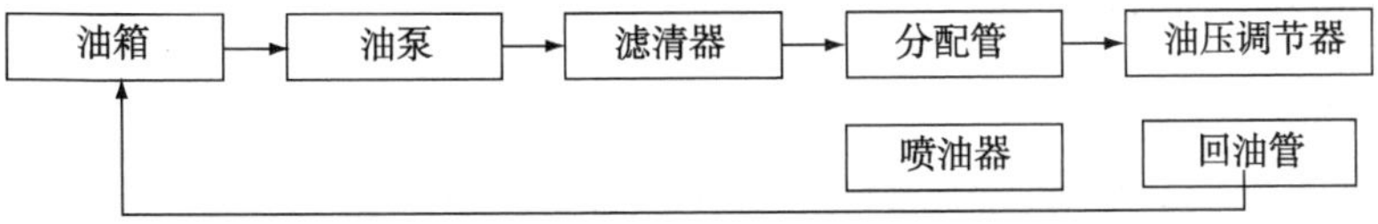

图 2-22　电控汽油喷射发动机燃油系统的基本组成

注意：现在有许多汽车将油压调节器集成在油泵总成上，在外部油管上已经无法找到。

汽油发动机燃油系统的检查包括燃油泵保险、燃油泵继电器、喷油器供电及燃油滤清器的常规检查。检修人员在进行故障分析时，还要对系统油压、喷油器本身性能、油泵进行检测。

2.3.1　燃油系统压力测试

在汽油发动机燃油供给系统检修中，如何迅速准确地诊断出故障的原因和判断出故障的部位，对于提高工作效率，缩短修理时间是非常重要的。对于燃油供给系统，检修人员可以利用燃油压力表测试系统油压来判断燃油系统是否有故障，并分析出故障部位。燃油压力表组件如图 2-23 所示。

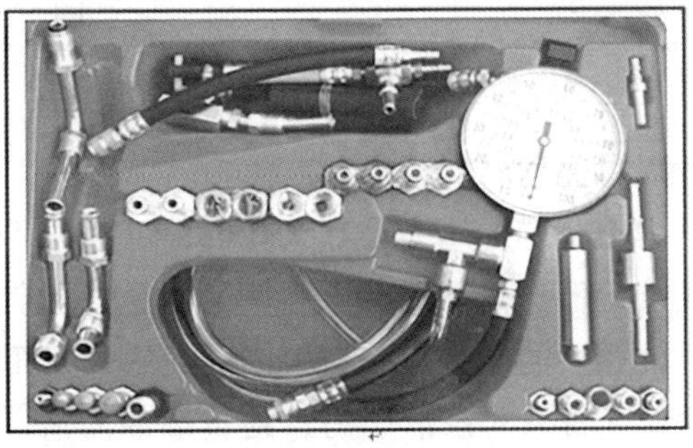

图 2-23　燃油压力表组件

一、燃油系统检测

燃油系统检测注意事项

（1）拆卸油管前应先泄压。

（2）注意操作顺序。把连接螺母或接头螺栓与高压油管接头时，应注意操作顺序。

（3）拆装喷油器注意事项。切勿重复使用“O”形密封圈。把“O”形密封圈装入喷油器时，注意不要损坏“O”形密封圈。安装前，用汽油湿润“O”形密封圈，切勿使用机油、齿轮油或制动液。

（4）燃油系统维修结束后要确认无漏油现象。在发动机停机情况下，多次将点火开关旋至“ON”位置，观察燃油系统是否漏油。给燃油泵继电器通电，使燃油泵工作，适当夹住回油管，高压油管内的汽油压力会升高。在此状态下，检查和观察燃油系统是否有漏油部位（注意只能夹住软管，不可弯曲软管，否则会使软管破裂）。

二、燃油系统油压测试

燃油系统油压测试过程

（1）燃油系统泄压过程。首先将点火开关置于“OFF”或“LOCK”的位置，拆下油泵保险丝或油泵继电器，启动发动机直到自动停机（目的是停止供油，靠发动机将油管中的残余燃油燃烧掉）；再次启动发动机 2 到 3 次（目的是靠启动发动机将油管中的油进一步消耗掉，确保泄压充分）。

（2）关闭点火开关，恢复安装油泵保险丝或油泵继电器。

（3）油压表的安装。先用棉纱布将油管与燃油分配管的接头包住，在油管接头下方垫上棉纱布，然后拆开油管接头，以防有燃油溅出，最后按照要求将燃油压力表安装在管路中，如图 2-24 所示。

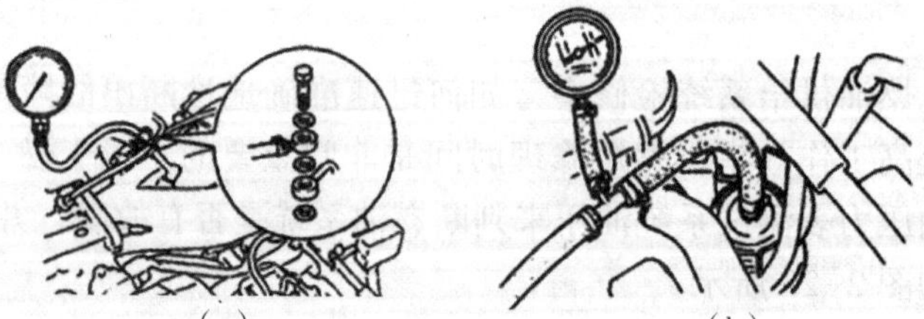

（a）　（b）

图 2-24　燃油压力表的安装

（4）启动发动机，并以怠速运转。

（5）观察油压表的压力值，燃油压力应在 250 kPa 到 350 kPa 之间。

（6）燃油压力如达到规定值，拔下燃油压力调节器上的真空管，燃油压力会升高。

（7）进行急加速时，油压表的读数应随节气门的突然开大而迅速上升。

若油压过低，需要检查汽油泵的泵油压力；检查燃油滤清器是否堵塞；检查燃油压力调节器阀门的密封情况。若油压过高，则可能是回油管堵塞或燃油压力调节器失常。

图2-28（b）为电流驱动式喷油器喷油信号波形，其工作波形分析如下：

A段为电源电压。

B段为驱动器启动时刻，它应该是一条垂直下降的直线，如果是斜线，则可判断为驱动器（ECU）工作不良；若不下降，则说明驱动器未工作。

C段为驱动器启动后，电流开始上升到最大开启电流的一段稍向上翘的直线。最低点与零刻度的靠近程度可反映出功率三极管的好坏或搭铁是否良好。最低点与离零刻度线太远则表示搭铁不良或功率三极管性能下降。

E段为喷油器电流减小，喷油器电磁线圈中会产生一个较高的峰值电压，当喷油脉宽发生变化时，喷油器信号波形中的这个峰值的位置不会改变。

F段为喷油器开启保持阶段，它是一个稍低于电源电压的平坦直线，因为三极管稳定喷油器脉宽电路中串入电阻限流，并且电磁线圈阻抗小，所以电压不会是接近零刻度的电压值。

G段为驱动三极管断开后，电磁线圈产生的自感电动势形成的二次峰值电压。

H段为自感电动势衰减段。H段尾部有一个驼峰为正常波形，之所以产生驼峰是因为喷油器断电关闭时，针阀有一定的惯性，使弹簧反弹，针阀阀芯来回弹跳，电磁线圈在剩磁下产生微弱电动势。如果出现多个驼峰或杂波，则可判定喷油器弹簧弹力过弱或喷油器嘴过度磨损或脏污而使其性能下降，断电落座时产生多次弹跳，关闭不严，引起额外喷油，电脑无法关闭控制，反馈后来回修正，无法正常控制空燃比，造成混合气过浓，影响发动机工作。

3. 观测喷油波形

启动发动机，在2500 r/min下运转2~3 min，直至发动机达到正常工作温度，并使燃油控制系统进入闭环状态，这一点可以通过观察示波器上氧传感器的信号来确定。检查氧传感器，技术状况应正常。

关闭空调系统和其他用电设备，变速杆挂P挡或N挡，操作节气门缓慢改变发动机转速，如果燃油控制系统工作正常，则被测波形上的喷油时间应该有相应的变化。当发动机转速增加时，喷油时间增加；反之，喷油时间减少。

当把丙烷喷入进气管或适当遮盖空气滤清器使混合气变浓时，如果燃油控制系统工作正常，则被测波形上的喷油时间应缩短，以试图使变浓的混合气变稀。

当拔下某一真空软管使混合气变稀时，如果燃油控制系统工作正常，则被测波形上的喷油时间应延长，以试图使变稀的混合气变浓。

发动机在2500 r/min下稳定运转时，检测人员可以看到各喷油器波形上的喷油时间在稍宽与稍窄之间来回变换，变换时间在0.25~0.5 ms之间，这说明喷油器工作正常，同时说明燃油控制系统能使混合气在正常浓、稀之间转换。

如果喷油波形未按上述变化，则可能是喷油器及电路有故障，氧传感器有故障或燃油控制系统在开环下运行。检测人员在观测并分析喷油波形时，不仅可以观测出喷油器的技术状况，而且可以分析、判断出燃油控制系统是否正常。

电压驱动型喷油器的控制信号波形图如图 2-29 所示。

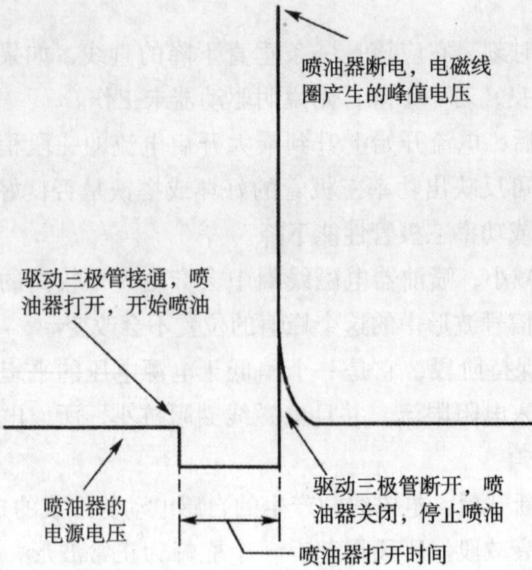

图 2-29 电压驱动型喷油器的控制信号波形图

电流驱动型喷油器的控制信号波形图如图 2-30 所示。

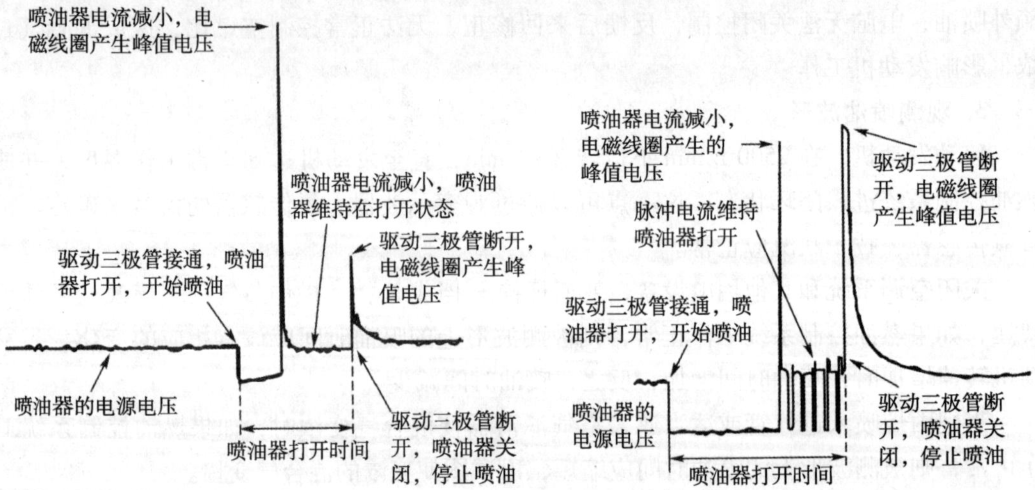

图 2-30 电流驱动型喷油器的控制信号波形图

四、喷油器专用仪器检测法

人工及通用仪表检测只能检测喷油器的阻值、开闭、脏堵情况等，而利用汽车喷油器清洗检测仪则可以对喷油器进行超声波清洗、反向冲洗、免拆洗功能、均匀性检测、密封性检测和喷油量检测等综合性能检测。下面以国产元征汽车喷油器清洗检测仪（CNC-601A/801A）为例进行介绍。

图 2-31　国产元征汽车喷油器清洗检测仪

1. 喷油器离车检测准备工作

（1）将喷油器从车上拆下，并仔细查看喷油器的橡胶密封圈是否损坏，如有损坏，应在清洗测试前及时更换同型号的密封圈，以免测试时发生泄漏，再将喷油器放入汽油或清洗剂中，仔细清除外部油污，再用软布擦拭干净。

（2）将加油漏斗组件的快速接头接在油箱上面的快速接头上，然后从漏斗上方加注检测液，从油箱侧面的液位管观察，一般加注到油箱容量的 1/2 即可，如图2-32所示。

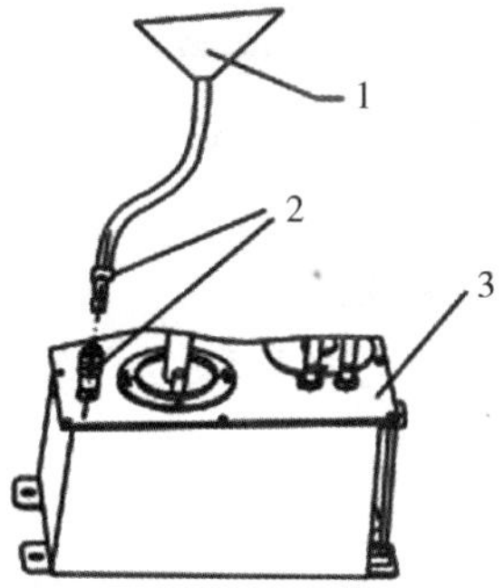

图 2-32　加液方法示意图

1：漏斗；2：快速接头；3：油箱

（3）在超声波清洗池内加入适量的清洗剂，要浸过喷油器针阀 20 mm，但不要浸过脉冲信号线接头。

（4）按通位于主机右侧的电源开关和背景灯开关。

（5）选出相应的喷油嘴连接偶件。

2. 超声波清洗

超声波清洗是一种利用超声波在介质中传播时产生的穿透性和冲击波，对带有复杂外形、内腔和细孔的物体进行强力清洗进而彻底清除喷油器上的顽固积碳的方法。

方法和步骤：

（1）在超声波清洗机内加入适量的超声波专用清洗剂，使用方法和用量请参考超声波清洗剂的使用说明，通常超声波清洗机内的溶液浸过喷油器针阀 20 mm 左右即可。

（2）将超声波清洗支架挂在超声波清洗机上，把外表清洗干净的喷油器放在清洗池中的清洗支架上。

（3）插好随机附带的喷油器脉冲信号线，并将喷油器驱动信号线分别与喷油器插口连接。

（4）打开超声波清洗机的电源开关。

（5）在控制面板中选择超声波清洗功能，然后设定时间（系统默认 10 分钟），按“运行”键即可。

（6）此项工作结束后，系统会自动停止，并以蜂鸣器鸣叫提示，这时可关闭超声波清洗机的电源开关。

（7）将喷油器脉冲信号线从喷油器插口上拔下并捆扎整齐，从清洗池中拿出喷油器，用软布擦净上面的清洗剂，准备下一项工作。

注意：在超声波清洗池未加超声波清洗剂的情况下，严禁打开超声波系统，否则容易损坏超声波设备。

3. 反向冲洗

反向冲洗是指检测液从喷油器的出油口进入，从进油口流出。反向冲洗能将喷油器内部及附在滤网上的污物冲掉（仅限于上方供油型喷油器）。

方法与步骤：

（1）从配件盒中选出分油器堵塞，并选择与此配套的“O”形圈装在堵塞上，在“O”形圈处涂少许润滑脂，以免橡胶圈变形或划坏而造成泄漏，并将分油器堵塞装入分油器。

（2）装好月牙形压板，拧紧压板螺钉。

（3）找出反向冲洗接头，并选择与此配套的“O”形圈装在接头内，安装于分油器下方。

（4）反向安装喷油器。

（5）如有需要，根据喷油器形状选择六角窄边套筒或六角宽边套筒等偶件垫在喷油器下面。

（6）依据喷油器的高度，选择合适的调节螺杆与滚花螺母安装于分油器支架上，将分油器组件及喷油嘴安装在分油器支架上，均匀紧固好两个滚花螺杆。

（7）插好喷油器脉冲信号线。

（8）在控制面板中选择反向清洗功能，设定压力（一般设置为 $2\sim4\ kg/cm^2$）和冲洗时间（系统默认时间为 10 秒钟），按“运行”键即可。

（9）清洗完毕后，系统会自动停止，并以蜂鸣器鸣叫提示。

注意：在反向冲洗过程中，喷油器的脉宽参数已经在程序中自动设置为固定值，用户不必另外设置。此外，仪器会一直排油，以免检测液溢出。

4. 均匀性检测

均匀性检测是检测同一辆车上的喷油器在相同的工况下，各喷油器喷射量之间的差值是否达到要求或在规定的误差范围内。该项检查可反映喷油器的电气特性、机械特性变化以及堵塞等因素对喷油器的综合影响。

方法与步骤：

（1）从配件盒中选出分油器堵塞，选择配套“O”形圈装在堵塞上，并涂少许润滑脂，将堵塞装入分油器。

（2）装好月牙形压板，拧紧压板螺钉。

（3）根据喷油器连接类型，选择合适的直排油接头安装于分油器下方对应的偶件处。

（4）正向安装喷油器，在喷油器的“O”形圈上涂少许润滑脂。

（5）依据喷油器的高度，选择合适的调节螺杆与滚花螺母安装于分油器支架上，然后将分油器及喷油器安装在分油器支架上，均匀紧固好两个滚花螺杆。

（6）如有需要，根据喷油器形状选择六角窄边套筒或六角宽边套筒等偶件垫在喷油器下面。

（7）插好喷油器脉冲信号线。

（8）在进行均匀性检测前，如果测试量杯中有检测液，则要按“排油”键将测试量杯中的检测液排净。

（9）在控制面板中选择均匀性检测功能，设定压力、转速、脉宽等相应的工况参数以及检测时间或喷射次数参数，按“运行”键即可。

（10）检测完毕后，系统会自动停止，并以蜂鸣器鸣叫提示。

说明：

（1）在检测时，要保证测试量杯中的液面达到 30 mL 以上，但考虑到喷射过程中的油液会起泡沫，为防止溢出，可参考公式：脉宽（ms）×时间（s）×转速（rpm）/120≤18000 设定相关参数。

（2）一般情况下，一辆车上的所有喷油器的喷油量的偏差应在±2%之内，例如金杯海狮的各喷油器之间的喷油量在 40~50 mL/15 s 内的差要小于 6 mL。

（3）系统具有自动保存上次所设定参数的功能，如不重新设置，系统将以上次所设的参数值为默认值进行测试。

（4）在运行时，可以选定“转速”或“脉宽”参数，然后连续按“→”或“←”键，即可实现变工况测试。

5. 雾化性检测

主要观察喷油器的雾化状况和喷油角度。

方法与步骤：

（1）在进行雾化性观测前，如果测试量杯中有检测液，则要按“排油”键将测试量杯中的检测液排净。

（2）打开背景灯。

（3）在控制面板中选择雾化性观测，设定相应的压力、转速、脉宽、定时或喷射次数、喷射缸号等参数，按“运行”键即可。

（4）在系统运行过程中，可以设置不同的喷射缸号，逐个直观地观察喷油器的喷射雾化情况、喷射形状等。

（5）检测完毕后，系统会自动停止，并以蜂鸣器鸣叫提示。

说明：

（1）喷油器的喷射角度要一致，雾化要均匀，无射流现象。

（2）在运行过程中，可以选定“转速”或“脉宽”参数，然后连续按“→”或“←”键，即可实现变工况测试。

（3）仪器在运行过程中会一直排油，应避免喷油器检测液溢出。

（4）可在雾化性检测下进行喷油器最小喷油开启脉宽这一参数的检测，以比较同一发动机所有喷油器在此参数方面的差异，即设置某一缸或全部缸的参数后，在运行期间从最小喷油脉宽开始，逐步增加脉宽，直到能观察到喷油器开启喷油，这时所设置的喷油脉宽即该喷油器最小喷油开启脉宽，从而观察喷油器的最小开启脉宽的差异。

6. 密封性测试

密封性测试是指在系统压力下检测喷油器的针阀密封情况，测试喷油器是否有滴漏现象。

方法与步骤：

（1）在进行密封性测试前，如果测试量杯中有检测液，应按“排油”键将测试量杯中的检测液排净。

（2）在控制面板中选择密封性检测。设定压力（将压力设定为该喷油器的喷射压力，最好高出规定压力的 10%），按“运行”键系统运行，观测喷油器是否有滴漏现象。

（3）检测完毕后，系统会自动停止，并以蜂鸣器鸣叫提示。

说明：

（1）一般要求是在一分钟内滴漏不大于一滴。

（2）系统内部设定时间默认为 1 分钟。

7. 喷油量测试

喷油量检测是检测喷油器在 15 秒常喷情况下的喷油量（有的仪器检测 30 秒），然后参照喷油器的相关技术手册判断是否与标准喷油器的喷射量一致（或在误差范围内）。该值的变化或偏差反映了喷油器的孔径变化（磨损）或阻塞情况，进而排除因喷油压力参数变化的干扰。

方法与步骤：

（1）在进行喷油量测试前，如果测试量杯中有检测液，应按“排油”键将测试量杯中的检测液排净。

（2）在控制面板上选择喷油量测试功能。

（3）按喷油器的技术规定设定喷油压力参数。

（4）按“运行”键测试。

（5）测试完毕后，系统会自动停止，并以蜂鸣器鸣叫提示。

说明：

测量完毕后，应与维修手册中的规定值进行比较。如果喷油器的喷油量过高或过低，则说明喷油器已经损坏，应进行更换。

2.4 点火系检测

汽油机在不同工况下工作时，不仅需要一定数量和浓度的可燃混合气，而且需要按点火顺序准时地供给电火花，以点燃可燃混合气，使发动机产生动力。如果汽油机点火系技术状况不佳，甚至出现了故障，不但会严重影响发动机的动力性、燃料经济性、排气净化性，还会使发动机无法正常工作。实践证明，点火系故障率在汽油机各机构、系统中的比例较高，它往往是检测诊断的重点对象。

目前，人们主要利用仪器分析点火线圈初、次级电压波形（主要是次级电压波形）对点火系统进行检测，进而判断点火系统的工作情况，测试点火提前角。所用仪器一般为汽车专用示波器或发动机综合分析仪。

2.4.1 点火波形的检测

用示波器来检测点火系的故障，是一种较为先进的办法。它将点火系的波形以图形的方式在仪器屏幕上予以显示，通过对点火系波形与标准波形进行对比，从而判断点火系的故障所在。该方法具有快速、准确、直观等优点，因此在点火系的故障诊断中应用较为广泛。

示波器对点火系的测试方法就是将点火系的次级电压波形在屏幕上予以显示，通过与标准波形相比找出故障所在。因此，如何正确分析点火故障波形是测试中的一个很重要的内容。下面就常见点火系故障波形进行较为详细的分析。

一、传统点火系标准波形

传统点火系次级电压标准波形如图 2-33 所示。它主要由三部分组成：火花部分、中间部分、触点闭合部分。

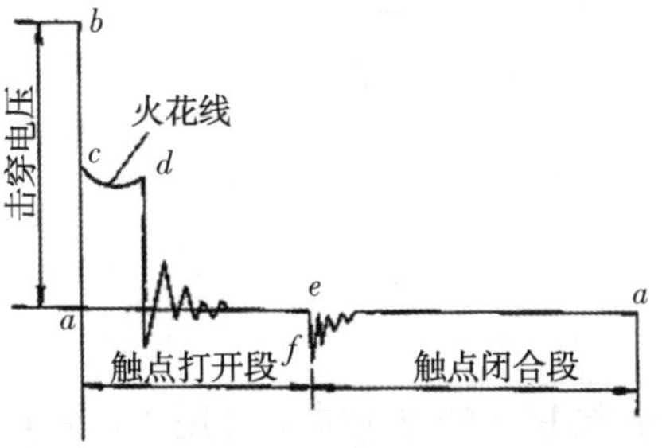

图 2-33　传统点火系次级电压标准波形

1. 火花部分（a—d）

点火线圈初级电路在 *a* 点时断开，次级电压急剧上升，上升到 *b* 点时，达到火花塞的击穿电压，火花塞放电点火，*ab* 段通常被称为“点火线”。*ab* 高度随发动机转速提高而有所提高，一般为 5 kV~15 kV，高能点火系可以达到 25 kV。*bc* 段为电容放电，时间极短。*c*—*d* 段为电感放电，电压较低，线段近似水平，称为“火花线”。试验时，若这部分波形异常，则说明次级电路有故障。

2. 中间部分（d—e）

放电结束后，点火线圈中剩余的能量仍要释放。因为此时初级电路已经断开，所以点火线圈与电容器形成衰减振荡电路。d—e 波形反映了振荡衰减的情况，这段波形一般被称为第一次振荡。正常情况下，振荡次数为 5~6 次。点火线圈剩余能量越多，振荡次数越多。这部分的波形情况可反映点火线圈、电容器的性能。

3. 初级电路接通部分（e—f—a）

该段为点火线圈初级电路闭合部分，它表示闭合时间的长短。e—f 段为初级电路接通的瞬间在点火线圈次级绕组产生的感生电压，其方向与初级电路断开时产生的电压方向相反，是一条向下的短线。f 后一段是初级电路接通时产生的少许振荡，称为二次振荡，振荡次数一般在三次以上。对于传统点火系统，由于这次振荡是在初级电路接通电容器被短路的情况下发生的，所以该段波形与电容器无关，主要受点火线圈的影响。因此，将第二次振荡与第一次振荡相比较，可区分点火线圈和电容器的故障。

在电子点火系统中，由点火模块的晶体管来接通或断开初级电路。由于不同汽车厂家采用的电子点火系统的点火模块不同，在点火波形的这一部分（e—f—a）也有所不同。如图2-34所示，由于在控制电路中设计了限制初级电流的功能，所以在发动机低速运转时，在次级点火波形的 e—f—a 段出现了一个由于限制初级电流而产生的突起。

对于初级电路接通段点火波形的检测，一般选择示波器上的百分比或角度横轴单位。电子点火系统的控制系统都有闭合角控制功能，闭合角随发动机转速的提高而增加。对于后者，若发动机转速提高时闭合角没有发生变化，则表明点火系统的控制模块有故障，应进行更换。

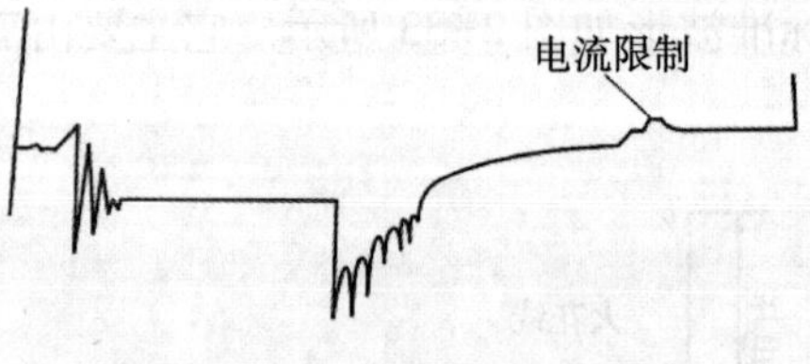

图 2-34　电子点火的点火波形

二、多缸平列波

按点火顺序，从左至右首尾相连的点火波形可用于诊断点火初级、次级电路的通断、接触性能以及电容器、低压电路、高压线、火花塞等元件的性能。标准次级平列波如图

2-35 所示。

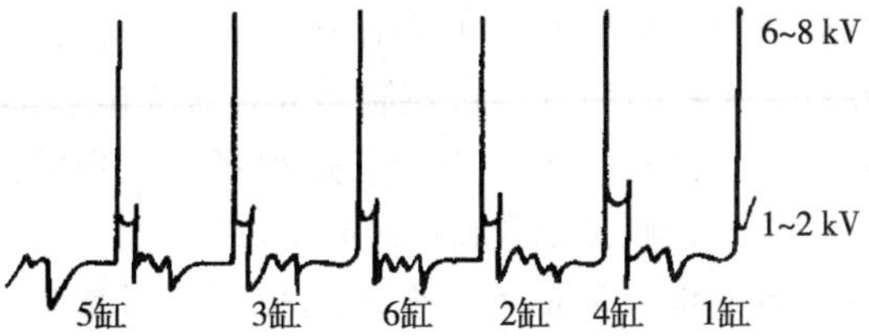

图 2-35 标准次级平列波

三、多缸并列波

多缸并列波，即在屏幕上从下到上，按点火顺序将所有各缸点火波形首尾对齐，并分别放置的波形图，如图 2-36 所示。人们利用多缸并列波很容易观察到各缸火花线长度以及初级电路通断时间是否一致，从而判断点火系工作状况是否正常。

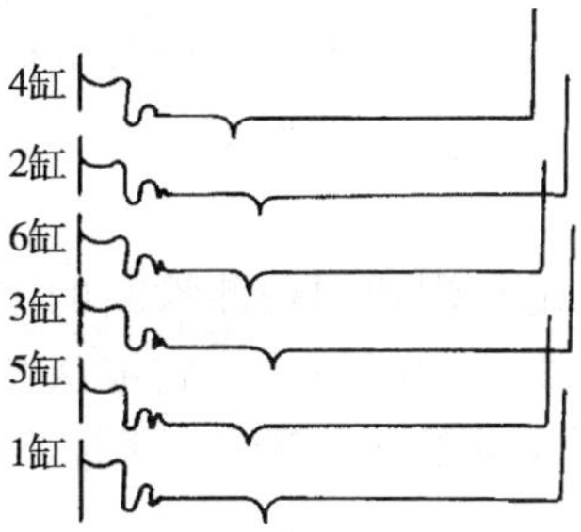

图 2-36 标准次级并列波

四、多缸重叠波

它是指将各缸电压波形之首对齐并重叠放在一起的波形，如图 2-37 所示。人们利用多缸重叠波可以评价各缸工作的一致性。

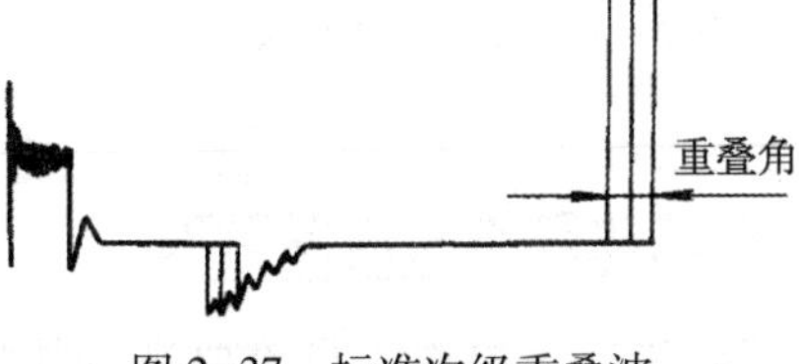

图 2-37 标准次级重叠波

五、计算机控制点火系统点火波形的特点

计算机控制点火系统点火波形与传统点火系统的点火波形相比有以下相同点和不同点。

1. 相同点

（1）计算机控制点火系统点火波形的排列形式、波形观测方法与传统点火系统相同。

（2）计算机控制点火系统的初级点火波形、次级点火波形基本上与传统点火系的点火波形相同。它在波形上也有高频振荡波（点火线、火花线）、低频振荡波和二次闭合振荡波，也有张开段和闭合段，点火线和火花线的解释也与传统点火系的解释相同。

2. 不同点

（1）计算机控制点火系统点火波形上低频振荡波异常时，仅表示点火线圈的技术状况不佳，而与电容器无关，这是因为计算机控制点火系统无电容器。

（2）计算机控制点火系统点火波形上闭合点处和张开点处的波形虽与传统点火系统的波形极为相似，但它不是断电器触点闭合和张开造成的，而是三极管的导通与截止造成的。

（3）计算机控制点火系统点火波形上闭合段的长度、形状与传统点火系统不完全相同，甚至车型之间也略有差异，主要表现在有的车型闭合段在发动机高速时加长，二次点火波形闭合段内有波纹或凸起，这些现象属于正常。

（4）在计算机控制点火系统中，当闭合段结束时，有的点火系统会先产生一条锯齿状的上升斜线，然后导出点火线。它不像传统点火系统点火波形那样，随着触点打开便产生一条急剧上升的点火线。

（5）在无分电器点火系统中，有双缸同时点火的情况，这种点火系统在一个气缸中会发生两次点火：一次点火发生在压缩行程终了时，为有效点火；另一次点火发生在排气行程终了时，为无效火。在有效点火波形上，因气缸内可燃混合气电离程度低，所以击穿电压和火花电压均较高。在无效点火波形上，因气缸内废气电离程度高，所以击穿电压和火花电压均较低。

利用示波器观测点火波形，是实现快速检测诊断的重要方法之一，目前在国内外的应用都十分普遍。其中，特别是观测次级波形，它被认为是一项综合检测，这是因为如果被测发动机次级波形没问题，则说明点火系统、供油系统均无问题。

2.4.2　点火系统常见故障诊断

点火系统是汽油发动机最重要的组成部分之一，点火系统性能好坏及技术状况是否完好对发动机的动力性、经济性和排气污染性能等都有很大的影响。汽车在行驶过程中若点火系统发生故障，则会造成发动机不能工作或工作不良，这类故障占有很高的比例。可见，快速、准确地检查和诊断汽车点火系统故障所在，对维护汽车正常的技术状况是十分重要的。

一、计算机控制点火系统故障诊断注意事项

计算机控制点火系统出现故障后，检修人员需要进行故障诊断并进一步进行故障的排除。在诊断或排除故障时，由于系统中包括各种电子控制器件，甚至还有电脑，因此检修人员要特别注意以下注意事项。

（1）装蓄电池时，应注意正负极不可接反。

（2）要拆下蓄电池负极时，应先读出控制电脑存储的故障码和有关学习控制值，否则故障码和学习控制值在负极被拆下后将被清除。对于带安全气囊的汽车，应在拆下负极线后 120 s 或更长一段时间后，才能进行诊断工作。

（3）在插、拔线路插接件时，应先关闭点火开关。

（4）不能采用搭铁试火的方法检查线路是否带电。

（5）检测电路时，不能使用试灯检测，可以用发光二极管串联一个电阻（LED 灯）或者用高阻抗的万用表进行检测。

二、无高压火故障

若点火系统无高压火，首先确定是点火低压电路故障还是点火高压系统故障。低压电路是指点火线圈初级控制系统，高压电路是指点火线圈次级输出系统。以下分别从点火低压电路和点火高压电路两方面分析故障原因。

1. 点火低压电路故障诊断

点火低压电路是指点火线圈的初级线圈控制电路。点火线圈初级线路故障主要有点火线圈正极电源故障和点火线圈负极控制系统故障。

（1）点火线圈正极电源故障。点火线圈工作需要正极供电正常，点火线圈的正极一般由主继电器供电。

中华 H530 的 4A92 发动机点火系统电路图如图 2-38 所示。

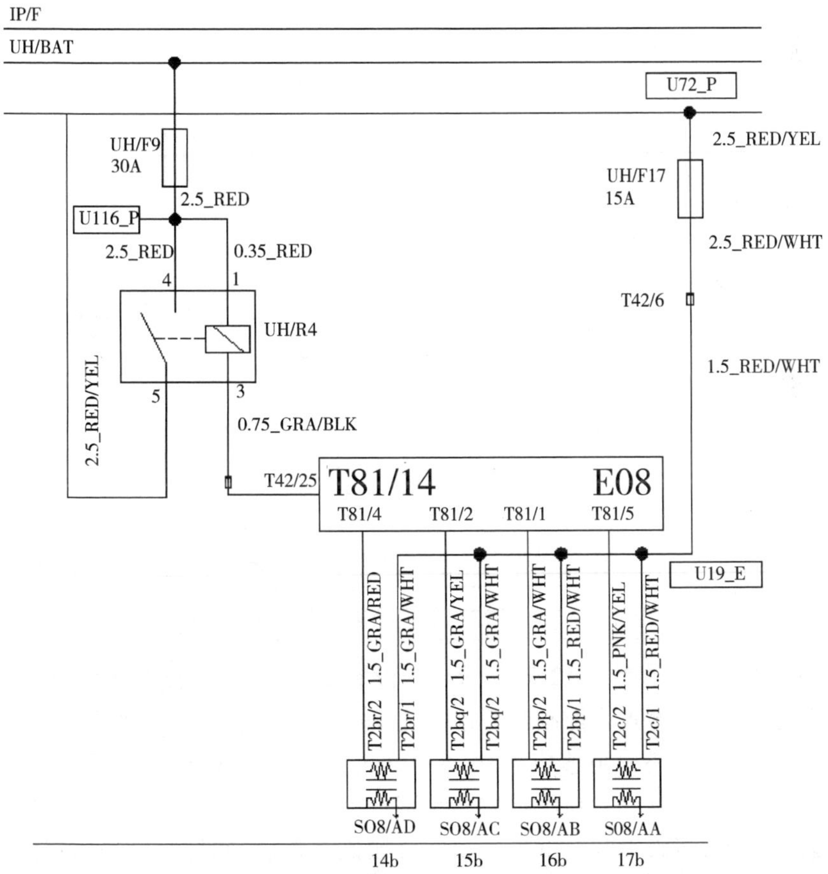

图 2-38　中华 H530 的 4A92 发动机点火系统电路图

R4：主继电器；F9：主继电器保险丝；F17：点火线圈保险丝；S08/AD：点火线圈 1；S08/AC：点火线圈 2；S08/AB：点火线圈 3；S08/AA：点火线圈 4；E08：电控单元

将点火开关旋至“ON”挡，用万用表测试点火线圈正极端子是否有 12 V 电压；如果无 12 V 电压，检测主继电器 R4、主继电器保险丝 F9 是否正常及其连接线路有无断路现象。

如果主继电器、保险丝及其线路正常，检查发动机曲轴位置传感器；如果正常，检查发动机 ECU。

（2）点火线圈负极控制系统故障诊断。点火线圈初级线圈的负极由点火控制器中的三极管控制，各车型点火系统的结构和原理不一样，点火线圈初级线圈负极信号的控制模式也不一样。点火线圈的负极控制分为外置点火模块、点火线圈内置点火控制器、发动机 ECU 内置点火控制器三种形式。

①外置点火模块式

外置点火模块一般使用于带分电器式计算机控制点火系统，此类车型设计有独立的点火控制器（点火模块）控制点火线圈初级线圈的负极信号。

如图 2-39 所示的为皇冠 2JZ-GE 发动机点火系统电路图。

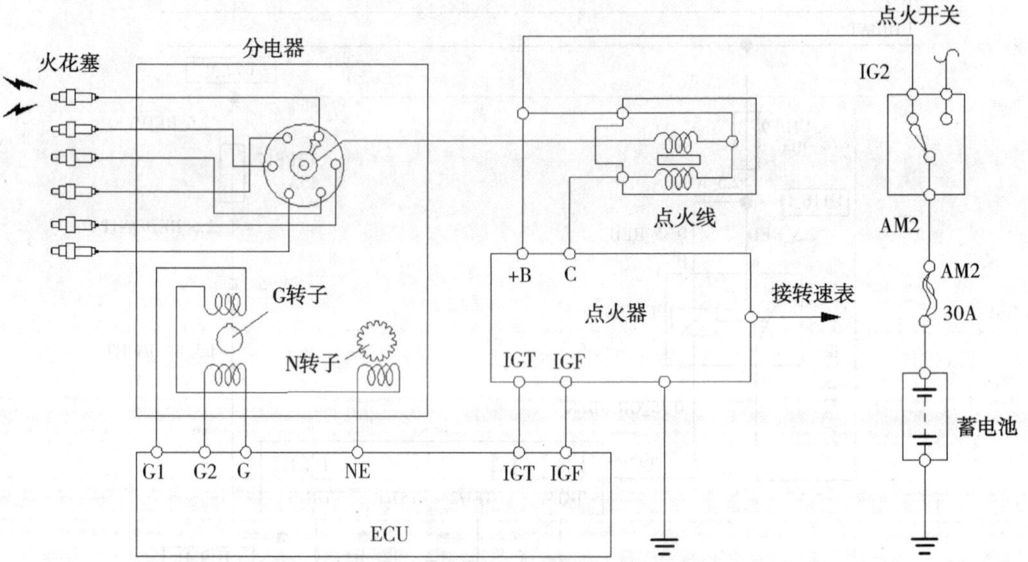

图 2-39　皇冠 2JZ-GE 发动机点火系统电路图

检测点火线圈正极是否有 12 V 电压，若没有 12 V 电压，则为电源故障；如果有，检测点火线圈负极端子至点火控制器 C 端子之间的导线是否导通；如果导通，测量点火线圈初级线圈阻值，冷态时阻值应为 0. 36～0. 55Ω；如果阻值正常，检查点火控制器搭铁是否良好；如果搭铁良好，则用示波器测试点火控制器 IGT 端子在启动时是否有脉冲信号，或者用发光二极管串联至 IGT 端子间，测试其在启动时发光二极管是否闪烁；如果有脉冲信号，则为点火控制器故障；若没有脉冲信号，检查点火控制器与 ECU 信号端之间的导线是否导通；若不导通，则为点火控制器至发动机 ECU 之间线路断路；如果导通，则用解码器读取发动机 ECU 转速信号；如果有转速信号，检测发动机 ECU；若没有转速信号，则为曲轴位置传感器及其线路故障。

②点火线圈内置点火控制器（单缸独立点火式）

单缸独立点火是指每个气缸都装有一只点火线圈，由发动机 ECU 按点火顺序控制点火信号。花冠 1ZZ-FE 发动机点火系统电路图如图 2-40 所示。

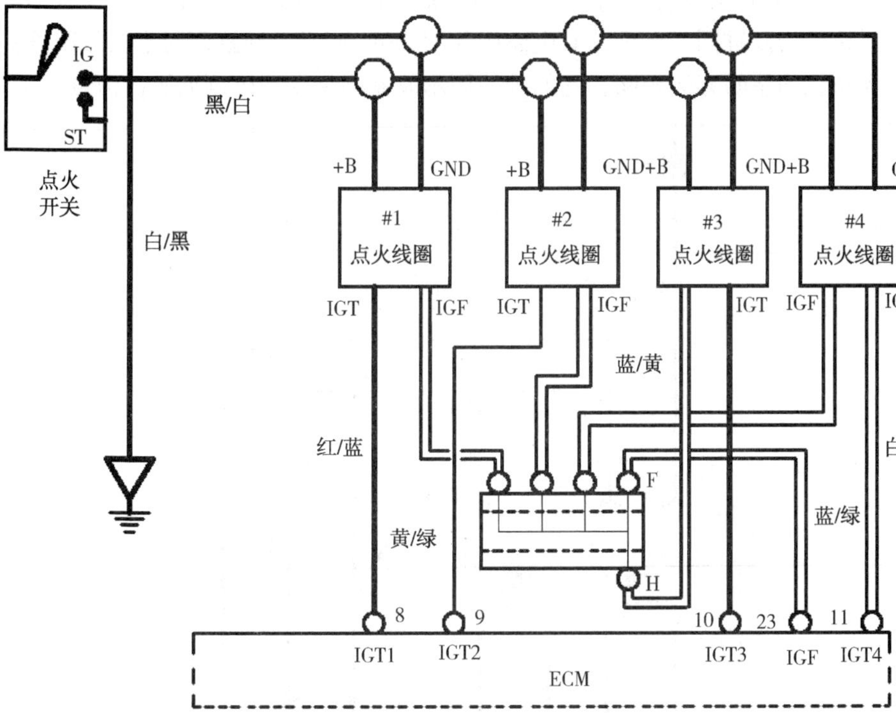

图 2-40　花冠 1ZZ-FE 发动机点火系统电路图

检测点火线圈正极电源是否正常，如果正常，检测点火线圈搭铁线是否良好，搭铁不良为点火线圈搭铁线断路故障；如果搭铁良好，用示波器检测点火线圈 IGT 信号线端子在发动机启动时是否有脉冲信号（其点火脉冲信号波形图如图 2-41 所示），若有脉冲信号，则为点火线圈故障，如果没有脉冲信号，检测曲轴位置传感器在发动机启动时有无脉冲信号；如果没有信号，则为曲轴位置传感器及其线路故障；检测发动机 ECU 电源及搭铁线是否良好，若良好，则为发动机 ECU 故障，否则为发动机 ECU 电源故障及搭铁线不良。

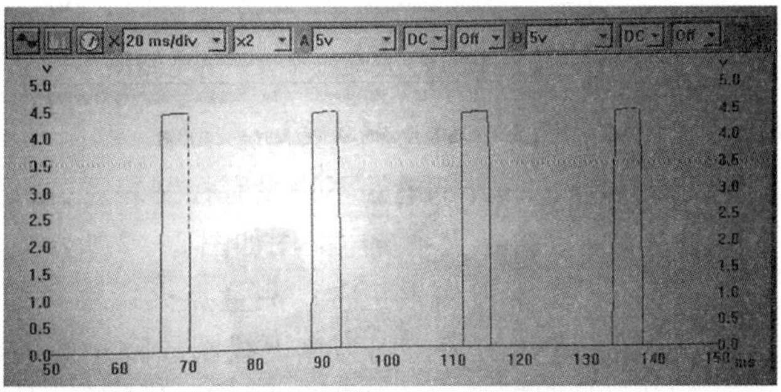

图 2-41　点火脉冲信号波形图

③点火线圈内置点火控制器（双缸同时点火式）

双缸同时点火方式是指两个气缸共用一个点火线圈，这种点火方式只用于气缸数为偶数的发动机上，两个火花塞共用一个点火线圈且同时点火，一个是有效点火（压缩行程），另一个是无效点火（排气行程）。一汽大众生产的捷达所采用的 EA113 发动机所使用的点火系统就为双缸同时点火，其电路图如图 2-42 所示。双缸同时点火故障诊断方法与独立点火系统的诊断方法相同，它们都使用示波器测量发动机点火脉冲信号。

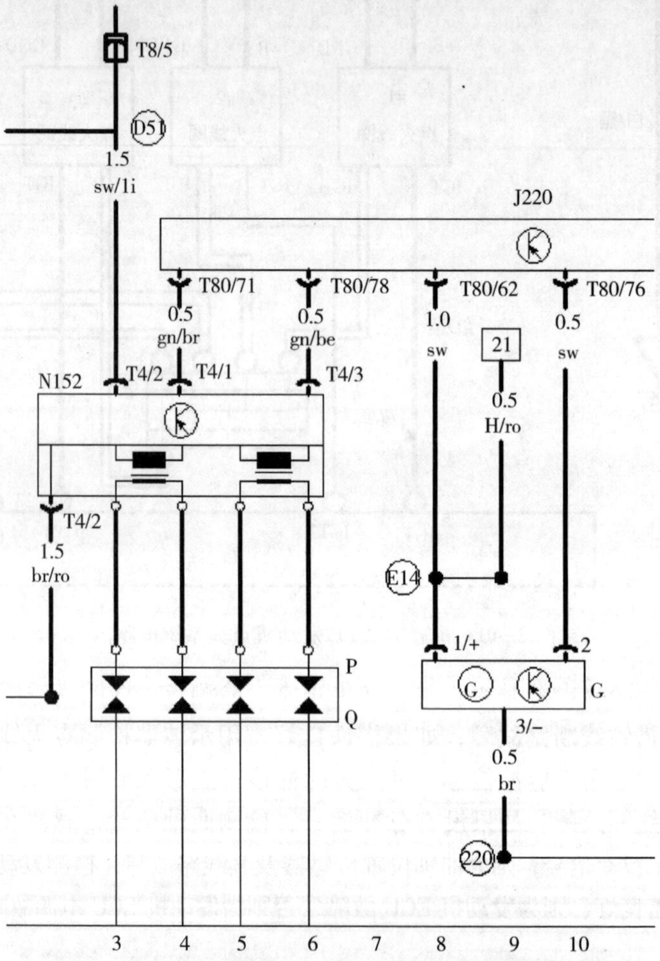

图 2-42　捷达 EA113 发动机点火系统电路图

④发动机 ECU 内置点火控制器

发动机 ECU 内置点火控制器，其外部电路不再设有控制装置，点火线圈负极直接由发动机 ECU 控制。三菱 4G63 发动机点火系统电路图如图 2-42 所示。

检测点火线圈正极电源是否正常，如果正常，测量点火线圈每组初级绕组的阻值，阻值应为 0.4 Ω 左右；如果阻值为无穷大，则为点火线圈故障；如果阻值正常，检测点火线圈至发动机 ECU 之间的导线是否导通；如果断路，则为该线路故障；若正常，检测发动机 ECU 搭铁是否良好；如果搭铁有问题，则为发动机 ECU 搭铁点故障；若搭铁良好，则检查曲轴位置传感器信号是否正常；若没有信号，则为曲轴位置传感器故障，否则为发动机 ECU 故障。

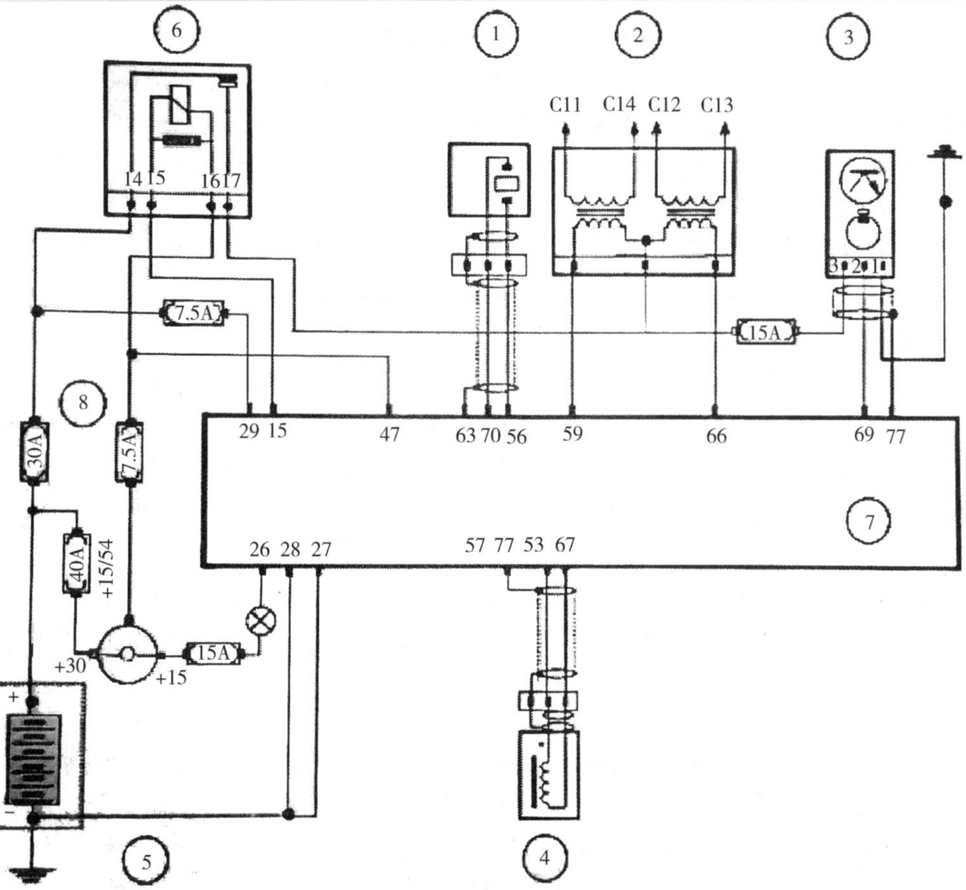

图 2-43　三菱 4G63 发动机点火系统电路图

2. 点火系统高压电路故障

（1）万用表欧姆挡选择 20 k 挡位测量点火线圈次级绕组的阻值，三菱 4G63 发动机次级绕组的阻值为 4900 Ω 左右，2JZ-GE 发动机点火线圈次级绕组的阻值为 9.0～15.4 kΩ。如果阻值不正常，则为次级绕组有局部短路或断路故障，须更换点火线圈次级绕组。

（2）高压线电阻值一般在 5～25 kΩ 左右（三菱 4G63 发动机高压线的阻值为 1.8 kV），若测量数值不正常，则高压线不良。高压线的常见故障有高压线断路，高压线漏电，高压线老化、破损。

（3）火花塞故障诊断。

①火花塞污损

由于火花塞在气缸内工作，并与混合气直接接触，容易产生污损，如果启动方法不当，使大量的汽油进入气缸，就会造成火花塞污损。如果火花塞是在使用过程中逐渐污损的，那么一般是电击烧损、火花塞间隙不正常、高压线的问题，或因为火花塞热值不匹配。

②火花塞电极损耗

火花塞跳火容易造成金属电极发生损耗，当损耗量过大时，火花塞间隙变大，使火花塞跳火困难。遇到这种情况时，可以轻敲侧电极，或使用火花塞间隙调整器，使火花塞间隙恢复正常。若中心电极和侧电极的电极头变圆，则表明损耗已经相当严重，应更换新火花塞。

③火花塞绝缘体损坏

火花塞绝缘体一般由陶瓷制成，由于它在高温高压的环境下工作，容易出现龟裂，产生漏电故障。绝缘体损坏的火花塞不能修复，必须更换。

④火花塞热值不匹配

不同的发动机使用不同热值的火花塞，若两者不匹配，火花塞容易出现故障。根据火花塞绝缘体的颜色，检修人员可以判断火花塞的工作温度。若绝缘体颜色发黑，又无其他明显原因，则说明火花塞热值过高，应选用热型火花塞；若火花塞绝缘体上没有任何附着物，则说明热值合适；若火花塞绝缘体上没有任何附着物，但绝缘体出现青白光亮的变色，则说明火花塞温度过高。

⑤火花塞漏电

火花塞漏电多因火花塞帽出现损坏，检修人员可以发现火花塞外侧有蓝色的火花，这表示火花塞帽在向火花塞外壳放电。

⑥火花塞积碳

混合气在燃烧室内燃烧时会产生各种物质，这些物质会粘在火花塞上形成积碳，积碳过多和火花塞污损一样，极易引起火花塞漏电，或者形成表面点火的热源。有时积碳会堆积在火花塞间隙中间形成短路，使火花塞不能跳火。

三、高压火异常故障诊断

高压点火异常的常见故障有高压点火弱、高压漏电、高压断火等。高压点火异常会引起发动机工作不正常，高压点火的性能可以通过示波器对点火波形进行观测和分析。

1. 点火波形故障反映区

单缸波形反映了单缸点火的工作情况。当点火装置出现故障时，次级电压的波形就会发生变化，因此根据波形的变化可初步判断故障所在。单缸波形四个故障反映区域分别为 A 区域、B 区域、C 区域、D 区域。点火波形故障反映区域如图 2-44 所示，其代表的波形含义如下：

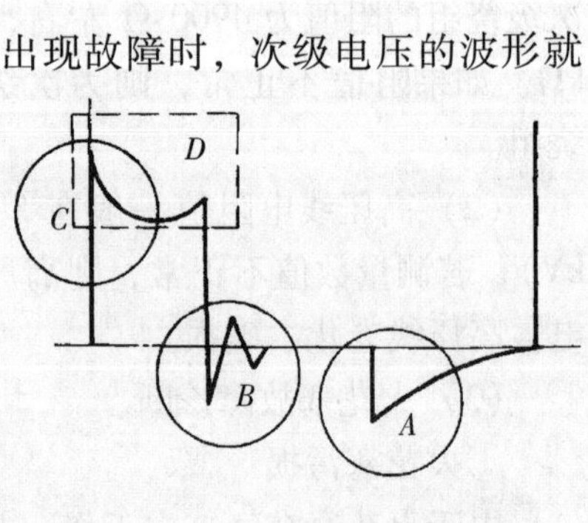

图 2-44　点火波形故障反映区域

（1）C 区域。C 区域为点火区域，出现异常的主要原因为点火控制器或消弧电容故障。

（2）D 区域。D 区域为燃烧区域，出现异常的主要原因为配电器、高压线、火花塞故障。

（3）B 区域。B 区域为振荡区域，出现异常的主要原因为电容器、点火线圈故障。

（4）A 区域。A 区域为初级电路导通区域，出现异常的主要原因为点火线圈、点火信号发生器、点火控制器、断电器等故障。

2. 典型故障波形分析与诊断

图 2-44 中的 D 区域为点火火花持续时间。一般将发动机运转至正常工作温度，使转速达到 2000 r/min，正常标准点火持续时间应为 1.5~2.4 ms，无分电器点火系统的标准火花持续时间应为 0.8 ms 以上。当点火持续时间低于 0.8 ms 时，故障原因可能是高压线电阻过大、火花塞电极间隙过大、火花塞温度过冷、气缸压力过高、混合气过稀、点火过迟或气门弹簧太软；对于有分电器点火系统来说，故障原因可能是分火头间隙过大。当点火持续时间高于 2.4 ms 时，故障原因可能为高压线阻值太小、火花塞间隙太小、火花塞温度太高、气缸压力太低、混合气过浓、点火过早或气门关闭不严，对于有分电器点火系统来说，故障原因可能是分火头间隙太小。

低压波形特别适合用来分析传统点火系统故障，如断电器触点的烧蚀、电容器漏电、触点弹簧弹力不足、闭合角小等。由于触点式点火系统几乎没有使用，而且初级电路故障在次级波形上也有所反映，故在此只做次级电压波形分析。

采集到发动机实际点火波形后，检修人员可将其与标准波形进行对比，从而较准确地判断出点火系统的故障部位。传统点火系统与电子和计算机点火系统的波形及故障分析方法基本相同，但当触点闭合处或击穿电压产生处波形出现问题时，其故障部位则有所不同。传统点火系统是由断电器触点控制的，而电子和计算机点火系统则是由功率三极管控制的。此外，电子和计算机控制点火系统波形闭合段长度、形状与传统点火系统也有所不同，甚至不同车型之间也有所差异，检修人员在进行波形分析和判断时应加以区别。

图 2-44 所示图片内容为一组次级电压的故障波形，其故障波形的分析如下。

（1）第一次振荡波少，说明点火线圈剩余能量小，故障可能是低压电路搭铁不良、电阻太小。

（2）第一次振荡波多，说明高压线圈电阻太大而影响放电量，使能量消耗过程变长。

（3）第一次振荡波后出现小的多余波形，或振荡波呈上下振荡形式，或振荡波小而少，故障为低压线路有接触不良或接头松动现象，传统点火系统的触点接触面不平、触点弹力太小或点火线圈阻抗太大。

（4）初级电流截止前出现有效的多余波形，这种情况只在传统点火系统中出现，多为触点不平，在触点完全打开之前有瞬间分离而引起电压波动。

（5）初级线圈闭合段出现多余波形说明初级电路中有接触不良现象。

（6）电子点火系限流电路不良。

（7）高压线路电阻太大或火花塞电阻太大，若没有火花线，则说明高压线接触不良。

（8）火花塞间隙太大、混合气太稀或漏气。

（9）电控发动机喷油器喷油不良。

（10）火花塞过热或气门漏气。

（11）混合气太浓或火花塞漏电。

（12）气缸压力低或混合气太稀。

（13）分电器盖漏电或分火头接触不良。

（14）火花塞积碳过多或间隙太小。

（15）低压电路正负极接反了。

（16）高压电路断路。

（17）高压电路电阻太小。

（18）次级线圈漏电。

（19）初级线圈与次级线圈的接点断线。

（20）次级线圈与输出电之间间隙性断线。

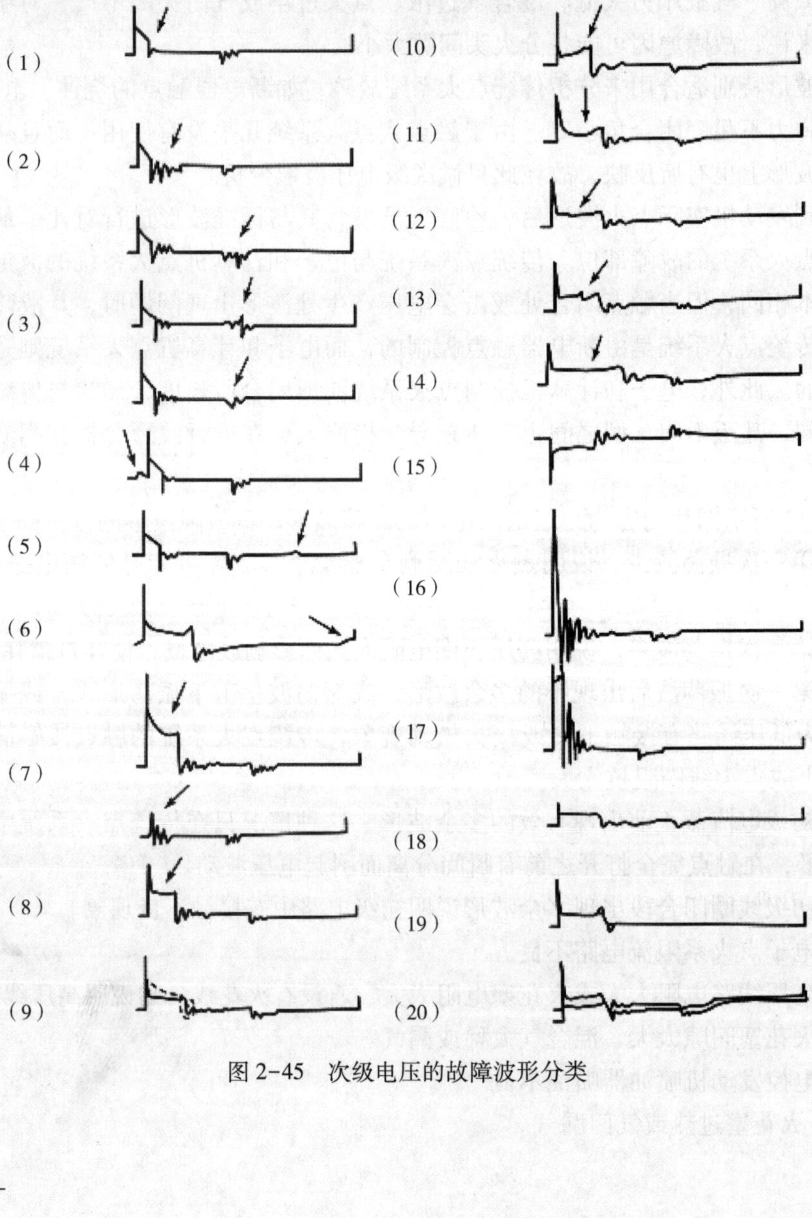

图 2-45　次级电压的故障波形分类

2.5 润滑系检测

摩擦阻力是发动机启动和运转时的主要内部阻力，改善润滑状况可减小发动机的机械损失，提高发动机输出的有效功率；同时，当润滑状况不良时，发动机进行相对运动的配合副磨损加剧，正常配合间隙被破坏，还易于产生发动机“拉缸”或“烧瓦”等破坏性故障。可见，发动机润滑系统的技术状况对于保障发动机正常工作，提高发动机的使用寿命是非常重要的。

润滑系检测的主要参数：机油压力、机油消耗量和机油品质。这些参数既可以表征润滑系的技术状况，又可以反映曲柄连杆机构有关配合副的技术状况。

2.5.1 机油压力检测

为了给摩擦表面不断供给润滑油，以使摩擦副保持可靠润滑，润滑系统的机油压力应高于某一最低压力。在低于最低允许压力时，润滑不良会使零件磨损加剧而早期损坏。技术状况正常的发动机在常用转速范围内，汽油机机油压力应为 196~392 kPa，柴油机机油压力应为 294~588 kPa。若中等转速下的机油压力低于 147 kPa，怠速低于 49 kPa，则应停止发动机运转并检查润滑系统。

发动机润滑系统机油压力的高低首先取决于润滑系统的技术状况，如机油泵性能、限压阀的调整、机油通道和机油滤清器的阻力等；机油压力还与机油品质和机油的温度、黏度有关，机油温度高、黏度低，则机油压力变小；反之，则机油压力升高。此外，由于机油压力还与曲轴主轴承、连杆轴承和凸轮轴轴承的间隙有关，轴承磨损后间隙增大时，轴承间隙处机油泄漏量增大而使机油压力下降，因此机油压力也常常作为诊断相关轴承间隙的重要参数。若机油泵技术状况正常，则机油压力降低主要是曲轴主轴颈和连杆轴颈磨损过大引起的。试验表明，曲轴主轴承间隙每增加 0.01 mm 时，机油压力大约降低 0.01 MPa。

润滑系统的机油压力值通常根据汽车仪表板上的机油压力表或油压指示灯显示而测得。常用的检测方法是，当打开点火开关时，机油压力表指针指示为“0”，如装有机油压力指示灯则灯亮；发动机启动后油压指示灯在数秒内熄灭，机油压力表则显示某一较高数值，并随发动机温度升高而逐渐指示正常。

但是由于机油压力表和油压传感器不能保证必要的测量精度，因此检修人员在定期检测时应采用专用检验油压表。

图 2-46　机油压力表

检测时，首先拆下发动机润滑油道上的油压传感器，装上油压表，然后启动发动机使其在规定转速下运转，此时油压表上的指示值即润滑系统的机油压力。

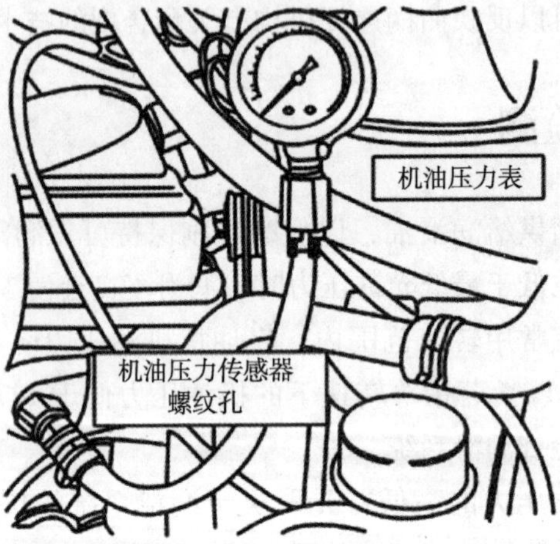

图 2-47　机油压力测量方法

2.5.2　机油消耗量检测

机油消耗量的影响因素有很多，如润滑系统漏油、机油规格不符、气缸活塞组磨损等都会影响机油消耗量。机油消耗量除可反映发动机润滑系统技术状况外，人们还可据此判断发动机气缸活塞组的磨损情况。在所用机油牌号正确且其他机构技术状况正常的情况下，气缸活塞组磨损过多、间隙增大、机油进入燃烧室燃烧是机油消耗量增大的重要原因。

汽车正常使用时，发动机机油消耗量并不大。磨损小、工作正常的发动机，机油消耗量约为 0.1~0.5 L/100 km；发动机磨损严重时，机油消耗量可达 1 L/100 km 或更多。

测定机油消耗量时，只需要把汽车行驶至一定里程后，再把机油的实际消耗量（L）换算为汽车每 10 万米的平均机油消耗量（L/100 km）即可。

2.5.3 机油品质检测

汽车发动机润滑油在使用过程中受到杂质污染、燃油稀释、高温氧化、添加剂消耗或性能丧失等因素的影响，机油品质会逐渐下降直至功能丧失；同时从外观上看，机油颜色会变黑，黏度会上升或下降。

引起机油污染的杂质主要来自摩擦表面的磨损微粒、外界尘埃以及积碳等。发动机工作不正常、不完全燃烧或缺火可使未燃燃油流入油底壳而使机油稀释。发动机工作过程中产生的高温，特别是当发动机气缸活塞组磨损严重、间隙增大，在燃烧行程有高温、高压气体窜入曲轴箱时，会加剧机油氧化，生成氧化产物和氧化聚合物而使机油变质。机油中的清净分散剂是机油的一种重要添加剂，具有从发动机摩擦表面分散、移走磨损微粒、积碳的功能，并使之悬浮在机油中而不沉淀在摩擦表面，以减小摩擦表面的磨损。由于机油在使用过程中清净分散剂的消耗及性能降低，它也会逐渐失去其洁净分散作用。

综上所述，机油品质下降将严重影响发动机性能，有时会导致严重后果，因而加强对汽车发动机机油的定期检测与分析，实行按质换油，具有极为重要的意义。这样做不仅可以节约机油，保证发动机良好润滑，而且检修人员可以据此了解掌握润滑系直至整台发动机技术状况的变化。

机油品质检测与分析的常用方法有：不透光度分析法、介电常数分析法、滤纸油斑分析法、光谱分析法、铁谱分析法和磁性探测器分析法等。

一、不透光度分析法

汽车机油污染分析所用的分析仪有多种类型。利用机油不透光度制成的机油污染测定仪是最常用的机油测定仪。

1. 工作原理

如前所述，发动机在使用过程中，润滑油的杂质含量将逐渐增多，黏度下降或增加，添加剂性能丧失。从外观上看，润滑油颜色会逐渐变黑。机油污染程度越大，变黑的程度也越大。根据这一现象，检修人员可通过测量一定厚度机油膜的不透光度来检测机油的污染程度。

机油污染测定仪的结构原理如图 2-48 所示。稳压电源保证光源和电桥电路的电压稳定；油池由两块玻璃构成，具有确定的间隙，用于放入机油试样，以形成确定厚度的机油膜；其中电桥的一个桥臂上装有光敏电阻，当电源发出的光线透过油膜照射到光敏电阻上时，一个桥臂上的光敏电阻阻值会发生相应变化，以此判定机油的污染程度。

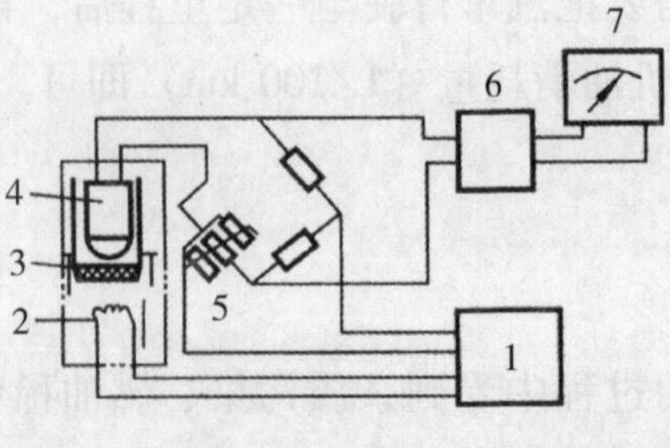

图 2-48　机油污染测定仪的结构原理

1：稳压电源；2：光源；3：油池；4：光敏电阻；5：参比电阻；6：直流放大器；7：透光度计

2. 操作步骤

（1）在油池内放入所测机油的标准油样（清洁机油），调整参比电阻使电桥平衡，此时透光度计指示为零。

（2）把刚停车后发动机的机油尺上的机油作为测试油样滴入油池。由于测试油样已受到污染，油池内测试油样油膜与标准油样油膜的透光度有差异，光源照到光电管上的光线强度也有差异，从而引起光敏电阻阻值的变化，使电桥失去平衡。

所测油样污染程度越大，电桥不平衡程度越大，电桥输出的电流越强，透光度指针偏转越大，从而反映出机油的污染程度。

二、介电常数分析法

利用不同物质介电常数不同的特性制成的润滑油质量检测仪是一种常用的机油污染分析仪。

1. 工作原理

电容值除了与两个极板间的面积和极板间的距离有关外，还与极板间的填充物质有关。对于一个已经确定了极板面积和距离的电容，极板间填充物质对于电容值的影响可用一个系数反映，这个系数被称为介电常数。

如图 2-49 所示的为机油介电常数分析仪。

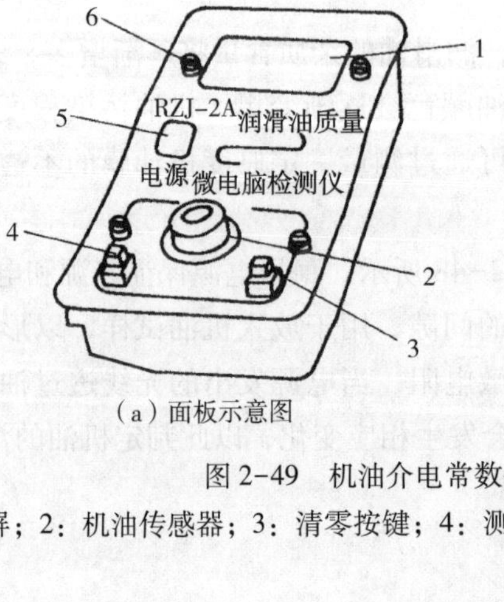

（a）面板示意图

（b）实物照片

图 2-49　机油介电常数分析仪

1：数字显示屏；2：机油传感器；3：清零按键；4：测量按键；5：电源开关；6：固定螺钉

2. 操作步骤

（1）用脱脂棉清洁传感器油槽（机油传感器）。

（2）将 3~5 滴与被测机油同牌号的清洁机油置于油槽中，使其充满油槽底部。

（3）等油扩散完后，单击“清零”按键，仪器自动定位清零。

（4）再次用脱脂棉清洁传感器油槽。

（5）将 3~5 滴被测机油置于油槽中，等油扩散完后，单击“测量”按键，即可显示出测量值。

三、滤纸油斑试验法

滤纸油斑试验法是测定机油污染程度和洁净性添加剂消耗程度及性能的机油污染测试方法。本测试的特点是简单、快速，但此测试方法不对机油中各种杂质的成分进行测定。

1. 测试原理

实践证明，若把使用中的机油按规定要求滴在专用滤纸上，油滴会逐渐向四周浸润扩散，最终形成中央有深色核心的颜色深浅不同的多圈环形油斑，如图 2-50 所示。若机油所含杂质的浓度和粒度不同及清净分散能力不同，所形成油斑每一环形区域的颜色深浅亦不同。

如果机油中杂质粒度小，且清净分散剂性能良好，则杂质颗粒就会扩散到较远处，中心区与扩散区的杂质浓度及颜色深浅程度差别较小；若机油中杂质粒度大，且清净分散剂性能丧失，则机油中杂质就越来越集中于中心区，中心区与扩散区的杂质浓度和颜色深浅程度的差别也就越大。油斑上中心区杂质浓度可以反映机油的总污染程度，而中心区单位面积的杂质浓度与扩散区单位面积杂质浓度之差可以反映机油中机油清净分散剂的清净分散能力。

为了可靠测定机油油斑中心区杂质浓度及扩散区的杂质浓度，检修人员必须控制油斑尺寸并确定油斑尺寸规律。对实际油斑尺寸的统计分析表明，油斑在滤纸上扩散终了时，扩散区的最大半径取决于滴棒的尺寸，为此应使用统一规格的滴棒，并确保滴棒尺寸能使油斑的尺寸等于光度计的感光半径。

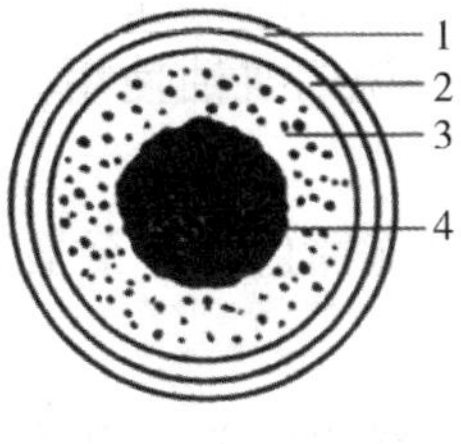

图 2-50　油斑示意图

1：油环；2：氧化环；3：扩散环；4：沉积环

2. 测试方法

油斑中心区和扩散区的杂质浓度可用两区域的透光度评价。透光度大，则杂质浓度小；反之，则杂质浓度大。

测试条件如下：

（1）滤纸。使用直径 7 cm 或 9 cm 的定性快速滤纸。

（2）滴油棒。使用直径 2 mm、长 150 mm 的金属棒，棒尖须磨光滑。

（3）框架。用长、宽为 12 cm×7 cm 的有机玻璃（或硬纸板、塑料板、木板）制成一式两片框架，中间挖成 5 cm 的圆孔，一边用胶布黏结。框架可使滤纸背面不接触台面，以免影响油斑的扩散。

（4）滴油温度。在室内常温下进行，最低温度控制在 20 ℃，要求油温与室温基本一致。

（5）滴油量。用直径 2 mm 滴油棒，平均滴油量约为 0. 02 g。

（6）油样。必须在补加新机油前，发动机运转 5 min 后取样。

（7）滴定方法。把滤纸放在框架上压平，将油样充分搅拌或摇动，立即将滴油棒浸入油样 3~5 mm 深处，垂直提起，等滴油棒上的机油间断滴落时，取第三或第四滴油滴滴在滤纸的中心。将滴过油的滤纸连同框架平放在无风尘之处，静置 2~4 h。

把滴好的滤纸斑点图与标准滤纸斑点图谱做对比分析，即可对在用机油品质做出判断。

3. 滤纸斑点谱图对比分析

标准滤纸斑点图谱分 6 级。每级斑点图的特征、分析、判断方法如下：

（1）1 级，滤纸斑点图的核心区和扩散环光亮无色或颜色很浅，无明显沉积环。

在用机油滤纸油斑图如属此类，说明是新机油或使用时间很短的机油，尚无污染，可继续使用。

（2）2 级，滤纸油斑图的沉积环与扩散环界限分明，扩散环很宽，油环明亮。

在用机油滤纸油斑图如属此类，说明机油使用时间不长，污染程度很小，清净分散性良好，可继续使用。

（3）3 级，滤纸油斑图沉积环呈暗黑色，扩散环较宽，油环明亮。

在用机油滤纸油斑图如属此类，说明机油使用时间很长，污染程度较重，但清净分散性尚好，可继续使用。

（4）4 级，滤纸油斑图沉积环呈深黑色，扩散环开始缩小，油环浅黄。

在用机油滤纸油斑图如属此类，说明机油使用时间很长，污染严重，沉积物增多，清净分散性下降，尚可继续使用。

（5）5 级，滤纸油斑图沉积环呈深黑色，甚至呈油泥状，不易干，扩散环狭窄，油环扩大且呈黄色。

在用机油滤纸油斑图如属此类，说明机油的污染已很严重，清净分散性已很差，清净分散剂消耗将尽，不能继续使用，必须换用新油。

（6）6 级，滤纸油斑图只剩极黑的沉积环与棕黄色油环，扩散环已完全消失。

在用机油滤纸油斑图如属此类，说明机油的污染已十分严重，污染杂质完全凝聚在沉积环内，清净分散剂耗尽，清净分散性消失，早就超过了换油期。

滤纸油斑分析法简单、快速，适合现场作业，并能给人以直观印象，但是检修人员利用该种方法只能概括地分析机油品质，而无法实现定量分析。

2.5.4 润滑系常见故障诊断

发动机的润滑系主要由机油泵、机油滤清器、机油散热器和各种油阀组成。其常见故障是机油压力过高或过低、机油消耗过多、机油变质等。检修人员可以通过仪表随时观察发动机工作时机油压力和温度的变化，这就为及时发现故障提供了方便。发动机在不同工况下工作，其机油压力不同，不同车型的机油压力也不尽相同。

一、机油压力过低故障诊断

发动机润滑系统出现机油量少、机油泵工作不正常、油道堵塞等情况，均会造成机油压力过低。机油压力过低，会加速曲轴、凸轮轴磨损，甚至会因为润滑不良而使发动机抱轴，严重时会造成发动机报废。所以，汽车组合仪表上都设有机油压力指示系统，它可以显示发动机润滑系统的压力。发动机润滑系出现异常，检修人员首先应判断故障是否为机油压力过低。

1. 故障现象

（1）发动机在运转中，机油压力始终过低。

（2）发动机启动后，机油压力很快降低。

2. 故障原因

（1）油底壳内机油不足。

（2）机油黏度小，不符合要求。

（3）机油泵限压阀调整不当或其弹簧折断、弹力不足。

（4）机油滤清器旁通阀不密封，或其弹簧折断或弹力不足。

（5）机油进油管接头松动或油管破裂。

（6）机油泵泵油不良。

（7）机油油路严重泄露。

（8）机油集滤器堵塞。

（9）曲轴主轴承、连杆轴承或凸轮轴轴承间隙过大。

（10）机油压力表或机油压力传感器失效。

3. 故障诊断

（1）机油压力始终过低时，应先拔下机油标尺，检查机油油量。机油油量严重不足时，在发动机急加速的情况下，会出现主轴承、连杆轴承的敲击声。若机油充足，应检查机油压力表或机油压力传感器。当拆下机油压力传感器，发动机短时间启动时，若机油喷出无力，应检查机油滤清器、机油泵、集滤器、机油进油管等。

若机油压力充足，则检查机油压力报警灯。机油压力报警灯电路的常见诊断方法是：将机油压力传感器插头断开，直接对发动机搭铁，若断开时机油压力报警灯熄灭，搭铁时机油压力报警灯亮，则表示机油压力警报灯电路正常，否则表明机油压力报警灯电路存在故障。

（2）发动机刚启动时，机油压力正常，运转一段时间后，油压迅速降低，说明油底壳内机油量不足。如果机油量充足，还是出现这种故障，则说明机油黏度过小。

（3）发动机在运转中，机油压力突然降低，应立即使发动机熄火，检查机油有无严重泄露。如果机油滤清器衬垫损坏，就会出现这种现象。

二、机油压力过高故障诊断

润滑系统内的机油压力过高，主要是机油在系统内流动阻力过大引起的。

1. 故障现象

（1）冷车启动时，机油压力表指示压力过高。

（2）将点火开关转至“ON”位置，机油压力表指示 0.2 MPa，启动后机油压力增至 0.5 MPa以上。

（3）发动机在运转中，机油压力突然增高。

2. 故障原因

（1）机油黏度过大。

（2）润滑部位配合间隙过小。

（3）机油滤清器堵塞。

（4）限压阀调整不当。

（5）润滑油道堵塞。

3. 故障诊断

发现机油压力过高时应熄火查明原因，否则容易冲裂机油压力传感器。

（1）压力过高时，应首先检查机油黏度是否过大、限压阀是否调整不当（弹簧是否过硬）。

（2）机油压力突然升高，可首先检查机油滤清器滤芯是否堵塞，旁通阀弹簧是否压缩过多或过硬。检查机油泵限压阀柱塞是否卡滞，若上述位置良好，则故障通常为润滑系统油道堵塞。

三、机油消耗过多

1. 故障现象

机油消耗超过正常值。

2. 故障原因

（1）活塞、活塞环与气缸配合不当，如活塞环装反、间隙过大、活塞环卡死或对口等。

（2）气门导管磨损严重。

（3）曲轴箱通风不良。

（4）机油渗漏，如正时链轮处、曲轴箱后油封等处密封不良。

（5）涡轮增压器漏油。

3. 故障诊断

（1）检查有无漏油处。主要漏油部位为曲轴前端和后端。前端和后端漏油的原因通常是油封破损、老化或曲轴带轮与油封接触表面磨损严重。检查凸轮轴后端油堵是否漏油。

（2）检查机油是否被吸入气缸而燃烧。机油若被吸入气缸而燃烧，最明显的特征是当发动机高速运转时，排气管大量排出浓的蓝色烟雾，急加速时尤为强烈。机油进入气缸有两个渠道：一是由于活塞环装反或活塞环的间隙过大；二是因为气门与导管的配合间隙过大或气门导管上的油封失效，机油沿进气门与导管间隙被吸入缸内。

判断方法：发动机高速运转或急加速时，除排气管冒蓝烟外，加机油口亦有大量浓烟雾排出，说明机油是从活塞组因气缸工作不良而泵入气缸的。加机油口若不排烟雾，则说明机油是沿气门与导管之间的间隙被吸入气缸的。

（3）检查曲轴箱通风情况。曲轴箱通风不良，曲轴箱内气体压力和机油温度会升高。气体压力升高，不但会造成机油渗漏、蒸发，还能使油底壳衬垫或气门室盖衬垫冲破，造成严重泄露。此外，曲轴箱强制通风阀损坏会导致机油被大量吸入气缸而燃烧掉。

四、机油变质

1. 故障现象

（1）从机油尺上滴在洁白吸墨纸上的机油呈黑色并有杂质，或者油滴外缘呈黄色而核心呈黑色。

（2）发动机轴瓦的摩擦表面呈腐蚀状，被胶膜、积碳或其他沉积物覆盖。

2. 故障原因

（1）机油中渗进水分。气缸垫损坏或其他原因导致缸体或曲轴箱进水，当含水量超过0.1%时，机油添加的抗氧化剂、清净分散剂等就会失效，因而加速机油的氧化过程。机油中若含有较多的水，机油润滑性会变差，黏度下降。含水的机油呈雾状，油色浑浊、乳化，呈泡沫状。

（2）活塞环漏气。由于活塞环或气缸磨损，一部分可燃混合气和废气经活塞周围间隙进入曲轴箱。进入曲轴箱内的废气含有水蒸气和二氧化碳，水蒸气凝结后在机油中形成泡沫，二氧化碳溶于水中形成酸，这些酸性物质会进入润滑系统内，使机油变质。

（3）曲轴箱通风装置失效。曲轴箱通气性差，机油散热不良，同时一些燃烧气体进入曲轴箱内，曲轴箱内的气体压力升高。若压力高于外界大气压力，则会给活塞运行带来一定阻力，导致机油从油底壳与气缸体的结合处向外渗漏。另外，若泄露到曲轴箱内的气体中含有二氧化硫，会促进机油很快变质。

（4）润滑油品质差。不同型号的发动机使用的润滑油的品质不同。如果润滑油的品质太差，它在发动机高温的情况下会变稀，黏度减小，润滑性能变差。

（5）空滤过脏。空滤滤芯过脏，进气杂质较多，燃烧产生过多积碳和杂质，会造成机油变质。

（6）燃油进入润滑系统。由于泄露，燃油进入发动机润滑油道，特别是汽油混入机油后，就会引起机油变质。

（7）发动机燃烧混合气过浓。发动机混合气过浓，燃烧产生的积碳会导致润滑油过早变质。

（8）发动机温度过高。发动机温度过高，机油在高温下变稀，油质变差。

（9）机油使用时间过长。若不按规律保养时间更换机油，机油使用时间过长，机油品质会越来越差。

3. 故障诊断

由于高温和氧化作用，即使在正常情况下，机油也会生成氧化物或氧化聚合物，这种现象被称为“老化”。老化了的机油含有酸性物质，这种酸性物质不但会使机油变黑、黏度下降，而且会腐蚀零件的摩擦表面。如果这种老化现象加快，就应当查明原因，排除故障。

（1）首先应当检查机油压力，排除导致机油压力过低的各种因素。若压力正常，再查看油质的黏度、颜色，以及有无汽油、水分和其他杂质。

（2）若不是汽油或水的渗入引起的机油变质，则需要检查机油滤清器的工作状态。

（3）检查曲轴箱通风情况。若通风不好，漏进曲轴箱的废气以及可燃混合气中的水蒸气、汽油和有害气体会凝成有害化合物，使机油加速变质。

2.6 冷却系常见故障诊断

冷却液温度过高或过低，都会引起发动机功率下降，油耗增加。为此，在正常情况下，冷却液应保持在 80 ℃~90 ℃。在使用过程中，冷却系统的技术状况会逐渐变差，使冷却系统冷却水温度过高或过低，产生这种现象的主要原因为：冷却液过少，有渗漏处，散热器水管堵塞，冷却系统内有水垢，风扇皮带打滑，节温器失灵，等等。

2.6.1 发动机水温过低

发动机水温过低多发生在冬季或高寒地区以及发动机启动初期，它是指发动机运行中升温慢或发动机工作温度低。发动机水温过低会导致发动机动力不足，从而加速磨损，增加油耗。

发动机水温过低的常见现象有：水温表指示偏低，散热器、水管温度较低，等等。

发动机水温过低的根本原因是发动机冷却系散热过度，主要是在冷车起动阶段。水温过低的常见故障原因有节温器故障、散热系统故障、冷却液温度传感器故障等。

一、节温器故障

节温器是调节冷却液大、小循环的关键元件，若节温器卡滞在开启状态，冷却液一直以大循环运行，则在启动初期或低温状态下，发动机将被冷却过度，造成发动机温度过低。

1. 机械式节温器故障诊断

发动机冷启动后，打开散热器加水口，若散热器内冷却液立即开始循环，则表明节温器失常或未装节温器。当水温低于 70 ℃时，节温器的感温元件处于收缩状态，主阀门关闭。当水温高于 80 ℃时，感温元件膨胀，主阀门渐渐打开，散热器内循环水开始流动。当水温表指示 70 ℃以下时，散热器进水管若有水流动，水管温热，则表示节温器主阀门关闭不严，使冷却水过早大循环。发动机工作初期，水温上升很快。当水温表指示 80 ℃时，升温速度减慢，则表明节温器工作正常；反之，若水温一直升高很快，当内压达到一定程度时，沸水突然溢出，则表明主阀门有卡滞，突然打开。当水温表指示 80 ℃~90 ℃时，打开散热器盖和散热器放水开关，用手感觉水温，若烫手，说明节温器工作正常；若散热器加水口处水温低，且散热器上水室进水管处无水流出或流水甚微，则说明节温器主阀门无法打开。

检修人员还可以用另外一种方法检测节温器的好坏，即把节温器从发动机上拆下来，清洗后放在水中加热，用量程为 100 ℃的温度计测量温度，按节温器主阀门开启或副阀门关闭的温度规定，检查性能是否良好，工作是否正常。当温度再提高 10 ℃左右时，节温器阀应全开，工作升程应不小于 9 mm。

2. 电子节温器故障诊断

奥迪 A4、宝马等车型采用电子节温器，这类车型的冷却液温度调节、冷却液的循环（节温控制）均由发动机负荷决定，并由发动机控制单元控制，其中冷却液温度调节装置采用电子节温器。电子节温器有故障或发动机电控单元异常，都能产生发动机水温过低故障。

电子节温器内带加热电阻，由发动机控制单元根据发动机温度和负荷等条件，给其通电加热，加热元件溶化蜡芯，打开节温阀，电控单元同时控制打开程度，控制冷却液的循环量。当发动机控制单元检测到错误的温度信号时，就会错误地打开电子节温器，造成发动机水温过低故障。电子节温器如图 2-51 所示。

电子节温器控制系统的常见故障有：

（1）电子节温器故障。

（2）冷却液温度传感器及线路故障。

（3）发动机电控单元故障。

图 2-51　电子节温器

二、散热系统故障

散热器的过度冷却也会造成发动机水温过低。散热器过度冷却的主要原因有：环境温度过低、散热器百叶窗全开不能关闭、冷却液温度传感器故障、散热器风扇故障。

1. 机械风扇故障

机械风扇的主要故障为风扇离合器故障。对于安装离合器风扇的发动机，可在冷却启动发动机后，观察风扇转动情况，若发动机转速升高，风扇也由慢到快地转动，说明风扇离合器有故障，应检修或更换风扇离合器。

2. 电子风扇故障

电子风扇的工作受发动机冷却液温度控制，若电子风扇低速、高速运转时不受冷却液温度传感器的控制，电子风扇会一直以高速运转，在启动阶段或低速运行时会出现发动机水温过低或水温上升缓慢的现象。

电子风扇在低温条件下以高速运转的故障原因有：

（1）冷却液温度传感器及线路故障。

（2）电子风扇控制单元故障。

（3）发动机控制单元故障。

（4）冷却液温控开关故障。

（5）空调压力开关异常故障。

2.6.2 发动机水温过高

发动机水温过高是发动机冷却系统常见的故障，也是冷却系统的主要故障。若发动机出现水温过高故障，则必须立即停止发动机工作，排除故障，以免水温高造成发动机更大的损伤。

一、水温过高的故障判断

1. 组合仪表显示水温信息

汽车组合仪表信息系统有发动机水温指示装置，若发动机冷却液温度异常，组合仪表上将有显示或警告，以警示驾驶人。

（1）水温表指示。水温表指示发动机冷却液的温度，在冷却液温度传感器良好的情况下，当水温表指针超过规定数值或达到红线刻度，表示发动机温度过高，即冷却系统出现故障，须立即停止发动机运行，检查并排除冷却系统故障。

（2）水温警告灯点亮或闪烁报警。部分车型的组合仪表没有设计水温表，而设有水温警告灯或冷却液位警告灯，当组合仪表水温警告灯点亮时，则表示发动机冷却液温度异常。

（3）水温异常信息显示。部分高端车型的仪表上设有液晶的信息显示区域，当电脑检测到故障时，它将以文字信息显示出来，提醒驾驶人车辆产生故障。

2. 发动机冷却液沸腾

当发动机冷却液发生沸腾现象时，俗称“开锅”，无论组合仪表上水温信息有何种显示，皆表示发动机温度过高，需要检查发动机冷却系统。

发动机“开锅”时，不要随意打开散热器盖，以免发生人身伤害，须等待发动机冷却至安全状态后方可进行操作。

二、水温过高的故障诊断

1. 冷却液不足

冷却液不足，会直接导致发动机散热功能不良，产生水温过高故障。检修人员可以通过检查散热器或冷却液储液罐来确定冷却液液位。冷却液不足的原因有如下几种：

（1）冷却系统泄漏。冷却液泄漏是冷却液不足的重要原因。冷却液不足，首先要确定冷却系统是否有泄漏现象。

检查冷却液泄漏的方法有：

①观察法

大部分的汽车发动机中会加入带防冻液的冷却剂，其颜色为红色、蓝色等，当冷却系统发生冷却液泄漏时，泄漏处会残留痕迹，方便查找泄漏点。

②冷却液泄漏检测仪检测法

若通过观察无法找到泄漏点，则需要使用冷却液泄漏检测仪查找。冷却液泄漏检测仪是专门用于检查发动机漏水的检测仪器，使用检测仪检测泄漏快捷、方便、准确。使用冷却液泄漏检测仪查找发动机漏水故障的操作方法如下：

A. 给发动机冷却系统加满水。

B. 选择散热器盖相同规格的连接口，安装在散热器口处，连接检测仪器。

C. 通过加压装置，向散热系统加注 0. 15 MPa 左右的气压。

D. 保持压力不动，等待 5 min 以上，观察压力是否下降，同时检查冷却系统各密封部位是否有漏水现象。

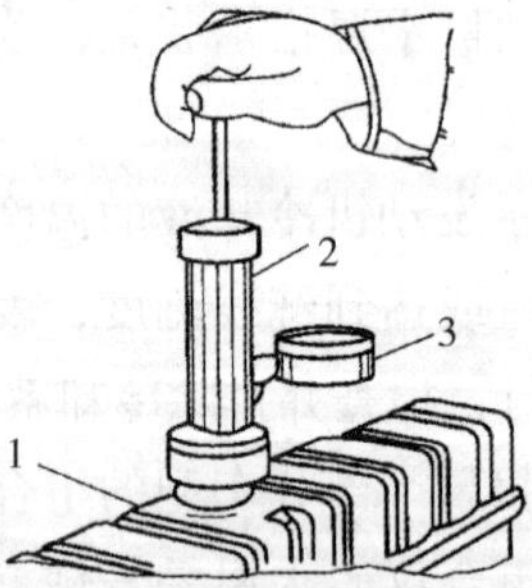

图 2-52　冷却系压力试验

1：散热器；2：冷却系压力试验仪；3：压力表

冷却液泄漏的常见部位为：散热器泄漏、水管泄漏、散热器盖漏水、节温器漏水、水泵漏水、暖风箱漏水。

（2）散热器盖失效。散热器盖除了有密封散热器的作用外，还有保持冷却系统压力稳定的作用。当散热器冷却液压力过大时，散热器盖弹簧压缩，冷却液从散热器释放到储液罐中，压力下降后，冷却液又从储液罐返回散热器中。这一功能由散热器盖完成。若散热器盖损坏，释放压力功能便失效。散热器压力高时，冷却液泄漏到散热器之外，就会造成冷却液减少。

散热器盖的检查方法如下：

A. 用散热器盖接头将散热器盖连接到测试器上。

B. 增大压力直到压力表指针停止移动。

极限值：65 kPa。

标准值：74.3 ~102.3 kPa。

C. 如果读数不能保持或大于极限值，则应更换散热器盖。

注意：

测试前务必确保散热器盖清洁，因为散热器盖密封部位若有锈蚀或其他异物，则会导致指示不正确。

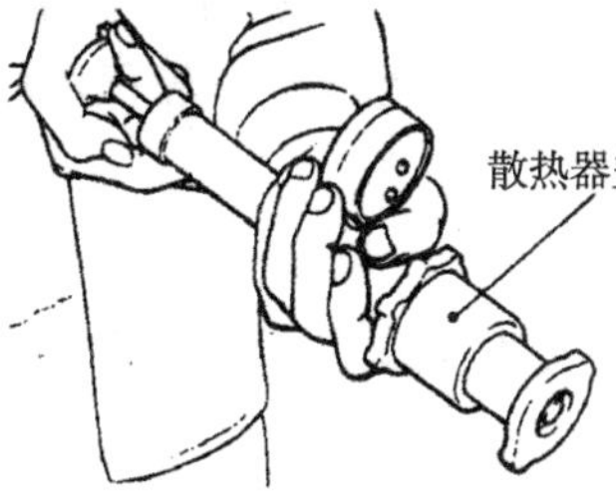

图 2-53　散热器盖检查

（3）气缸垫烧蚀。若发动机气缸垫发生烧蚀，发动机水道与气缸之间串通，冷却液会进入气缸，造成冷却液减少。判断气缸垫烧蚀的方法有以下几种：

①检查机油里是否有水

若发动机气缸垫烧蚀，冷却液将进入气缸和润滑系统，因此机油中会含水。检修人员通过检查机油尺，观察机油里是否有水，可判断发动机气缸垫是否烧蚀。

②检查火花塞是否有水珠凝结

启动发动机，热车以后关闭发动机，等待发动机彻底冷却后，拆卸火花塞，观察火花塞。若气缸垫烧蚀，冷却液会漏入气缸挥发成水蒸气。当发动机冷却后，水蒸气会凝结在火花塞上。

③观察散热器加水口

打开散热器盖，启动发动机，急速踩下加速踏板。若气缸垫烧蚀，气缸内气压会进入水道，引起散热器口冷却液喷出。

2. 冷却液循环不良

（1）水泵故障。水泵是冷却液循环的动力来源，若水泵出现故障，如发生卡滞或运转不灵，就会直接影响冷却液的循环。

检查方法是：打开散热器盖，使发动机缓慢加速，查看加水口内冷却水的循环情况。若循环不断加快，则水泵工作正常，叶轮也不打滑；反之，则水泵有问题。

（2）节温器故障。节温器控制冷却液循环的流量和流向，若节温器卡滞无法打开，则冷却液循环受阻，造成冷却液循环不良。

（3）水道堵塞。常见的水道堵塞有散热器堵塞、水管堵塞、发动机循环水道堵塞。

散热器水管因杂质、油污、水垢多而堵塞时，就会导致冷却液循环受阻，水温过高。

检查方法是：打开散热器加水口盖，使上水箱的水位低于加水口 10 mm 左右，然后启动发动机，先以怠速运转，注意观察水流和水位，随后使发动机转速提高到1200 r/min 左右，仔细观察转速提高时的水位变化。如果此时的水位比怠速时的水位升高，甚至冷却液溢出加水口，说明管道堵塞；如果比怠速时的水位略低，又随着发动机转速的稳定水位高度相对保持不变，则表示散热器畅通，水管无堵塞。

3. 散热器散热性能不良

散热器是发动机冷却液与外界交换温度、散发热量的部件，若散热器性能不良，将直接影响冷却系统的散热效果，造成发动机散热不良，水温升高。

散热器的常见故障为：散热器老化、散热器内部积垢堵塞、散热器翘片倒伏、散热器通风系统不良。

4. 冷却风扇工作不良

（1）机械冷却风扇故障。机械冷却风扇故障包括风扇离合器故障、风扇叶片故障、风扇罩故障。

①风扇离合器故障

冷却风扇是发动机功率的消耗者，可消耗发动机功率的 10%。为降低风扇的功率消耗，减小噪音和减少磨损，防止发动机过冷，节约能源，人们便为风扇加装离合器。发动机低温或冷启动时，离合器分离，风扇低速运转，发动机温度升高后，离合器结合，风扇高速运转，加大散热效果。若离合器失效，则风扇风速无变化，不能起到调节散热变化的作用。离合器失效或有故障时，需要更换风扇离合器总成。

②风扇叶片故障

风扇叶片的形状变形，叶片破损缺失，均会影响风扇的风力，导致散热不良。

③风扇罩故障

风扇罩安装不良，罩框与散热器间隙过大，会造成风量损失较大，散热器的散热性能下降。

（2）电子风扇故障。现在大部分汽车多采用电子风扇系统，散热风扇电动机由发动机水温控制，风扇转速可以调节。若风扇不工作或工作不良，散热器散热不好会使发动机温度升高。

电子风扇的控制方式有：温控开关控制、继电器控制、散热模块控制、发动机 ECU 控制。

5. 发动机温度过高

发动机的工作温度过高，会引起冷却液温度过高，无论散热性能如何良好，也不能降低发动机水温。遇到发动机工作温度过高的情况时，不能强行提高散热性能来降低水温，如加装电子扇等，应排除发动机温度过高的故障。

（1）发动机温度过高的现象。关闭点火开关，发动机继续运转；排气管过热甚至发红；加速不良，爆燃，敲缸；发动机表面温度高，沾水立即汽化。

（2）发动机温度过高的原因。发动机温度过高有以下原因：

①气缸压力过高

气缸压力过高，压缩比增大，活塞压缩产生更多热量，发动机工作时温度升高。

②点火时间过晚

点火时间过晚，混合气不能及时充分燃烧，未燃烧的燃料在排气管内继续燃耗，既影响发动机动力输出，又会使发动机温度升高。

③混合气过稀

混合气过稀会使燃烧速度变慢，燃烧产生的热能大部分散失于气缸壁，致使发动机缸体温度升高。

④发动机转配过紧

发动机曲轴、连杆装配过紧，会增加发动机运行时的摩擦力，产生大量热量，热量散发到气缸体会使发动机缸体温度升高。

2.7 发动机异响诊断

汽车是由成千上万个零件组成的复杂系统，受到机械、电、物理和化学等方面的作用，以及自然环境、道路等因素的影响，还受到驾驶员、检修人员等人为因素的制约。汽车出现故障是在所难免的。随着汽车技术的发展，汽车的性能越来越高，结构越来越复杂，这给人们诊断与排除汽车故障增添了许多困难。

2.7.1 发动机故障与异响

统计发现，约有70%的汽车故障是通过异响表现出来的，如果检修人员能从这种最直观的表现形式中找出故障的一般规律和特点，就会为汽车故障诊断工作带来极大的便利。

一、发动机异响确定

1. 发动机正常响声

发动机在各部分配合间隙适当、润滑良好、工作温度正常、燃油供给充分和点火时间准确等条件下运转。无论转速和负荷（在额定范围内）怎样变化，即便发出声响的频率、波长、声级和衰减系数不同，但发动机的正常响声都是一种平稳而有节奏、协调而又圆润的轰鸣声。

2. 发动机异响

随着发动机使用时间的增加，以及受到操作不当、自然环境等因素的影响，发动机各零件会出现磨损、破损、固定松动、老化、接触不良、短路和断路等情况，工作时会产生超出规定的响声，这些响声被称为发动机异响。

二、发动机异响的分布区域与诊断方法

发动机各零件间都有确定的安装位置和一定的配合间隙，当某处的配合或者相互位置失常时，就会有故障伴随的响声。由此可见，异响是发动机故障中普遍存在的现象。

发动机出现异响时，必然会产生一定程度的振动，对于不同的异响，检修人员在机体上查听的位置是不同的。

在没有诊断设备的情况下，针对发动机异响的诊断一般均采用直观诊断法。对发动机异响进行诊断时，检修人员一般要根据响声的大小、发出的部位、声响的特征、振动

的程度、出现的时机以及声响变化的规律等因素，并结合实践经验找出不同异响存在的相似点和不同点，严格区分出不同异响各自所具有的特性及一些伴随变化现象，经认真细致地综合分析与判断后初步诊断异响，然后结合不同情况下对发动机排气烟色与烟量进行观察，对发动机温度、机油压力的变化和发动机新旧程度，以及使用中的一些相关情况等做全面分析与推断，从而使异响诊断更为准确。此外，检修人员在诊断中要借助断缸法与简单的诊断仪器辅助法，以及在必要时采用拆下相关小件或运用特殊手段等方法诊断异响故障。

三、影响发动机异响的因素

零部件的质量、配合间隙、润滑条件、温度、负荷、速度以及部位等因素直接影响各机构、总成和系统的工作，各机构、总成和系统的工作又决定着故障的严重程度，而发动机故障的严重程度又影响着异响的变化。它们相互联系又相互影响。

1. 配合间隙

配合间隙是发动机装配质量的重要指标，当润滑、温度、负荷和速度等一定时，异响是随配合间隙的增大而变得明显的。例如，活塞与缸套的配合间隙越大，响声也越明显。

2. 润滑条件

润滑是发动机正常工作的重要条件，润滑油既能在摩擦副之间产生润滑油膜，减轻机械磨损，又能带走因摩擦而产生的热量和金属屑。当配合间隙、温度、负荷及速度一定时，润滑油膜的厚度受润滑系压力和润滑油品质的影响，品质好的润滑油和适宜的压力就能产生较好的润滑油膜。润滑油膜越厚，机械冲击就越小，噪声也就越小，异响就不易发生。

3. 温度

发动机在工作时，燃烧室内的温度最高可达几千摄氏度。而燃烧产生只有约 35% 的热量能转变为机械能，约 65% 的热量能由各零部件承受。发动机运转时，零件间的摩擦也能产生几百摄氏度的高温。

4. 负荷

负荷越大，发动机异响就越明显。检修人员根据异响随负荷变化的规律和特点就可判定故障的性质和位置。例如，发动机稳定怠速运转，就会产生清晰的活塞敲缸异响，而不严重的连杆轴承异响则需要驾驶员急踩（放）油门才能听到。活塞敲缸异响和连杆轴承异响都有停止故障缸工作后异响减弱或消失的特点，利用这一特点，检修人员不仅能确定故障的原因，而且能找出故障的位置。

5. 速度

发动机之所以出现异响，是因为每种异响都有其特定的振动频率，当运动速度的频率是异响频率的整数倍时，就会产生共振现象，于是异响加剧，即每种异响在其响声最明显时都会对应一个运动速度段（速度范围）。例如，活塞敲缸异响在发动机的低速段最明显；连杆轴承异响在发动机的中速段最明显；传动轴不平衡异响在汽车中速以上行驶时最突出，随着车速的提高，传动轴的振动也随之加剧。

6. 部位

异响部位一般离故障位置较近，检修人员据此可以判断是什么机构、总成或系统出现故障，从而缩小诊断故障的范围。例如，异响在气门室处明显，说明气门机构有故障；异响在曲轴箱内明显，说明活塞、活塞销、连杆或曲轴轴承有故障；等等。

2.7.2 发动机异响故障的仪器诊断

发动机异响诊断的基本工作原理建立在以上关于异响特征研究的基础上。检修人员常用示波器和机械听诊器来诊断异响。机械听诊器如图 2-54 所示。

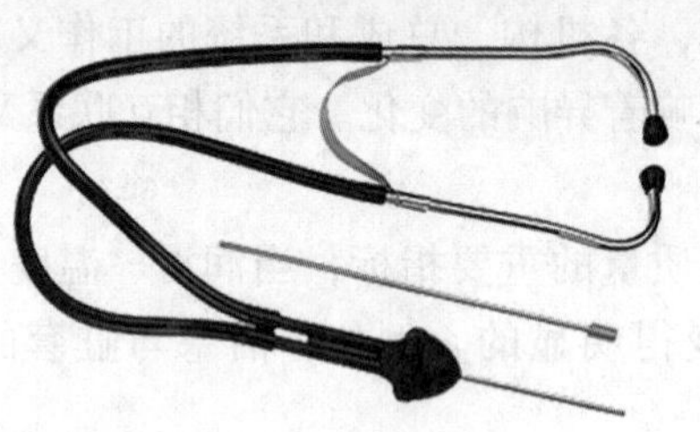

图 2-54 机械听诊器

一、示波器诊断异响的基本原理

带相位选择的示波器显示异响诊断仪框图如图 2-54 所示，其特点是相位选择在一定时刻让信号通过诊断装置，该时刻对应故障机件出现异响振动的时刻。它把异响振动与曲轴转角联系起来，同时，异响振动波形可在示波器上显示出来。

由于某缸配合机件的敲击振动总在该缸点火后发生，又在某一时刻结束，因此对于汽油机而言，检修人员可用转速传感器从一缸点火高压线上获得点火脉冲信号，再用点火脉冲信号触发示波器的扫描装置，在开始点火的时刻使经选频后的异响振动电压信号导通。导通的相位和导通的时刻可以均匀调节。选频的振动信号先输送到示波器垂直偏转放大器输入端，同时来自一缸高压线的点火脉冲信号触发相位选择器以控制示波器的扫描装置，从而在示波器屏幕上显示出经过相、频选择的振动波形，直接观察振动波形的振幅、相位和延续时间。

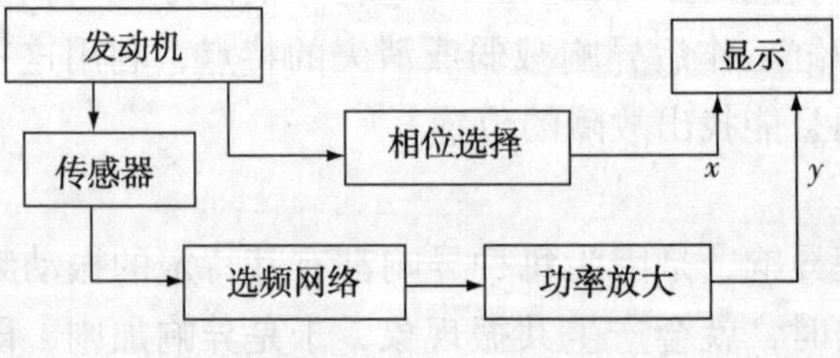

图 2-55 带相位选择的示波器显示异响诊断仪框图

二、常见发动机异响波形

一般而言，在点火提前角正常的情况下，活塞销异响故障波形出现在整个波形的前部，活塞敲缸异响故障波形出现在整个波形的中部，连杆轴承异响出现在中后部，曲轴轴承异响出现在波形最后部。各种异响对应着不同振动频率，同时振动中的振幅大小变化过程存在差异，因此显示在示波器上的振动波形所对应的凸轮轴转角和形状有所不同。图 2-56 所示内容为几种常见的发动机异响故障波形。

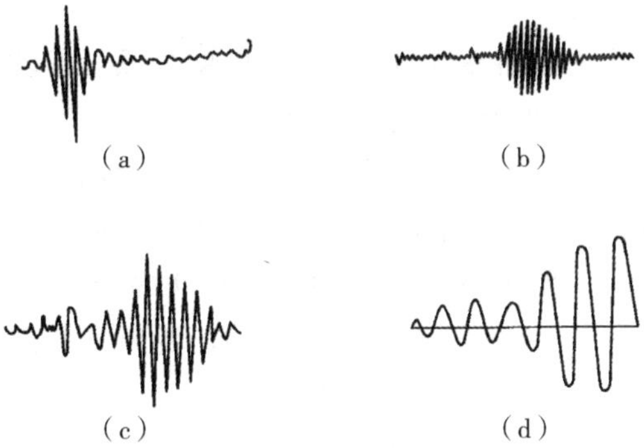

图 2-56　几种常见的发动机异响故障波形
（a）活塞销异响；（b）活塞敲缸异响；（c）连杆轴承异响；（d）曲轴轴承异响

2.7.3　发动机异响故障的经验诊断

综上所述，不是每种异响都与发动机的转速、负荷、工作循环以及振动区和伴同现象这四方面有关，而只与其中的某一方面和某几方面有关。例如，活塞敲缸异响与发动机的转速、负荷、温度、工作循环和伴同现象有关。

一、曲轴部位异响

1. 故障现象

发动机稳定运转时，一般并无声响，而当发动机转速突然变化时，会发出沉闷、连续的“噹、噹”金属敲击声，它比连杆轴承异响钝重，严重时发动机会发生很大振动。发动机负荷变化时，异响明显。发动机转速越高，声响越大。当发动机单缸断火时，异响无明显变化；当相邻两缸断火时，异响显著减小，机油压力明显降低。发动机温度变化时，异响并无什么变化。

2. 故障原因

（1）曲轴轴承与曲轴轴颈磨损，导致配合间隙过大，产生撞击声。

（2）安装时，曲轴轴承盖螺栓拧紧力矩没有达到规定值，出现轴颈与轴承的撞击声。

（3）曲轴轴向间隙过大，使曲轴轴向定位端面与止推垫片相互撞击而发出声响。

（4）曲轴弯曲、折断、运转时产生撞击声。

（5）轴承内的润滑油不足或过稀，导致润滑不良而使轴承合金烧毁脱落致响。

3. 故障诊断与排除

（1）在机油加注口处查听，反复变更发动机转速，当突然加速或减速时，有音调明显低闷、钝哑且伴有沉重的“噹、噹”声响。其特征是发动机负荷越大，声响越明显；转速越快，声响越大。用机械听诊器听查，将金属杆抵在气缸体两侧的曲轴位置处，听查时不断变化转速，若声响明显，可判断为曲轴轴承异响。

（2）利用单缸断火法，听查声响，若无变化，则利用相邻两缸断火法；若声响明显减弱，则声响故障就在两缸之间。

（3）发动机温度越高（机油黏度越低），声响越明显；发动机高速运转时，若声响变得杂乱，则有可能是曲轴弯曲造成的。

（4）若高速运转时，机体有较大的振动；汽车载重爬坡时，驾驶室有振动感，且机油压力显著下降，则说明曲轴轴承间隙过大，轴承合金脱落。

（5）前端主轴承发响，第一缸缸盖上方有振动；后端轴承发响，最后一缸缸盖上方有振动；中间轴发响，第三、四缸缸盖上方有振动，若声频和振频一致，即可断定相应部位曲轴轴承发响。

（6）踩下离合器踏板，若曲轴带轮向前串动且声响减轻或消失，则断定曲轴轴向间隙过大导致发响。

（7）在发动机后端曲轴部位，若发出一种沉闷的“嗒、嗒”敲击声，且声响会有规律地随工作循环而周期性地变化，改变发动机转速时更易听到声音，在启动和停止发动机时声音特别明显，转速越高，声音越大；若在刚出现异响时，关闭点火开关，而在发动机即将熄火之际，再立即接通，此时若能听到一声明显的撞击声，而且每次如此开闭点火开关时，均发出一声撞击声，即可证实是飞轮紧固螺栓松动撞击而发响。

（8）若发动机转速并不高，而机体振动却较大，甚至有摆动摇晃现象，同时发出沉重、粗闷的声响和较大的“嘣、嘣”金属敲击声时，则表明曲轴将要折断。

二、连杆轴承异响

1. 故障现象

（1）连杆轴承异响是比曲轴轴承敲击声轻、缓和而短促的“铛、铛”的声响。怠速时，声响较小；中速时，声响较为明显；突然加速时，敲击声随之增大。

（2）当发动机负荷增加时，声响也会随之增大。

（3）当发动机温度发生变化时，声响并无变化。

（4）断火后，声响会明显地减弱或消失。

2. 故障原因

（1）连杆轴承与轴颈磨损过度，而使径向间隙过大。

（2）连杆轴承盖的紧固螺栓松动或折断。

（3）轴承合金烧毁或脱落。

（4）连杆轴颈失圆，使轴颈与轴承之间的接触不良。

（5）曲轴主油道堵塞，集滤器、滤清器过脏，旁通阀与机油泵失效，造成油压过低，轴承润滑不良。

3. 故障诊断与排除

（1）在发动机外部查听时，其声响为短促而坚实的“嗒、嗒”声。

（2）将机油加注口盖打开，倾耳听查，声响比曲轴轴承的敲击声容易辨认，声响呈清脆且音量较大的“铛、铛”声。

（3）若发动机转速由怠速到中速时，声响更清晰，且为连续敲击，随着转速的提高，敲击声更为突出。

（4）若用单缸断火法检查，声响减弱或消失，则说明是该缸的连杆轴承发响。

（5）若声响混杂，出现“哗啦、哗啦”的声音，亦可用断火法检查；若单缸断火后，声响减弱，继而又单缸断火，声响又有所减弱或消失，则说明多缸连杆轴承松旷。

（6）此外，在检查声响的同时，要注意观察机油压力。若机油压力过低，则说明润滑不良，由此可辅助诊断异响故障所在。

（7）不论发动机温度高或低，在任何转速情况下，都会发出严重而无节奏的“铛、铛”声响，且气缸盖振动很强，做断火或复火试验的结果都一样，则可断定是连杆合金层过热熔化，应立即拆修。

三、活塞敲缸异响

活塞敲缸是指在发动机工作行程开始的瞬间（或活塞上行时），活塞在气缸内摆动，其头部或裙部与缸壁相互碰撞的现象。

（一）发动机冷态敲缸异响

1. 故障现象

（1）怠速时气缸盖上部发出有节奏的“嗒、嗒”金属敲击声，转速稍高时，响声消失。

（2）由于活塞与气缸壁间隙较大，低温时出现敲击声，待温度升高后活塞受热膨胀而与缸壁的间隙相应减小，故声响减弱或消失。

（3）单缸断火，声响消失。

（4）发动机火花塞跳火一次，发响两次。

2. 故障原因

（1）活塞与缸壁磨损，造成间隙过大，但仍处于磨损初期。

（2）启动发动机时，润滑条件不良，机油压力小，致使发动机产生活塞敲缸。

（3）缸壁润滑不良。

3. 故障诊断与排除

（1）发动机冷车启动时，发出有节奏的“嗒、嗒”声。将发动机转速控制在声响最明显的范围内（怠速），查看机油加注口是否冒烟，排气管是否冒蓝烟，并用听诊器抵在机油加注口处一面的缸壁处，若活塞敲缸，就能听到有规律的敲击声。

（2）逐缸进行断火试验，若某缸断火后声响减弱或消失，复火时声响明显增大，不久后又恢复原来声响，且发动机温度升高后声响减弱至消失，即可诊断为活塞裙部与缸壁相互碰撞导致的异响。

（3）若多只活塞敲缸，向发响的气缸内逐一注入少量机油（20~30 mL），慢慢摇转发动机使机油附于气缸壁或活塞之间，然后启动发动机听查声响。若某缸敲缸声减轻或消失，但不久又出现，则证明是该缸敲缸。

（4）若敲缸声仅发生在冷车工作时，发动机温度升高后，敲缸声消失，这种情况下，车尚可继续使用，但要尽快修理。

（二）发动机热态敲缸异响

1. 故障现象

（1）发动机高速运转时发出“嘎、嘎”的连续金属敲击声。

（2）温度升高，声响加重。

（3）发动机怠速时发出“嗒、嗒”声，且伴有机体抖动现象。

（4）发动机火花塞跳火一次，发响两次。

（5）当某缸断火时，声响反而加重。

2. 故障原因

（1）连杆轴颈与主轴颈不平行，连杆弯曲或衬套轴向偏斜。

（2）活塞与缸壁间隙过小。

（3）活塞销装配过紧导致活塞变形。

（4）活塞由于磨损和变形，而使椭圆度过小，或活塞呈反椭圆形。

（5）活塞环背隙、端隙过小。

3. 故障诊断与排除

（1）发动机低温时，运转正常无异响，温度上升后，发动机处于中、高速运转时，发动机发出急促而有节奏的“嘎、嘎”声响，温度越高，声响越大。这种声响发生在发动机右侧缸盖与缸体装配处。做断火试验时，若声响没有多大变化，则可诊断为连杆变形或连杆装配位置不准导致的异响。

（2）发动机低温时，运转正常无异响，温度上升后，发动机处于怠速运转时，发出“嗒、嗒”声，伴有机体抖动现象，且温度越高，响声越大，则可诊断为活塞变形，活塞环过紧，导致活塞与缸壁配合间隙过小或润滑不良。

（3）若某缸进行断火试验时，声响反而加大，即可断定为该缸存在敲缸故障。

四、气门异响

1. 故障现象

（1）发动机怠速时，发出有节奏的“嗒、嗒”声响。

（2）发动机转速提高，声响也随之变大，中速以上时，声响变得模糊、嘈杂。

（3）发动机温度变化或做断火试验时声响都不发生变化。

2. 故障原因

（1）凸轮磨损过量，运转中挺杆产生跳动。

（2）气门弹簧座脱落。

（3）气门挺杆固定螺母松动或调整螺栓断面不平。

（4）气门导管积碳过多而咬住气门。

3. 故障诊断与排除

（1）在气门室一侧或气门室罩处听查，声响随发动机转速的不同而改变频率，且高、中、低速时均有声响；同时，当发动机温度变化或做断火试验时，声响并不发生变化，可诊断为气门响。

（2）为查明是哪一只气门响，可将气门室罩拆下，使发动机怠速运转，并交替将塞尺插入气门与挺杆的间隙中，逐个试验。当塞尺插入某个气门间隙时声响减弱或消失，即可诊断为该气门间隙过大而发响。若插入塞尺后声响减轻但未消除，可用螺钉撬住气门杆，若声响消除，则说明是气门杆与导管磨损过于严重而发响。

五、凸轮轴异响

1. 故障现象

（1）发动机中速运转时声响明显，且为钝重的“嗒、嗒”声响，怠速运转时也能听到声响；高速运转时，声响消失。

（2）做单缸断火试验时，声响没有变化。

（3）在发响时凸轮轴轴承附近有振动现象。

2. 故障原因

（1）凸轮轴及其衬套间配合松旷。

（2）凸轮轴轴向间隙过大。

（3）凸轮轴弯曲变形。

3. 故障诊断与排除

（1）发动机以各种速度运转，若怠速时声响清晰，中速时声响明显，高速时声响由杂乱变为减弱到消失，则可断定是凸轮轴轴向间隙过大造成的异响。

（2）使发动机在声响较强的转速运转，用螺钉旋具抵在气缸体外部的各节轴承附近部位听诊，若某处声响较强并有振动，可初步诊断是该节凸轮轴轴颈发响。

项目三 底盘检测与故障诊断

知识目标

1. 应知底盘检测与故障诊断的项目和内容；
2. 应知底盘检测内容及检测标准；
3. 应知汽车底盘检测设备的使用方法及操作规程。

能力目标

1. 会使用底盘常见检测仪器设备；
2. 能诊断并分析汽车底盘的常见故障。

建议学时

学时：20 学时。

3.1 底盘输出功率检测

3.1.1 底盘测功机的结构与工作原理

一、底盘测功试验台

室内的动力性试验主要是测定驱动力、传动系机械效率、轮胎滚动阻力系数及汽车空气阻力系数等参数，通常在底盘测功试验台（又称转鼓试验台）上进行。试验时，检修人员用转鼓的表面来模拟路面，通过加载装置给转鼓轴施加负荷以模拟汽车在实际行驶时的阻力，再配以可调风速的供风系统提供汽车迎面行驶风，这样就可以模拟道路试验。

1. 检测项目

目前，在底盘测功试验台上可进行的试验项目有：

（1）汽车动力性能评价（测定汽车各挡位下的驱动力、汽车最大爬坡度、最低稳定车速、最高车速、加速性能）。

（2）汽车经济性能评价（多工况及等速油耗试验）。

（3）汽车发动机冷却散热能力试验。

（4）汽车噪声、振动试验。

（5）汽车排放性能试验，主要有排气污染物排放试验、车辆蒸发排放试验、曲轴箱气体排放试验。

（6）应用于 ABS 检验试验及自动变速器性能试验。

2. 底盘测功机类型

底盘测试机分为单转鼓试验台（图 3-1）和双转鼓试验台（图 3-2、图 3-3）。

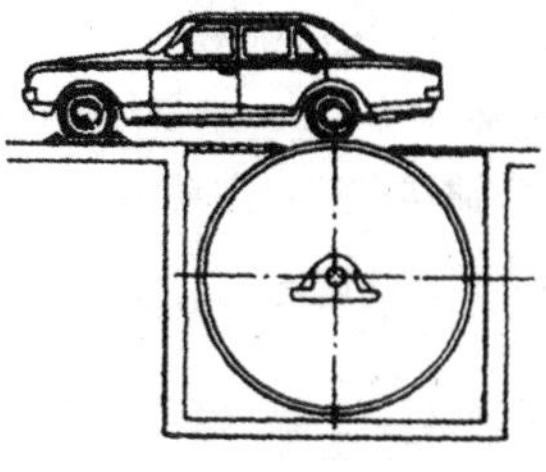

图 3-1　单转鼓试验台

图 3-2　双转鼓试验台（1）

图 3-3　双转鼓试验台（2）

（1）单转鼓试验台。图 3-1 所示的为单转鼓试验台，其转鼓直径越大，车轮在转鼓上转动就像在平路上滚动。若加大转鼓的直径，试验台的制造和安装费用将显著增加，所以一般鼓径均在 1500 mm 以上而不超过 2000～2500 mm。单转鼓试验台对试验车辆的安放定位要求较严，车轮与转鼓的对中比较困难，但其试验精度比较高，故主要用于汽车制造厂和科研单位。

（2）双转鼓试验台。图 3-2 和图 3-3 所示的为双转鼓试验台，其转鼓直径比单转鼓试验台的转鼓直径要小得多，一般在 185～400 mm 的范围内，随试验的车速而定。转鼓的曲率半径小，轮胎和转鼓的接触情况和在道路上的受压情况不一样，故试验精度较低。但这样的试验台对试验车的安放要求不高，使用方便，而且成本低，适合维修企业及汽车检测站在进行汽车技术状况检查和故障诊断时使用。

二、底盘测功机结构说明

图 3-4 所示的为汽车底盘测功试验台机械部分结构示意图。底盘测功试验台一般由加载装置、测量装置、转鼓组件以及其他装置组成。为了能在室内直接测量汽车的加速性能，汽车测功器还装有由电子调节器控制负荷的装置，可以模拟加速过程中的全部阻力，即滚动阻力、空气阻力与加速阻力。

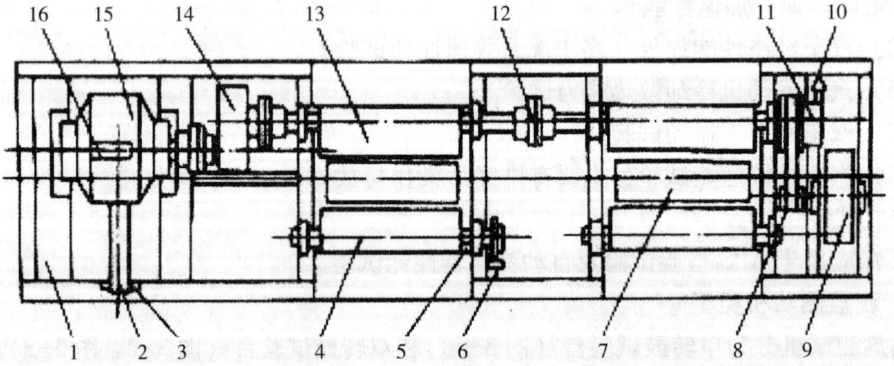

图 3-4　汽车底盘测功试验台机械部分结构示意图

1：框架；2：测力杠杆；3：压力传感器；4：从动滚筒；5：轴承座；6：速度传感器；7：举升装置；8：传动带轮；9：性轮；10：电刷；11：离合器；12：联轴器；13：主动滚筒；14：变速器；15：电涡流测功器；16：冷却水入口

三、底盘测功试验台控制柜面板

图 3-5 所示的为底盘测功试验台控制柜面板，控制柜上的按键、显示窗、旋钮、功

能灯、报警灯、指示灯等，可以用来控制试验过程，显示或打印试验结果。测功器主要有水力测功器、电力测功器和电涡流测功器等。电涡流测功器的测试范围广、结构紧凑、造价适中，故目前大多数滚筒试验台的功率吸收装置均采用电涡流测功器。

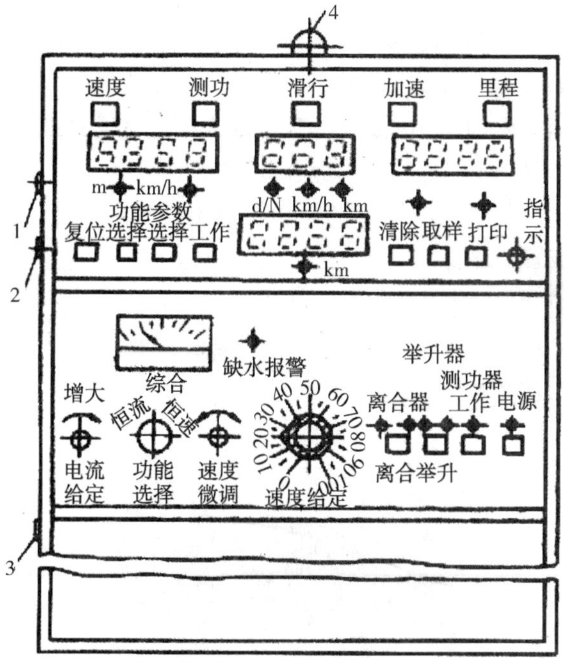

图 3-5　底盘测功试验台控制柜面板

1：取样盒插座；2：打印机数据线插座；3：打印机电源线插座；4：报警灯

3.1.2　底盘测功机的测功方法

一、汽车驱动轮功率的检测

汽车驱动轮输出功率的检测又称底盘测功，这种检测可在汽车底盘测功试验台上进行，其目的是评价汽车的动力性，同时对驱动轮输出功率与发动机输出功率进行对比，进而判断传动效率以评价汽车底盘传动系的技术状况。不同型式的底盘测功试验台的使用方法也有所区别，以下介绍的是一般的操作方法。

1. 检测前的准备

（1）环境状态。环境温度：0~40 ℃；环境湿度：<85% ；大气压力：80~110 kPa。准备好温度计、湿度计和气压计。

（2）底盘测功试验台的准备。使用试验台之前，按厂家规定的项目对试验台进行检查、调整、润滑，在使用过程中，要注意仪表指针的回位、举升器工作导线的接触情况。若发现故障，及时清除。

（3）被检汽车的准备。汽车开上底盘测功试验台以前，调整发动机供油系及点火系至最佳工作状态；检查、调整、紧固和润滑传动系；检查车轮的连接情况；清洁轮胎，检查轮胎气压是否符合标准规定。

2. 检测方法

（1）检测车速的选择。测功试验时，应选择几个有代表性的工况测试汽车驱动轮的输出功率或驱动力，如发动机额定功率所对应的车速（或转速）、发动机最大转矩所对应的车速（或转速）、汽车常用车速或经济车速，或根据交通管理部门的要求检测车速。

（2）检测功率的方法（以双滚筒式底盘测功机为例）。

①接通试验台电源，并根据被检车辆驱动轮输出功率的大小，将功率指示表的转换开关置于低挡或高挡位置。

②操纵手柄（或按钮），升起举升器的托板。

③将被检汽车的驱动轮尽可能调至与滚筒呈垂直状态，并停放在试验台滚筒间的举升器托板上，如图 3-6 所示。

图 3-6　被检汽车的驱动轮停放在试验台滚筒间的举升器托板上

④操纵手柄，降下举升器托板，直到轮胎与举升器托板完全脱离为止。

⑤用三脚架抵住位于试验台滚筒之外的一对车轮的前方，如图 3-7 所示，以防汽车在检测时从试验台上滑出去；将冷却风扇置于被检汽车正前方，并接通电源。

图 3-7　用三脚架抵住位于试验台滚筒之外的一对车轮的前方

⑥启动发动机，松开手制动，由低挡逐渐换入选定挡位，踩下加速踏板，同时调节测功机的功率吸收装置的负荷，使发动机在全负荷情况下以额定功率相应的转速运转，待发动机转速稳定后，读取并打印驱动车轮的输出功率值（或驱动力）、车速值。

⑦保持发动机全负荷运转，调节功率吸收装置的负荷，测出额定转矩下的驱动轮输

出功率（或驱动力）值、车速值。重复检测三次，取平均值。

⑧测量驱动轮在发动机部分负荷选定车速下的输出功率或驱动力，与上述方法类似，差异仅在于发动机选定的是在部分负荷下工作而已；测量不同挡位下驱动轮的输出功率或驱动力，则需要依次挂入每一挡位，并按上述方法检测。

必须指出的是，挂直接挡，发动机发出额定功率时，可测得驱动轮的最大输出功率；挂 1 挡时，可测得驱动轮的最大驱动力。

⑨全部检测结束，待驱动车轮停止转动后，移开风扇，去掉车轮前的三脚架，举起举升器的托板，将被检测汽车驶离试验台。

3. 检测结果分析与故障诊断

在底盘测功试验台上测得的汽车驱动轮输出功率或驱动力可以用来评价出汽车动力性的优劣。一般情况下，同类车型中驱动轮输出功率或驱动力较大的车型动力性较好。对底盘测功试验台上测得的驱动轮输出功率与发动机飞轮输出功率进行比值运算，可计算出底盘的传动效率。另外，利用汽车滑行性能试验也能测出底盘的传动效率。检修人员可以通过底盘的传动效率判断底盘传动系的技术状况。新车的传动效率并不是最高的，只有传动系完全磨合、调整到最佳时，才能使其传动效率达最大值。随着车辆的磨损逐渐增加，润滑条件变差，配合情况逐渐恶化，摩擦损失也逐渐增加，因而传动效率也就逐渐降低。

一般轿车底盘的传动效率在 70% 左右，载货汽车底盘的传动效率为 60%～65%。考虑到传动系的阻力功率损失，检修人员在用底盘测功试验台测试时，只要测得的驱动轮的输出功率能达到发动机标定功率的 50% 以上，就算符合标准规定。被测车辆的传动效率低于标准值，说明消耗于离合器、变速器、分动器、万向传动装置、主减速器、差速器和轮毂轴承处的功率增加或发动机输出功率不足。排除发动机技术状况不良的原因后，传动系损耗的功率主要集中在各运动件的搅油损耗和摩擦损耗两方面，所以要想提高传动效率，必须正确调整和合理润滑传动系各部件。

综上所述，驱动轮输出功率的检测，即底盘测功，能为评价汽车底盘总的技术状况提供重要的参考依据。

3.2 传动系的检测与诊断

3.2.1 传动系功率消耗的检测

传动系功率消耗情况可表征传动系的技术状况。传动系功率消耗的检测可在惯性式底盘测功试验台上进行。在测完驱动车轮的输出功率后，检修人员应立即踩下离合器踏板，利用试验台的惯性反拖传动系运转，测出传动系消耗功率。传动系功率消耗量应满足汽车制造商的要求。

3.2.2 离合器打滑检测

一、离合器打滑的检测

离合器打滑会使发动机的动力不能有效地传递到驱动车轮上，特别是汽车加速行驶时，行驶速度不能随发动机转速的提高而提高，这样会使离合器自身过热，加剧磨损，产生烧焦现象甚至损坏。离合器打滑频闪测定仪可用来检测离合器是否有打滑现象。

二、检测仪结构与工作情况说明

1. 仪器的结构说明

离合器打滑频闪测定仪主要由透镜、闪光灯、电阻器、电容器、电源和传感器等组成，如图 3-8 所示。离合器打滑频闪测定仪既可以借助鳄鱼夹直接连接到汽车蓄电池供电，也可以通过转换接头在点烟器取电，还可以外接稳压电源供电。因其外形类似手枪，所以又称频闪枪。

2. 仪器工作情况说明

检测时，发动机的火花塞给离合器打滑频闪测定仪内的高压电极输入电脉冲信号。火花塞每跳火一次，闪光灯就亮一次，且闪光频率与发动机转速成正比。若离合器不打滑，传动轴上设定点会与光亮点同步，传动轴看起来似乎不转动。若传动轴上设定点转速滞后于光亮点，则说明离合器打滑。

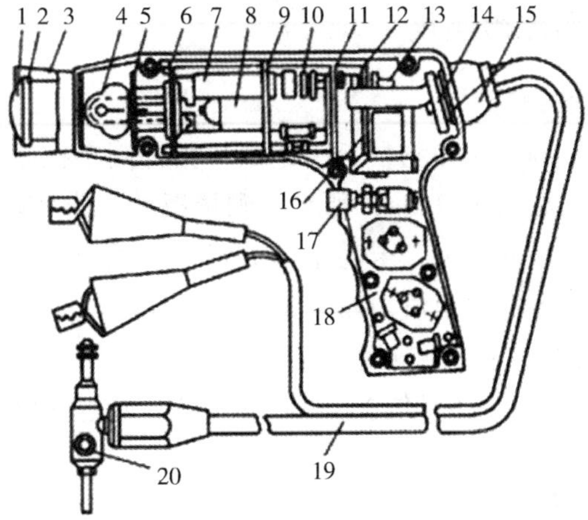

图 3-8 离合器打滑频闪测定仪

1：环；2：透镜；3：框架；4：闪光灯；5：护板；6、9、11、12、18：隔板；7：电阻器；8、10：电容器；13：二极管；14：支持器；15：座套；16：变压器；17：开关；19：导线；20：传感接头

三、检测仪测量与使用方法

使用离合器打滑频闪测定仪时，首先把被测汽车行驶到底盘测功机或车速表试验台上，将驱动车轮停置在两滚筒之间，降下举升装置，使车轮与滚筒接触。在传动轴上做一标记点，变速器置入选定挡位，松开驻车制动装置，踩下加速踏板，同时调节测功机制动力矩对滚筒加载，增加驱动车轮负荷。若无底盘测功机，也可将驱动桥支起，将变速器置入直接挡，踩下加速踏板使汽车原地运转，利用行车制动或驻车制动方式对车轮加载。再将闪光灯发出的闪亮点投射到传动轴上预设的标记点，通过加载改变发动机转速，观察传动轴在不同转速下轴上标记点的转动是否与闪亮频率同步，从而判断离合器的打滑程度。

3.2.3 传动系游动角度检测

当传动系各部分因磨损松旷或由于维护保养不当发生车辆振动和异响时，常用的诊断方法是用手转动或晃动，凭经验做出判断，但这样很难明确故障情况，因此检修人员有时不得不进行拆卸检查。而传动系机件磨损松旷的原因是各部分间隙（离合器、变速器、万向传动装置和驱动桥各总成游动角度之和）超过允许值，因而传动系游动角度可以作为评价汽车传动系技术状况的一般性综合诊断参数。检修人员可以利用传动系游动角度检测仪对各传动部分的游动角度进行检测。游动角度检验仪分为指针式和数字式两种，下面分别从它们的结构与工作原理以及使用方法方面进行叙述。

一、指针式游动角度检测仪

1. 检测仪结构与工作原理

该仪器主要由指针、刻度盘和测量扳手组成。指针固定在驱动桥主动轴上，刻度盘则固定在主减速器壳上，如图 3-9（a）所示。测量扳手一端带有 U 形卡嘴，以使其卡在十字万向节上。为了适应多种车型，卡嘴上带有可更换的钳口。测量扳手另一端有指针和刻度盘，可指示转动扳手的转矩值，如图 3-9（b）所示。

检测传动系游动角度时，应将测量扳手卡在万向节上，用不小于 30 N · m 的转矩转动，使之从一个极端位置转到另一个极端位置，刻度盘上指针转过的角度就是所测游动角度值。

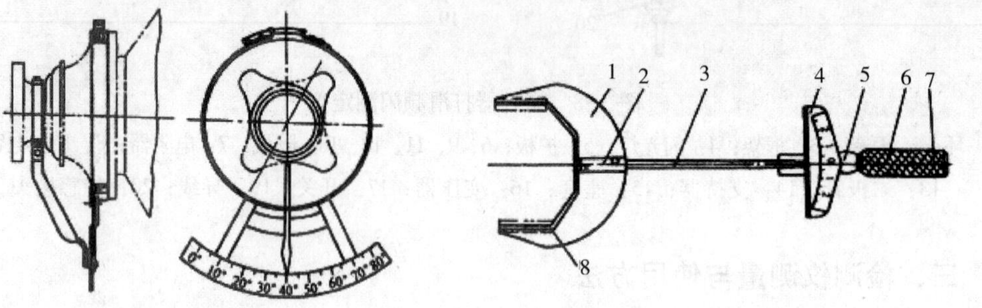

（a）指针与刻度盘的安装　　（b）测量扳手

图 3-9　指针式游动角度检测仪

1：卡嘴；2：指针座；3：指针；4：刻度盘；5：手柄；6：手柄套筒；7：定位销；8：可换钳口

2. 游动角度的检测方法

（1）检测驱动桥的游动角度。变速器挂空挡，驻车制动器松开，驱动轮制动。将测量扳手卡在驱动桥主动轴万向节的从动叉上，即可测得驱动桥的游动角度。

（2）检测万向传动装置的游动角度。与测驱动桥游动角度的方法基本相同，只是扳手卡在变速器后端万向节的主动叉上。此时获得的游动角度减去驱动桥的游动角度就是万向传动装置的游动角度。

（3）检测离合器和变速器的游动角度。放松制动器，使离合器处于接合状态，视情况支起驱动桥。测量扳手仍卡在变速器后端万向节的主动叉上，依次挂入各挡，即可获得不同挡位下从离合器到变速器的游动角度。对上述三段游动角度求和，即可获得整个传动系的游动角度。

二、使用数字式游动角度检测仪检测传动系游动角度

1. 检测仪的结构与工作原理

数字式游动角度检测仪的检测范围为 0~30°，使用的电源为直流 12 V，检测仪由倾角传感器和测量仪两部分组成，两者以电缆相连。

（1）倾角传感器。倾角传感器的作用是将其外壳随传动轴游动的倾斜角转换为相应频率的电振荡。传感器外壳是一个长方形的壳体，其上部开有 V 形缺口，并配有带卡扣

的尼龙带，因而可方便地固定在传动轴上。倾角传感器壳内的结构如图 3-10 所示。图中弧形线圈固定在外壳中的夹板上，弧形铁氧体磁棒通过摆杆和心轴支承在夹板的轴承上，因此可绕心轴轴线摆动。在重力作用下，摆杆与重力方向始终保持某一夹角。当传感器外壳倾斜角度改变时，弧形线圈内弧形铁氧体磁棒的长度亦随之改变，产生的电感量亦改变，因而也就改变了电路的振荡频率。可见，传感器实际上是一个倾角—频率转换器。为使传感器摆动后能迅速处于平衡状态，传感器外壳内装有变压器油。

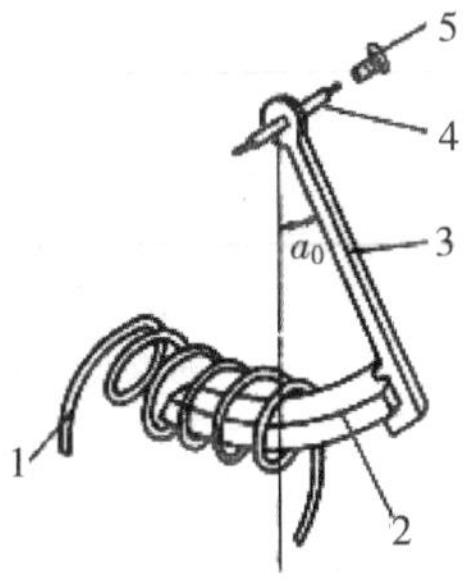

图 3-10　倾角传感器结构示意图
1：弧形线圈；2：弧形铁氧体磁棒；3：摆杆；4：心轴；5：轴承

（2）测量仪。测量仪是一台专用的数字式频率计，它能直接显示传感器的倾角。使用时，人们将游动范围内两个极端位置的倾角读出，两个倾角的差值就是游动角度。

2. 游动角度的检测方法

将测量仪接好电源，用电缆把测量仪和传感器连接好，先按仪器使用说明书的要求对仪器进行自校，再将转换开关扳到“测量”位置上，即可进行实测。在汽车传动系统中，最便于固定倾角传感器的部位是传动轴。因此，在整个检测过程中，该传感器一直固定在传动轴上。

（1）万向传动装置的游动角度检测。把传动轴置于驱动桥游动范围的中间位置或将驱动桥支起，拉紧驻车制动器。左、右旋转传动轴至极端位置，测量仪便直接显示出固定在传动轴上的传感器的倾斜角度，将两个极端位置的倾斜角度记下，其差值就是万向传动装置的游动角度。此角度不包括传动轴与驱动桥之间的万向节的游动角度。

（2）离合器与变速器及各挡的游动角度检测。放松驻车制动器，将变速器挂入选定挡位，离合器处于接合状态，传动轴置于驱动桥游动范围的中间位置或将驱动桥支起。左、右旋转传动轴至极端位置，测量仪便显示出传感器的倾斜角度。求出两极端位置倾斜角度的差值，便可得到一个游动角度。该游动角度减去已测得的万向传动装置的游动角度，就是离合器与变速器在该挡位下的游动角度。按同样方法，依次挂入各挡位，便可测得离合器与变速器各挡位下的游动角度。

（3）驱动桥的游动角度检测。变速器置于空挡位置，松开驻车制动器，踩下制动踏板将驱动轮制动。左、右旋转传动轴至极端位置，即可测得驱动桥的游动角度。该角度包括传动轴与驱动桥之间万向节的游动角度。

对于多桥驱动的汽车，分别将传感器固定在变速器与分动器之间的传动轴、前桥传动轴、中桥传动轴和后桥传动轴上，就可以检测出每段传动轴的游动角度。在测量仪上读取数值时应注意，显示的角度值在 0~30°内有效，出现大于 30°的情况时，可将固定在传动轴上的传感器适当转过一定角度。若其中一极限位置为 0°，另一极限位置超过 30°，说明该段游动角度已大于 30°，超出了仪器的测量范围。

3.3 转向系的检测与诊断

3.3.1 转向盘转向力的检测

操纵稳定性优良的汽车，应有适度的转向轻便性。若转向沉重，不仅会增加驾驶员的劳动强度，而且会因不能及时正确转向而影响行车安全。若转向太轻，则会出现驾驶员路感太弱或方向发飘等现象，同样不利于行车安全。

转向轻便性可用转向角和转向力作为参数诊断。人们可在动态或静态情况下，用转向参数测量仪或转向测力仪等仪器，测得转向力和对应转角的大小。下面以国产 ZC-2A 型转向参数测量仪为例，介绍其结构及工作情况、使用方法。

一、转向参数测量仪的结构及工作情况说明

ZC-2A 型转向参数测量仪如图 3-11 所示。该测量仪是以微机为核心的智能测试仪器，可测量转向盘的转向力和转向盘的自由行程。转向参数测量仪由操纵盘、主机箱、连接叉和定位杆等部分组成。操纵盘实际上是一个附加转向盘，用螺栓固定在三爪底板上，底板经力矩传感器与连接叉相接，每个连接叉上都有一只可伸缩长度的活动卡爪，以便与被测转向盘相连接。主机箱为一圆形结构，固定在底板中央，其内装有力矩传感器、接口板、微机板、转角编码器、打印机和电池等。从底板下伸出的定位杆，通过磁座吸附在驾驶室内仪表盘上。定位杆的内端连接光电装置，光电装置装在主机箱内的下部。

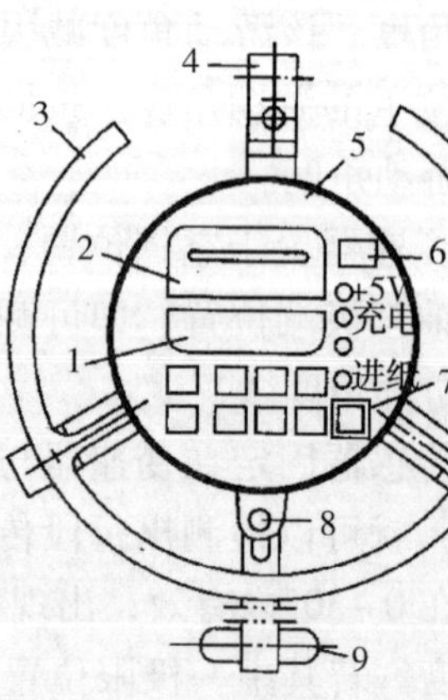

图 3-11 ZC-2A 型转向参数测量仪

1：显示器；2：打印机；3：操纵盘；4：连接叉；5：主机箱；6：电压表；7：电源开关；8：固定螺栓；9：定位杆

把转向测量仪对准被测转向盘中心，调整好三只活动卡爪长度，与转向盘牢固连接。转动操纵盘的转向力通过底板、力矩传感器、连接叉传递到被测转向盘上，使转向轮偏转实现汽车转向。此时，力矩传感器把转向力矩转变成电信号，定位杆内端所连接的光电装置将转向角的变化转化为电信号。传感信号输送至主机箱后，由装在其内的微机自动完成数据采集、转角编码、运算、分析、存储、显示并打印出所测结果。因而该仪器既可测转向力，又可测转向盘转角，当然也可以测转向盘自由转动量。

二、仪器的使用方法

先把转向测量仪对准被测转向盘中心，调整好三只活动卡爪长度，与转向盘牢固连接，并接好电源；然后支起汽车转向桥，按下“转力”键，缓慢地将转向盘由一端尽头转到另一端尽头，测量出转动力矩 M；最后根据测量出的转向力矩 M 和转向半径 R，按 $F=M/2R$ 计算出转向盘边缘上的转动力 F_0。

3.3.2　转向盘自由行程的检测

转向盘自由行程指汽车转向轮处于直线行驶位置不动时，左、右转动转向盘时的自由转动量（游动角度）。当转向盘自由行程过大时，说明从转向盘至转向轮传动系统中的若干配合副因磨损过度而出现松旷现象。因此，转向盘自由行程为一综合诊断参数。

转向盘自由行程采用专用检测仪进行检测。简易的转向盘自由行程检测仪如图 3-12 所示，它主要由刻度盘和指针组成。刻度盘、指针分别固定在转向盘轴管和转向盘边缘上。固定方式有机械式和磁力式两种。

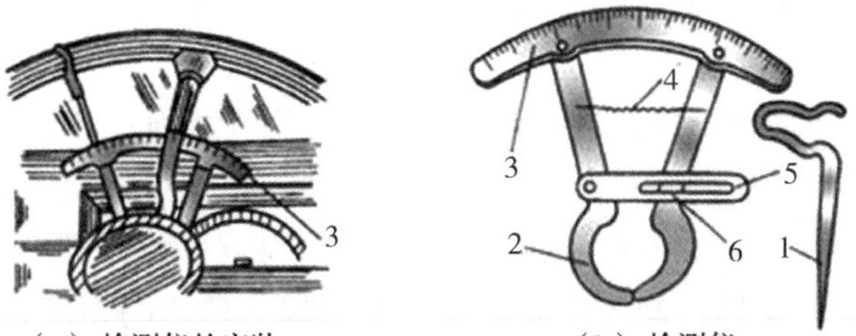

（a）检测仪的安装　　（b）检测仪

图 3-12　简易的转向盘自由行程检测仪

1：指针；2：夹盘；3：刻度盘；4：弹簧；5：连接板；6：固定螺钉

检测时，应使汽车的两转向轮处于直线行驶位置不动，轻轻向左或向右转动转向盘至空行程一侧的极端位置（感到有阻力），调整指针指向刻度盘零度，然后再轻轻转动转向盘至另一侧空行程极端位置，指针所示刻度即转向盘的自由行程。

根据 GB7258—2004《机动车运行安全技术条件》的规定，最高设计车速不小于 100 km/h的机动车，其转向盘的最大转动量不允许大于 20°；最大设计车速小于 100 km/h 的机动车的转向盘自由行程不允许大于 30°。

转向盘自由行程过大的故障原因是：转向器的齿轮啮合间隙调整不当；转向器齿轮

箱安装不良；转向器输出端球节磨损过甚；横拉杆连接处磨损；等等。转向盘自由转动量过大的诊断与排除方法是：首先判明故障是由转向器还是由拉杆球节磨损造成的。检查故障时，架起汽车转向轮，左右转动转向盘，当用力转动时，拉杆才同步运动，说明拉杆连接处磨损量过大；若拉杆不动，则说明转向器齿轮的磨损过大。

3.3.3 车轮定位检测

目前，随着底盘技术的发展，车轮定位检测越来越多使用四轮定位仪，同时检测四轮定位也可以说明底盘是否存在问题。当车辆长时间使用后，驾驶人发现方向转向沉重、发抖、跑偏、不正、不归位或者轮胎单边磨损、波状磨损、块状磨损、偏磨等不正常磨损，以及驾驶时出现车感漂浮、颠簸、摇摆等现象时，就应该考虑检查一下车轮定位值，看看是否偏差太多，若有偏差，应及时进行修理。

一、四轮定位概述

四轮定位是指检测汽车的车轮定位参数。人们要根据标准对汽车进行相应的调整，使汽车达到良好的行驶性能，即操纵方便、行驶稳定可靠，并减少轮胎偏磨损的情况。车轮定位的作用是使汽车保持稳定的直线行驶和转向轻便，并减少汽车在行驶中轮胎和转向机件的磨损。

前轮定位包括主销后倾角、主销内倾角、前轮外倾角和前轮前束四个内容，后轮定位包括车轮外倾角和后轮前束。前轮定位和后轮定位被统称为车轮定位，也就是我们常说的四轮定位。

以下情况下需要做四轮定位：更换减震器及悬架部件后；车辆发生碰撞事故后；当新车行驶 3000 公里或每行驶 1 万公里或 6 个月后；直行时，汽车会出现跑偏现象；轮胎出现异常磨损现象，如单侧磨损或出现凸凹状、羽毛状磨损；转向沉重或太轻、行驶时方向盘发抖；等等。

四轮定位角是存在于悬架系统和各活动机件间的相对角度。保持正确的四轮定位角，可以确保车辆的行驶稳定性，减少轮胎的不正常磨损。检测的角度包括前束角、外倾角、主销内倾角、后倾角、轴距差、轮距差等。

二、四轮定位仪概述与检测

1. KWA501 无线四轮定位仪概述

选用仪器型号：KWA501 无线四轮定位仪。

（1）概念。KWA501 无线四轮定位仪是用于检测汽车的车轮定位参数的精密仪器。

（2）注意事项。四轮定位仪供电电压 AC220V；采用光学成像原理进行测试，避免传感器之间有物体挡住光线；不能在阳光直射下测试；仪器超过一个月未使用，需要给探视杆充电 4 小时；使用仪器过程中要轻拿轻放。

（3）结构说明。KWA501 无线四轮定位仪由四轮定位主机柜、探测杆、轮夹、转角盘、方向盘固定架、刹车板固定架等组成，如图 3-13 所示。

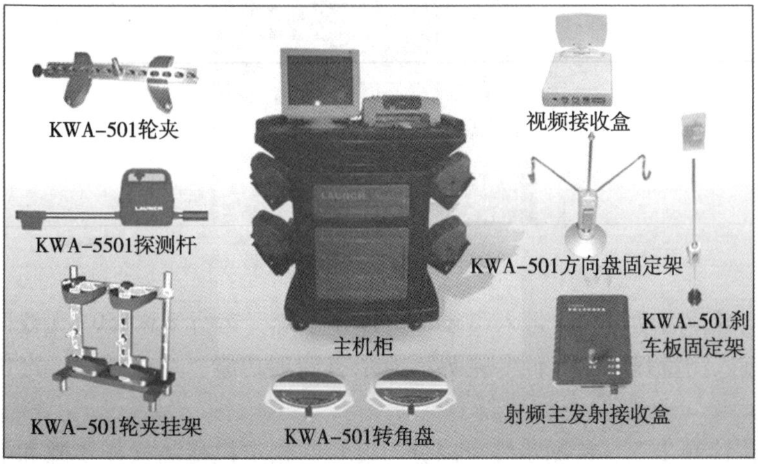

图 3-13　KWA501 无线四轮定位仪

2. 四轮定位仪检测

（1）测试前的准备工作。准备工作如下：

①将汽车驶到举升机上，使前轮正好位于转角盘中心；车停稳后，拉紧手刹以确定车辆不移动和人员安全。车驶入前，用锁紧销将转角盘锁紧，防止其转动；汽车驶入后，松开锁紧销。

②了解车况、车轮在行驶方面出现的问题；了解车的厂家、车款、车型等情况。

③检查底盘各零部件，包括胶套、轴承、摆臂、三角形球头、减震器、拉杆球头和方向盘是否有松动及磨损；检查轮胎气压和规格及花纹是否相同，轮纹深浅是否一致。

④将轮夹安装在四个车轮上，并旋转手柄以锁紧轮夹。

⑤将探测杆通过轮夹的滑杆按规定的位置分别安装在轮夹上。

⑥调节探测杆，使水平仪气泡处于中间位置，以保证传感器探测杆处于水平状态，如图 3-14 所示。

图 3-14　调节探测杆

（7）将四轮定位仪电源接标准 AC 220V 三端电源插座中。

（8）将方向盘固定架放好，锁紧方向盘，固定刹车板支架。

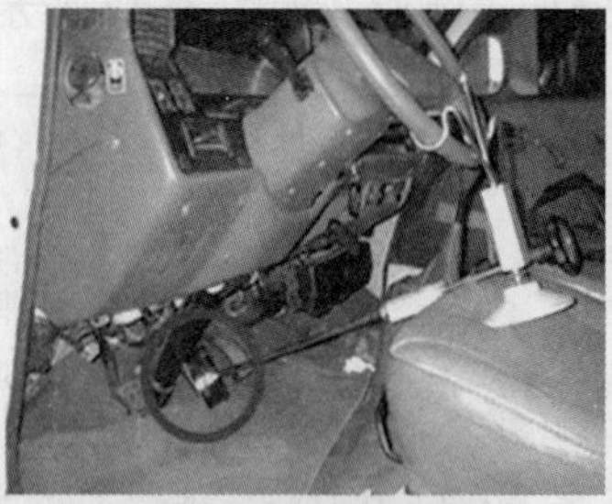

图 3-15　固定刹车板支架

⑨打开电源，启动电脑，进入 Windows 操作系统，运行 KWA501 无线四轮定位仪的操作软件，进入测量程序主界面。主界面显示有四项功能：用户管理、定位检测、帮助系统、退出。

（2）定位检测步骤。检测步骤可以分为设置四轮定位检测操作步骤和前轮定位检测操作步骤。按钮的灯为绿色，表示顺序操作步骤中有该项检测；按钮的灯为暗绿色，表示顺序操作步骤中无该项检测。测量角度值可用百分度、角度表示。前束值可用毫米为单位，当设置为毫米时，屏幕会弹出一个对话框，要求输入轮胎直径，此时将被检车辆的轮胎直径输入（单位：毫米）即可。

（3）定位准备。点击“定位准备”图标，或执行完“检测步骤设置”操作后点击确认图标，屏幕将显示指导用户怎样连接轮夹、探测杆等操作的内容。在进行检测前，自动检测无线通信是否正常、传感器图像是否正常，屏幕显示如下：如果无线通信、传感器图像检测为不正常，要对无线通信部件和模拟摄像机进行检查；如果无线通信、传感器图像检测为正常，要继续对轮胎气压、轮辋是否变形、轮胎的异常磨损等情况进行检查修正。如果一切都正常，则进入下一步操作。

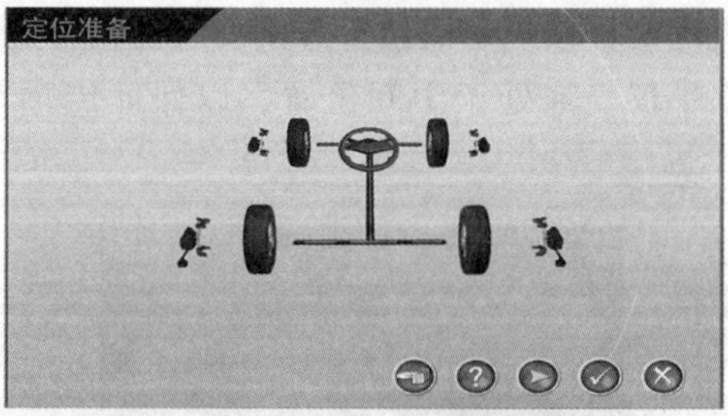

图 3-16　传感器通信

（4）偏心补偿。在定位检测界面上点击“偏心补偿”图标，屏幕将显示如图 3-17 所示内容。该项功能可以减少由于钢圈、轮胎变形和装夹而引起的误差。建议每次测量都选择该步骤，以保证测试精度。按照屏幕右方显示方框中的提示，先使车轮平直，然后用方向盘固定架固定方向盘，保证方向盘不转动。然后用举升机举起车身，保持车身左右水平，使四轮悬空。点击开始，进行偏心补偿操作。调整相应的探测杆使之保持水平后，点击下一步，松开探测杆锁紧销，按屏幕提示，依箭头所示方向再将车轮转动

90°，并调整探测杆使之水平后，点击“下一步”图标或点击面板“OK”键，依照屏幕显示，四个车轮的偏心补偿全部完成后，点击“确认”图标进入下一步或回到定位检测界面。

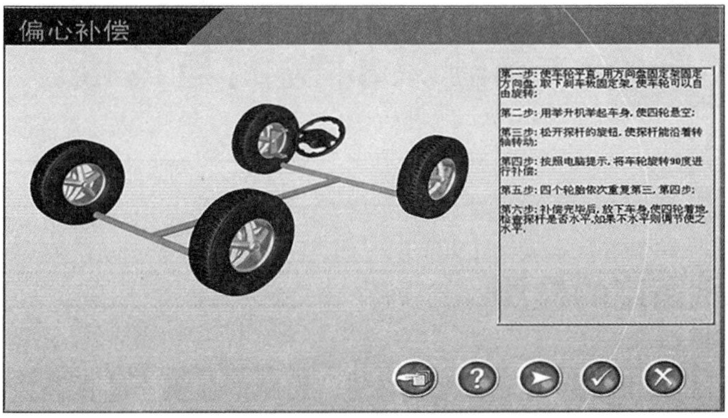

图 3-17　偏心补偿

（5）初始测量。在定位检测界面上点击“初始测量”图标，或执行完顺序操作的上一步操作，点击“确认”图标。初始测量主要测量前、后车轮的前束值、外倾角、推力角、轴距差、轮距差等，并一起显示出来。首先进入车辆正前打直调试程序，此时四轮定位仪自动检测车辆是否摆正，屏幕上会显示出偏差值，并指示方向盘应转动的方向与角度。当车辆摆正时，依照屏幕提示完成操作后，点击“确认”进入初始测量的步骤，全部完成后回到定位检测界面。

（6）主销测量。在定位检测界面点击“主销测量”图标，根据屏幕显示完成操作。

（7）前轴参数测量调整。点击前轴参数图标，全部合格后，点击“下一步”进入车辆正前打直调试程序。

（8）后轴参数测量、调整。

（9）测量完毕后，点击“校后测量”图标。

（10）点击“校后状态”图标，可参看测试或调整后的数据。

（11）点击“打印报表”图标，打印结果。

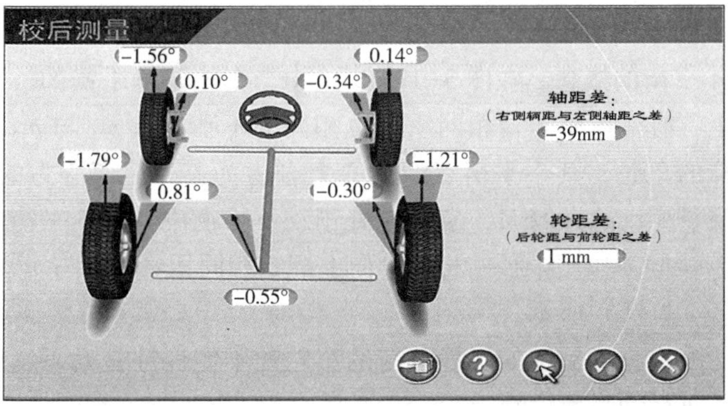

图 3-18　校后测量显示

3.4 行驶系的检测与诊断

3.4.1 车轮平衡度的检测

随着高速公路和城市道路立交系统的兴建，道路的质量不断提高，汽车的行驶速度越来越快，因此人们对行驶系的要求也越来越高。行驶系的好坏会直接影响汽车的平顺性、操纵稳定性、通过性和安全性，还会影响乘客的乘坐舒适性，所以现在检修人员对行驶系的检测越来越严格。

一、车轮平衡度的分析

若车轮不平衡，车轮高速旋转时会引起车轮的上下振动和横向摆动，影响操纵稳定性和行驶安全性，使车辆难于控制，同时将加剧轮胎、转向机构及部分行驶系机件的非正常冲击和磨损，缩短它们的使用寿命。此外，车轮不平衡是整车振动的激振源，因此，车轮平衡度检测已成为汽车检测的重要项目之一。

车轮的平衡可分为车轮静平衡和车轮动平衡。

(1) 车轮静平衡的概念与检测。支起车轴，调整好轮毂轴承松紧度，用手轻轻转动车轮使其自然停转。车轮停转后在离地最近处做一标记，然后重复上述试验多次。若车轮经几次转动自然停转后，所做标记的位置各不一样，或强迫停转后，消除外力车轮也不再转动，则说明车轮为静平衡。静平衡的车轮，其旋转中心与车轮中心重合。如果每次试验所做标记都停在离地最近处，则说明车轮为静不平衡。静不平衡的车轮，其旋转中心与车轮中心不重合。

(2) 车轮动不平衡的概念。在图 3-19 (a) 中，车轮是静平衡的，在该车轮旋转轴线的径向反位置上各有一作用半径相同质量也相同的不平衡点 m_1 与 m_2，且不处于同一平面内，对于这样的车轮，其不平衡点的离心力合力为零，但离心力的合力矩不为零，转动中产生方向反复变动的力偶 M，使车轮处于动不平衡中。动不平衡的前轮绕主销摆动。如果在 m_1 与 m_2 同一作用半径的相反方向上配置相同质量 m'_1 与 m'_2，则车轮处于动平衡状态，如图 3-19 (b) 所示。

动平衡的车轮一定是静平衡的，静平衡的车轮却不能保证是动平衡的。因此，检修人员应主要对车轮进行动平衡检测。

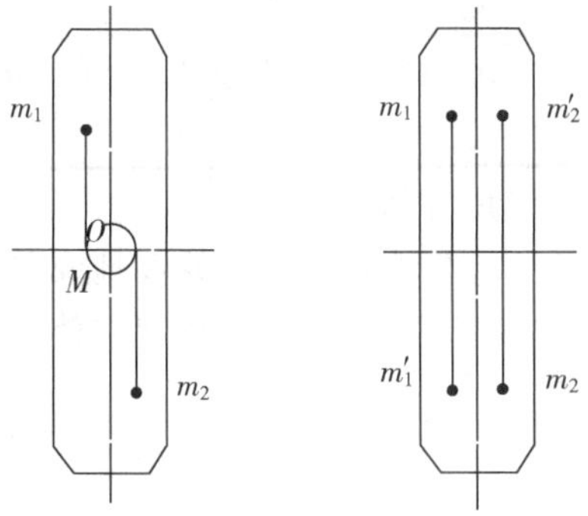

（a）车轮静平衡但动不平衡　（b）车轮动平衡

图 3-19　车轮平衡示意图

二、车轮动平衡检测

目前主要使用离车式车轮平衡机和就车式车轮平衡机对车轮进行动平衡检测，如图 3-20 和图 3-21 所示。

图 3-20　离车式平衡机

图 3-21　就车式平衡机

1. 离车式车轮平衡机的使用方法

首先，清除被测车轮上的泥土、石子和旧平衡块；检查轮胎气压，并将其充到规定值；根据轮辋中心孔的大小选择锥体，仔细地装上车轮，用大螺距螺母上紧。

其次，打开电源开关，检查指示与控制装置的面板是否正确。用卡尺测量轮辋宽度 b、轮辋直径 d，用平衡机上的标尺测量轮辋边缘至机箱的距离，再用键入或选择器旋钮对准测量值的方法，将数值输入指示与控制装置中。

再次，放下车轮防护罩，按下启动键，车轮旋转，平衡测试开始，自动采集数据。车轮自动停转或听到“嘀”声按下停止键并操纵制动装置使车轮停转后，以指示装置读取车轮内、外不平衡位置。掀起防护罩，慢慢转动车轮，当指示装置发出指示（音响、指示灯亮、制动、显示点阵或显示检测数据等）时停止转动。在轮辋的内侧或外侧的上部（时钟 12 点位置）加装指示装置显示的该侧平衡块，内、外侧分别进行安装，平衡块装卡要牢固。

最后，安装平衡块后有可能产生新的不平衡，应重新开始做平衡试验，直至不平衡量小于5 g，指示装置显示“00”或“OK”时才能获得满意效果。当不平衡量相差 10 g 左右时，如能沿轮辋边缘前后一定角度移动平衡块，可获得满意的效果。测试结束后，关闭电源开关。

2. 就车式车轮动平衡机的使用方法

（1）准备工作。用千斤顶支起车轴，两边车轮离地间隙要相等；清除被测车轮上的泥土、石子和旧平衡块；检查轮胎气压，将其充至规定值；检查轮毂轴承是否松旷，调整至必要的松紧度。

（2）具体使用方法。

①用三角垫木塞紧对面车轮和后轴车轮，将测量装置推至被测前轮一端的前轴下，传感磁头吸附在悬架下或转向节下，调节可调支杆高度并锁紧。

②推车轮动平衡机至车轮侧面或前面，检查频闪灯工作是否正常，检查转轮的旋转方向能否使车轮的转动与前进行驶时的方向保持一致。

③操纵车轮动平衡机转轮与轮胎接触，启动电机带动车轮旋转至规定速度。

④观察频闪灯照射下的轮胎标记位置，并从指示装置（第一挡）上读取不平衡量数值。

⑤操纵车轮动平衡机上的制动装置，使车轮停止转动。

⑥用手转动车轮，使其上的标记仍处在上述观察的位置上，此时轮辋的最上部（时钟 12 点位置）就是加装平衡块的位置。

⑦按指示装置显示的不平衡量选择平衡块，把它牢固地卡到轮辋边缘上。

⑧重新驱动车轮进行复查测试，指示装置用二挡显示。若车轮平衡度不符合要求，应调整平衡块质量和位置，直至符合平衡要求。

3. 前从动轮动平衡

（1）将传感磁吸头吸附在经过擦拭的制动底板边缘平整之处。

（2）操纵车轮动平衡机转轮驱动车轮旋转至规定转速，观察轮胎标记位置，读取不平衡数值，停转车轮找平衡加装位置，可加装平衡块或复查等，方法与静平衡测试相同。

4. 驱动轮平衡

（1）对面车轮不必用三角垫木塞紧。

（2）用发动机传动系驱动车轮，加速至 50~70 km/h，并在某一转速下运转。

（3）测试结束后，用汽车制动系使汽车停转。

（4）其他方法同从动轮动、静平衡测试。

3.4.2 悬架装置的检测

检测汽车悬架的设备主要是汽车悬架装置检测台，检修人员利用悬架装置检测台能快速判断汽车悬架装置的完好程度。汽车产生的振动是随机振动，而随着随机振动理论的不断完善，测试和计算技术有了很大的提高，这就有利于人们大量地采集和有效地处理汽车振动的随机数据，并对比较符合实际情况的多自由度车辆模型进行随机响应和设计参数分析。此外，汽车悬架装置检测可以测定汽车各部分的振动状态，且该检测的试验条件恒定，因此汽车悬架装置检测台得到了广泛的应用。

一、汽车悬架装置检测的形式及汽车悬架装置的评价方法

1. 汽车悬架装置检测台的形式

目前，悬架装置检测台主要采用谐振式。谐振式悬架装置检测台通过电机、偏心轮、储能飞轮、弹簧等组成激振器，迫使汽车悬架装置产生振动，在开机数秒后断开电机电源，使储能飞轮产生扫频激振。由于电机的频率比车轮的固有频率高，因此飞轮逐渐减速的扫频激振过程总可以扫到车轮固有频率处，从而使“台面—汽车”系统产生共振。此时，测量引起振动的频率、振幅以及输出振动波形曲线便可以系统地处理和评价汽车悬架装置性能。由于谐振式悬架装置检测台的性能稳定、数据可靠性好，故应用比较广泛。

2. 汽车悬架装置的评价方法

悬架装置检测台利用检测车轮和道路接地力的原理快速评价悬架装置的品质和性能。汽车行驶中车轮作用在道路上的接地力的变化可用来评价汽车悬架装置的品质和性能，定义汽车车轮稳态时的载荷力，以及车轮和道路的静态接地力。人们把动态载荷的最小值与静态载荷的比值作为评价汽车悬架装置的指标。悬架装置检测台可以检测汽车在工作条件最差的情况下，即地面激振使悬架达到共振时，车轮与地面的接触状态。这是一个比较直观的评价指标，它既能够快速检测悬架性能，又能够评价汽车悬架装置的弹簧与减振器的匹配度与品质。

二、汽车悬挂和转向系间隙检测

汽车悬挂和转向系间隙过大，可能引起汽车转向盘抖振、行驶跑偏、乘坐舒适性变差、轮胎异常磨损和行驶噪声等故障。这些故障现象只有在汽车行驶中才会出现，汽车停止时检查费时费力，不易觉察。如图 3-22 所示为汽车悬挂和转向系间隙检测仪。检修人员将汽车车轮置于检测仪的检测平板上，通过平板前、后、左、右等方向的强制移动，给车轮施加各个方向的作用力，模拟汽车在颠簸路面上运动时车轮的受力，这样就可充分暴露悬挂和转向系各零部件的技术状态和各检测连接处的松紧程度，从而可快捷、准确地判断故障部位。

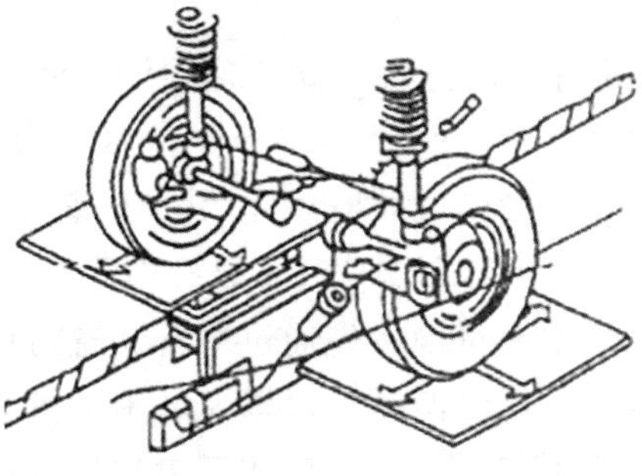

图 3-22　汽车悬挂和转向系间隙检测仪

三、悬挂装置工作性能检测

汽车悬挂装置工作性能的检测方法有经验法、按压车体法和试验台检测法三种类型。

1. 经验法

经验法是通过人工外观检视的方法，即主要从外部检查悬挂装置的弹簧是否有裂纹，弹簧和导向装置的连接螺栓是否松动，减振器是否漏油、缺油和损坏，等等。

2. 按压车体法

按压车体法既可以通过人工按压车体，也可以通过试验台的动力按压车体。按压车体试验台如图 3-23 所示。支架在固定于地面的导轨上移动，测量时，固定在支架上的测量装置随支架在导轨上移动，使汽车保险杠处于推杆下。接通电机，凸轮旋转，压下推杆，车身被压低，压缩量与汽车实际行驶时静态与动态的载荷引起的压缩量之和相一致。压到最低点时松开推杆，同时车身回弹并做衰减振动。此时，光脉冲测量装置接通，得到相邻两个振动峰值，按指数衰减规律求得阻尼值，与有关标准对照，以此评价前（后）减振器的性能。这种检测方法还不够方便。另外，不能对同一轴左右悬挂装置做独立评价，因为有可能一个良好的悬挂装置会掩盖同轴另一个性能欠佳的悬挂装置。人工按压法，即使车体上下运动，观察悬挂装置减振器和各部件的工作情况，检修人员凭经验判断是否需要更换或修理减振器和其他部件。显然，上述两种方法主要依靠检修人员的经验，因此存在主观因素大、可靠性差、只能定性分析、不能定量分析等问题。

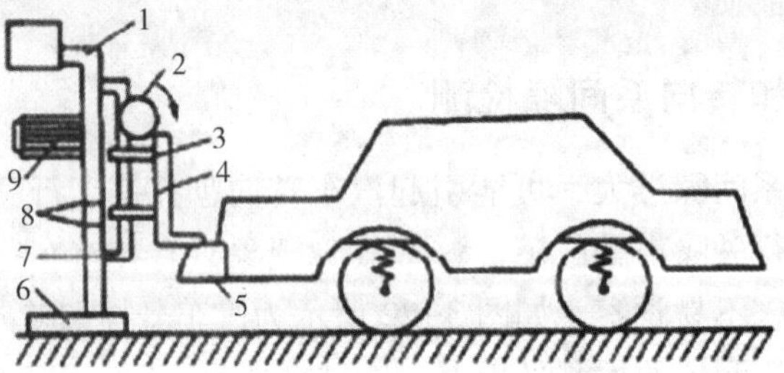

图 3-23　按压车体试验台

1：支架；2：凸轮；3：推杆；4、8：光脉冲测量装置；5：汽车保险杠；
6：水平导轨；7：垂直导轨；9：电动机

3. 试验台检测法

早在 20 世纪 80 年代，国际上就出现了能快速检测、诊断悬挂装置工作性能的悬挂装置检测台。根据激振方式的不同，悬挂装置检测台可分为跌落式悬挂检测台（图 3-24）和谐振式悬挂检测台（图 3-25）两种类型。其中，谐振式悬挂检测台根据检测参数的不同，又可分为测力式悬挂检测台和测位移式悬挂检测台两种类型。

（1）跌落式悬挂检测台。在测试前，先通过举升装置将汽车升起一定高度，然后突然松开支撑机构，车辆落下产生自由振动，检修人员用测量装置测量车体振幅或者用压力传感器测量车轮对台面的冲击压力，对振幅或压力波形分析处理后，评价汽车悬挂装置的工作性能。

（2）谐振式悬挂检测台。谐振式悬挂检测台由机械台架装置和电子电气控制系统两部分组成。谐振式悬挂检测台的机械台架装置由箱体和左右两套相同的振动系统构成，如图 3-25 所示。由箱体、电动机、凸轮、激振弹簧等组成的振动系统都安装在地坑中，台面与地面平齐。

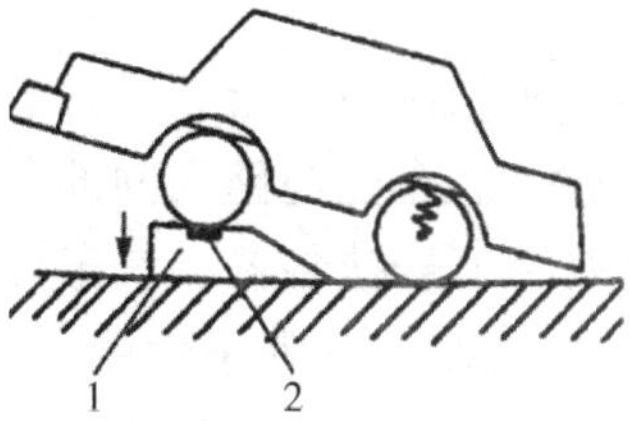

图 3-24 跌落式悬挂检测台
1：升起机构；2：测量装置

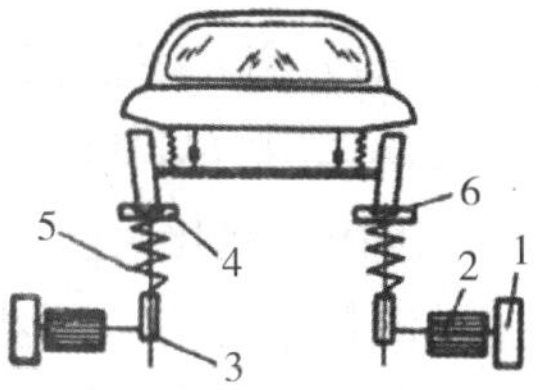

图 3-25 谐振式悬挂检测台
1：储能飞轮；2：电动机；3：凸轮；4：台面；
5：激振弹簧；6：测量传感器

悬架装置检测台的电子电气控制系统主要由计算机、传感器、A/D 转换器、电磁继电器、直流电源以及控制软件等组成。控制软件是悬架装置检测台电子电气部分与机械部分相联系的桥梁。控制软件不仅能实现对检测台动作的控制，同时能对检测台所采集的数据进行分析处理，并把检测结果显示、打印出来。

检测悬架装置时，将汽车驶上台面，保证车轮中心与台面中心重合，放松制动。然后，启动测试程序，悬架装置检测台自动控制电动机带动偏心机构使整个“台面—汽车”系统振动。激振数秒钟后，当达到角频率为 ω_0 的稳定强迫振动后，自动断开电动机电源。此时与电动机紧固的储能飞轮以起始频率为 ω_0 的角频率进行扫频激振。由于停在台面上的车轮的固有频率处于 ω_0 和零之间，因此，储能飞轮的扫频激振总能使“台面—汽车”系统产生共振。控制系统在自动断开电动机电源的同时，也启动采样测试装置进行数据采集、处理、分析和评价。悬架装置检测台的整个工作过程都是自动进行的，因此人们使用起来比较简单。检测完前轴悬架系统后，再进行车轴悬架系统的检测，所有车轴悬架系统的检测结束后，可以得到最终的评价结果。

测力式悬挂检测台和测位移式悬挂检测台的区别是：前者是测振动衰减过程中的力，后者是测振动衰减过程中的位移量。它们的结构简图如图 3-26 所示。

由于谐振式悬挂装置检测台的性能稳定、数据可靠，因此应用广泛。

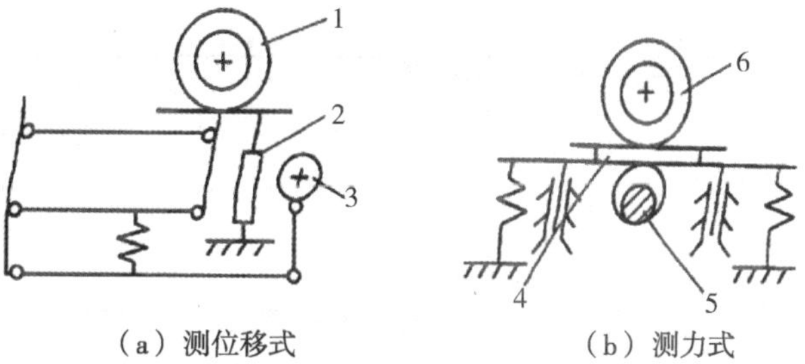

（a）测位移式　　（b）测力式

图 3-26 测力式和测位移式悬挂检测台结构简图
1、6：车轮；2：位移传感器；3：偏心轮；4：压力传感器；5：偏心轴

4. 悬挂装置工作性能的诊断标准

汽车车轮和道路的接触状态可用车轮作用在地面上的接地力来表征。汽车行驶中车轮作用在道路上接地力的变化可评价汽车悬挂装置的品质和性能。目前出现的悬挂减震器检测台基本上都是利用检测车轮和道路接地力的原理来快速评价悬挂装置的品质和性能的。

车轮接地性指数可以表征悬挂装置的工作性能。车轮接地性指数是汽车行驶中车轮与路面间最小法向作用力与其法向静载荷的比值，它代表车轮与路面间的最小相对动载荷在0~100%范围内的变化情况。车轮接地性指数表明了悬挂装置在汽车行驶中确保车轮与路面相接触的最小能力。车轮接地性指数是反映汽车行驶安全性的一个重要参数。它不但给出了针对悬架共振时车轮接地性优劣的一个直接、可靠的解释，而且人们据此可以诊断悬架各部件的工作状态。它还提供了悬架有缺陷时分析其原因的可能性。悬挂质量与悬架质量的比值对车轮接地性指数有重要的影响，比值越大，车轮接地性越好。对于悬挂质量与悬架质量比值特别小的微型轿车，应特别注意通过增加乘员和行李来提高车轮接地性指数，从而改善行驶安全性。汽车在行驶过程中，所有车轮的接地性指数是不一样的，这是因为各轮悬挂装置的工作性能不一样，故各轮承受载荷不一、各轮气压不一。如果人为在检测台上使各轮承受的载荷和轮胎气压一致，那么车轮接地性指数就主要取决于悬挂装置的工作性能。因此，人们完全可以用车轮接地性指数评价悬挂装置的工作性能。

悬挂装置检测台测得的车轮接地性指数与刚性台面（相对轮胎）的振幅有关。车轮接地性指数是刚性台面振幅的函数，因此，为获得一个好的测量结果，检测台台面的振幅最好保持不变。评价车轮接地性的参考标准如表3-1所示。

表3-1 车轮接地性的参考标准

车轮接地性指数/%	车轮接地状态
80—100	很好
60—79	好
40—59	足够
1—39	弱或不够
0	车轮与路面脱离

3.5 制动系的检测与诊断

3.5.1 汽车制动性能检测

检修人员可以用制动距离、制动减速度和制动力检测机动车的制动性能。制动性能检测分为台试法和路试法两种。

一、路试检测制动性能

道路试验主要通过检测制动距离、平均减速度等参数来检测汽车行车制动和应急制动性能；用坡道试验检测汽车驻车制动性能。

路试检测汽车制动性能的道路条件和检测标准

（1）路试检测条件。行车制动性能和应急制动性能检测应在平坦、硬实、清洁、干燥且轮胎与地面间的附着系数不小于 0.7 的水泥或沥青路面上进行。驻车制动试验若在坡道上进行，则要求坡度为 20°，轮胎与路面间的附着系数不小于 0.7。

（2）行车制动性能检测标准。行车制动性能检测标准涉及以下几个方面。

①用制动距离检测行车制动性能

车辆在规定的初速度下的制动距离和制动稳定性应符合表 3-2 的要求，对空载检测制动距离有质疑时，可用表中满载检测的制动性能要求进行检测。

表 3-2 制动距离和制动稳定性要求

车辆类型	制动初速度/（$km \cdot h^{-1}$）	满载检测的制动距离/m	空载检测的制动距离/m	制动稳定性要求车辆任何部位不得超出的试车道宽度/m
座位数≤9 的载客汽车	50	≤20	≤19	2.5
总质量≤4.5 t 的汽车	50	≤22	≤21	2.5
其他汽车、汽车列车	30	≤10	≤9	3.0

②用平均减速度检测行车制动性能

车辆在规定的初速度下急踩制动时充分发出的制动减速度和制动稳定性应符合表 3-3 所示的要求。对空载检测制动性能有质疑时，可用表中满载检测的制动性能要求进行检测。

表 3-3　制动减速度和制动稳定性要求

车辆类型	制动初速度/（km·h^{-1}）	满载检验充分发出的平均减速度/（m·s^{-2}）	空载检验充分发出的平均减速度/（m·s^{-2}）	制动稳定性要求车辆任何部位不得超出的试车道宽度/m
座位数≤9 的载客汽车	50	≥5.9	≥6.2	2.5
总质量≤4.5 t 的汽车	50	≥5.4	≥5.8	2.5
其他汽车、汽车列车	30	≥5.0	≥5.4	3.0

③用制动协调时间检测行车制动性能

制动协调时间是指在急踩制动时，从踏板开始动作至车辆减速度达到表 3-3 规定的车辆充分发出的平均减速度的 75%时所需的时间。单车制动协调时间应为 0.6 s，列车制动协调时间应为 0.8 s。

④制动性能检测时制动踏板力或制动气压要求

满载检测时，气压制动系气压表的指示气压应小于或等于额定工作气压；液压制动系，座位数小于或等于 9 座的载客汽车，踏板力应小于或等于 500 N，其他车辆小于或等于 700 N。

空载检测时，气压制动系气压表的指示气压应小于或等于 600 kPa；液压制动系，座位数小于或等于 9 座的载客汽车，踏板力应小于或等于 400 N，其他车辆小于或等于 450 N。

踏板力计是作业测量制动时制动踏板力的装置，除常见的有线式踏板力计以外，还有红外线式踏板力计和无线式踏板力计等。测量时，检修人员将踏板力计固定在汽车制动踏板的上方。

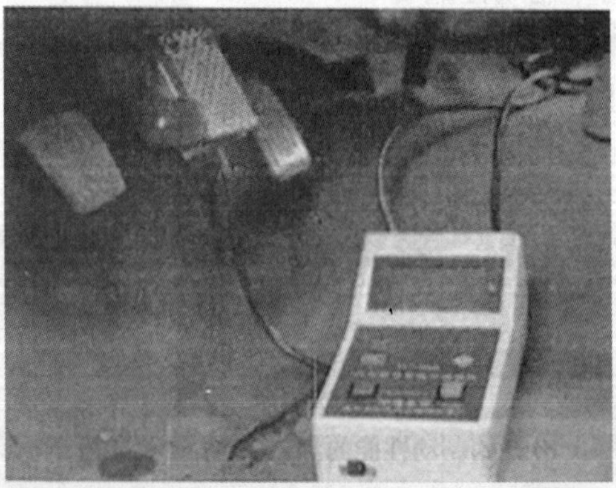

图 3-27　装上液压制动踏板力计测量踏板力

（3）应急制动性能检测标准。应急制动必须在行车制动系统有一处管路失效的情况下，在规定的距离内将车停止。

应急制动性能检测要求是：汽车在空载和满载状态下，在规定的初速度下测量的从应急制动操纵始点至车辆停住时的制动距离（或平均减速度）应符合表 3-4 的要求。

表 3-4 应急制动性能检测要求

车辆类型	制动初速度/(km/h)	制动距离/m	充分发出的平均减速度/(m/s^2)	允许操纵力不大于/N	
				手操纵	脚操纵
乘用车	50	≤38.0	≥2.9	400	500
客　车	30	≤18.0	≥2.5	600	700
其他汽车（三轮车除外）	30	≤20.0	≥2.2	600	700

二、路试检测制动性能的仪器

检测不同的参数需要使用不同的仪器。检修人员根据路试检测制动性能有关参数主要使用第五轮仪（图 3-28）、非接触式速度仪（图 3-29）和制动减速度仪（图 3-30）。

1. 主要测试项目

（1）滑行试验：滑行初速、滑行距离、滑行时间。

（2）制动试验：制动初速、制动距离、制动时间、最大减速度、平均减速度、MFDD（充分发出的平均减速度）。

（3）车速试验：试验距离、试验时间、平均车速（最低稳定车速、最高稳定车速）。

（4）加速试验：加速距离、加速时间、加速末速以及换挡开始和结束时的速度、距离、时间。

2. 仪器外形结构图

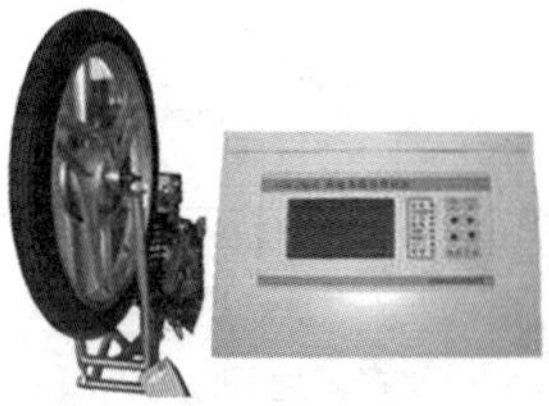

图 3-28　第五轮仪

图 3-29　非接触式速度仪

图 3-30　制动减速度仪

3.5.2　制动性能检测与评价

一、路试检测制动性能的过程

1. 行车制动性能的检验

（1）便携式制动性能检测仪如图 3-31 所示，其检测过程如下。

①将制动触点开关安装在制动踏板上并与主机连接。

图 3-31　便携式制动性能检测仪

②装上加速度传感器并把它与主机连接。

③设置车辆参数。

④开始制动性能的测试。

⑤车辆驶入按标准规定设置的试车跑道上并按试验流程进行测试。

⑥打印出检测结果。

（2）使用非接触式速度仪进行测试时的前期准备如下。

①在车上安装好非接触式速度仪的传感器并把它与主机连接。

②在车上安装好非接触式速度仪传感器并把它调整到规定高度。

③在车上安装好车速显示器。

④将制动触点开关安装在制动踏板上并把它与主机连接。

⑤车辆驶入规定道路按流程检测。

2. 驻车制动性能的检测要求

（1）驻车制动性能检测的坡道要求为：坡道坡度为20%，附着系数≥0.7。

（2）下坡方向上保持固定不动的时间不少于5 min。

（3）上坡方向上保持固定不动的时间应不少于5 min。

二、台试检测制动性能

台架试验检测制动性能一般通过制动试验台检测制动力来评价汽车行车制动性能和驻车制动性能。目前常用的制动试验台有两种，即滚筒式制动检测台（图3-32）和平板式制动检测台（图3-33）

图3-32　滚筒式制动检测台

图3-33　平板式制动检测台

1. 台式检测标准（制动力的诊断参数标准）

（1）行车制动性能检测要求如下。

①制动力要求

汽车在制动试验台上测出的制动力应符合表3-5所示的要求，人们对空载检测制动力有质疑时，可根据表中规定的满载检测制动力要求进行检测。

表 3-5　台式检测动力要求

单位:%

机动车类型	制动力总和与整车重量的百分比		轴制动力与轴荷的百分比	
	空载	满载	前轴	后轴
乘用车、总质量不大于 3500 kg 的货车	≥60	≥50	≥60[b]	≥20[b]
其他汽车、汽车列车	≥60	≥50	≥60[b]	—

a. 用平板制动检验台检验乘用车时应按动态轴荷计算;

b. 空载和满载状态下测试均应满足此要求。

②制动力平衡要求（两轮、边三轮摩托车和轻便摩托车除外）：在制动力增加的全过程中同时测得的左、右轮制动力差的最大值，与全过程中测得的该轴左、右轮最大制动力中大者之比，对前轴不应大于 20%，对后轴（及其他轴）在轴制动力不小于该轴轴荷的 60%时不应大于 24%；当后轴（及其他轴）制动力小于该轴轴荷的 60%时，在制动力增加的全过程中同时测得的左、右轮制动力差的最大值不应大于该轴轴荷的 8%。

③汽车的制动协调时间要求：对液压制动的汽车不应大于 0.35 s，对气压制动的汽车不应大于 0.60 s；汽车列车和铰接客车、铰接式无轨电车的制动协调时间不应大于 0.80 s。

④汽车车轮阻滞力要求：进行制动力检验时各车轮的阻滞力均不应大于车轮所在轴轴荷的 5%。

（2）驻车制动的制动力要求

当采用制动试验台检测车驻车制动力时，车辆空载，乘坐一名驾驶员，使用驻车制动装置，驻车制动力的总和应不小于该车在测试状态下整车质量的 20%；对于总质量为整备质量 1.2 倍以下的车辆，驻车制动力的总和应不小于该车在测试状态下整车质量的 15%。

2. 用滚筒式制动试验台检测制动性能

试验台主要由制动力承受装置、驱动装置、制动力检测装置和制动力指示装置组成。制动力的诊断参数标准是以轴制动力占轴荷的百分比为依据的，因此检修人员必须在测得轴荷及轴制动力后才能评价轴制动性能，所以滚筒式制动试验台需要配备轴重计或轮重仪，有些制动试验台本身带有内置式轴重测量装置。另外，有些试验台在两滚筒之间装有直径较小的第三滚筒，其上带有转速传感器，其作用是一旦检测时车轮制动抱死，其上的转速传感器送出的电信号可使滚筒立即停转，防止轮胎剥伤。

图 3-34　轴重测试台

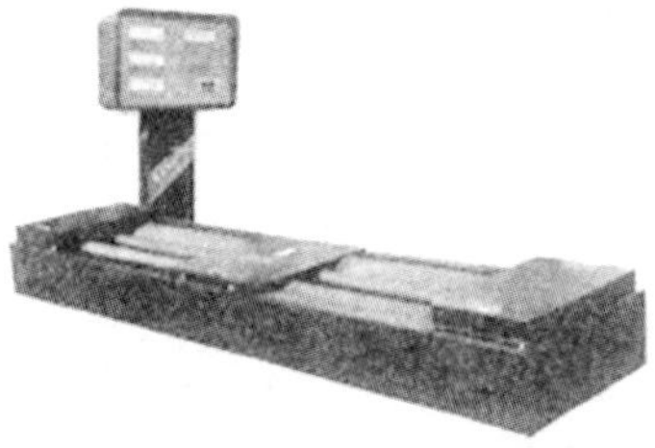

图 3-35　带有第三滚筒单轴测力式滚筒式制动试验台

（1）检测前的准备过程如下。

①将制动试验台指示与控制装置上的电源开关打开，按使用说明书的要求预热至规定时间。

②如果指示装置为指针式仪表，检查指针是否在零位，否则应调零。

③检查并清洁制动试验台滚筒上的泥、水、砂、石等杂物。

④汽车各轴轴荷不得超过制动试验台的允许载荷。

⑤检查并清除汽车轮胎上的泥、水、砂、石等杂物。

⑥检查汽车轮胎气压是否符合规定，若不符合规定，应将其充气至规定气压。

⑦按需要装上液压制动踏板力计，如图 3－36 所示。

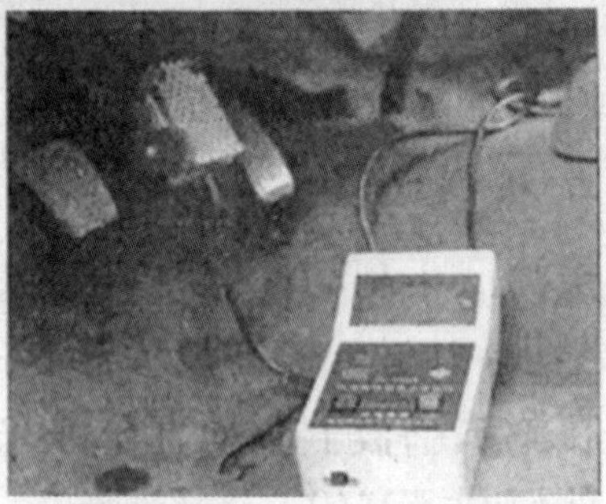

图 3-36　按需要装上液压制动踏板力计

⑧升起制动试验台举升器。

（2）滚筒式制动试验台的检测过程如下。

①前轴称重。

②后轴称重。

③车辆向前驶入滚筒式制动试验台。

④将仪器电源打开，调至制动检测位置。

⑤仪器自动模仿路面旋转。

⑥踩下刹车踏板，分阶段进行测试，记录仪器显示制动力的值。

⑦根据记录数值进行制表，分析制动力情况。

⑧升起制动试验台举升器。

⑨关闭制动试验台电源。

⑩检测车辆驶离举升器。

项目四 电控系统检测技术

知识目标

1. 应知 OBD-Ⅱ诊断代码的组成；

2. 应知电控汽油发动机检修注意事项；

3. 应知电控燃油喷射系统、防抱死制动系统的检测诊断程序和方法；

4. 应知电控燃油喷射系统主要电子器件的参数和检测方法。

能力目标

1. 应会正确使用万用表、解码器等电控系统专用工具和检测设备；

2. 能够正确分析电控燃油喷射系统、防抱死制动系统故障产生的原因；

3. 能够正确运用电控燃油喷射系统、防抱死制动系统的检测方法检测各系统及元器件的性能，并判断各系统及元器件的性能是否正常。

建议学时

学时：36 学时。

4.1 电控系统的专用工具和检测设备

从事汽车电控系统的检修人员，除应拥有一些常用工具和检测设备外，还必须配备一些与检测电控系统有关的专用工具和检测设备，这样才能有效、快速、准确地完成汽车电控系统的检测工作。这些专用工具和检测设备包括：跨接线、测试灯、手持式真空泵、压力表、真空表、喷油器清洗器、万用表、解码器、发光二极管、示波器、扫描仪、专用诊断仪和发动机综合性能检测仪等。

4.1.1 专用工具和检测设备简介

一、跨接线

跨接线也称维修专用线，能起旁通电路的作用，是专用维修工具之一。简单的跨接线一般是一段多股导线，它的两端分别接有鳄鱼夹或不同形式的插头，如图 4-1 所示。检修人员一般要备有多种形式的跨接线，用来对多种部位进行测量。跨接线的使用方法和注意事项举例说明如下：

对于有故障的电器设备，首先应将跨接线连接在该电器设备接线点“-”与车身搭铁之间。如果此时故障消失，则说明搭铁线路断路。

如果故障未消除，再将跨接线连接在该电器设备接线点“+”与蓄电池正极之间。如果故障消失，则说明电源线路断路或短路。

用跨接线连接电源和电器设备之前，必须先确认电器设备的使用电压是否为12 V。如果电器设备的电压低于 12 V，则不能连接。

跨接线不能将电器设备接线点“+”与搭铁线直接连接。

图 4-1　跨接线图

二、测试灯

测试灯分不带电源测试灯（12 V 测试灯）和自带电源测试灯两种，如图 4-2 所示。

1. 不带电源测试灯（12 V 测试灯）

该种测试灯以汽车电源作为电源，由 12 V 测试灯、导线和各种不同的端头组成，主要用来检查系统内电源电路是否给电器部件供电，举例如下。

（1）将 12 V 测试灯一端搭铁，另一端接电器部件电源接头，如果灯亮，则说明该电器部件电源电路无故障。

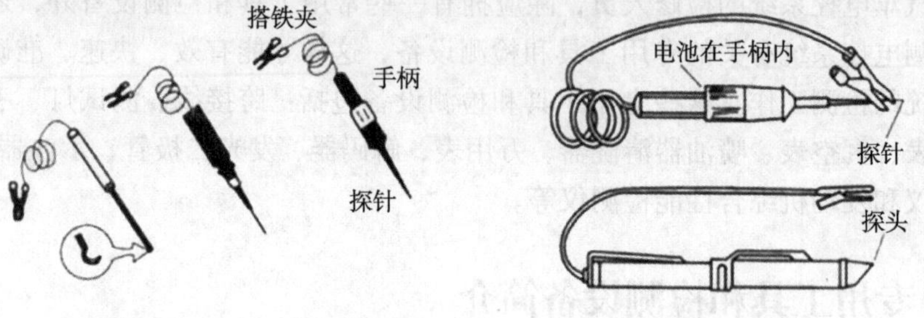

（a）不带电源测试灯（12V 测试灯） （b）自带电源测试灯

图 4-2 跨接线图

（2）如果灯不亮，将 12 V 测试灯接电源的一端连接到电源方向的第二个接点。如果灯亮，则说明故障在第一接点和第二接点之间，电路出现断路故障。

（3）如果灯仍不亮，则去接第三个接点、第四个接点……直至灯亮为止，这说明断路发生在最后被测接头与前一个被测接头之间。

2. 自带电源测试灯

该种测试灯以其手柄内装有的两节干电池作为电源，其余同 12 V 测试灯，也用于检查线路断路与短路故障。

（1）检查断路。断开电器的电源电路，将测试灯一端搭铁，将另一端一个一个地分别连接到其他各接点，如果灯亮，说明测点与电路首端导通；如果灯不亮，则说明断路发生在测点与前一接点之间。

（2）检查短路。断开电器的电源电路和搭铁电路，将自带电源测试灯一端搭铁，将另一端连接到电器部件电路，如果灯亮，表示有短路故障。

需要指出的是，如无特殊说明，不可用 12 V 测试灯和自带电源测试灯检测电子控制器 ECU 系统。

3. 真空表

真空表由表头和软管组成，主要用于气缸密封性检测。软管的一头固定在表头上，另一头连接在节气门后方的进气管专用接头上。进气管真空度是一项综合性很强的诊断参数。若进气管真空度符合要求，不仅表明气缸密封性符合要求，还表明点火正时、配气正时和空燃比等也都符合要求。在气缸密封性检测中，真空表能检测诊断的故障比较多，而且无须拆卸火花塞等机件。在国外它被认为是最重要、最实际和最快速的不解体诊断方法之一，现在仍继续使用。真空表的结构和使用方法，参见本书“2.2.4　进气歧管真空度检测”。

4. 压力表

压力表一般由表头、导管和接头等组成，可用来检测管路、部件内部的液体压力或气体压力。汽车压力表中配有各种不同量程的表头和接头，以满足发动机和底盘各部检测的需要。其中，气缸压力表可检测气缸压缩终了的压力，以表征气缸密封性；汽油压力表可检测发动机供油系的汽油压力，以检查汽油压力是否符合要求。气缸压力表的有关情况和使用方法见本书“2.2.1　气缸压缩压力检测”，油压表的有关情况和使用方法参见本书“2.3.1 燃油系统压力测试”。

5. 喷油器清洗器

可使用喷油器清洗器对电控汽油喷射发动机进行喷油器清洗和喷油量测量，以恢复喷油器喷油量和喷射形状。喷油器清洗器的使用方法参见本书“2.3.3　喷油器的检测”的相关内容。

4.1.2　万用表

万用表分为指针式万用表和数字式万用表两种，它们可作为电阻表、电流表和电压表使用。由于在汽车电控系统的检测中，规定不要使用指针式万用表检测电子控制器 ECU 和各种传感器，更不能使用测试灯测试 ECU 和任何与 ECU 相连接的电气设备，而规定使用高阻抗数字式测试仪表进行测试。因此，数字式万用表在汽车电控系统的检测中获得了广泛应用。

一、汽车万用表的特点

汽车万用表采用数字化测量技术和液晶显示屏显示，具有测量准确度高、测量范围广、分辨率高、测量速度快、输入阻抗高、功耗小、功能全、集成度高、过载能力强和抗干扰能力强等优点。

二、汽车万用表的功能

下面以 DY2201A 型数字式汽车万用表为例，说明汽车万用表的功能。DY2201A 型数字式汽车万用表如图 4-3 所示，其功能如下。

（1）具有对微小电压、电流进行测量的功能，并具备锁定功能。

（2）可测试电路中的电压和阻抗，以及进行电路断路、短路检测。

（3）可检测电路中接点的电压降或触点间的电压降。

（4）可检测温度和发动机转速。

（5）可测量占空比。

（6）可对二极管进行检测。

（7）可检测点火系的闭合角。

（8）可检测交、直流电压及电流。

（9）可对电阻、电流电压可采用手动方式测量。

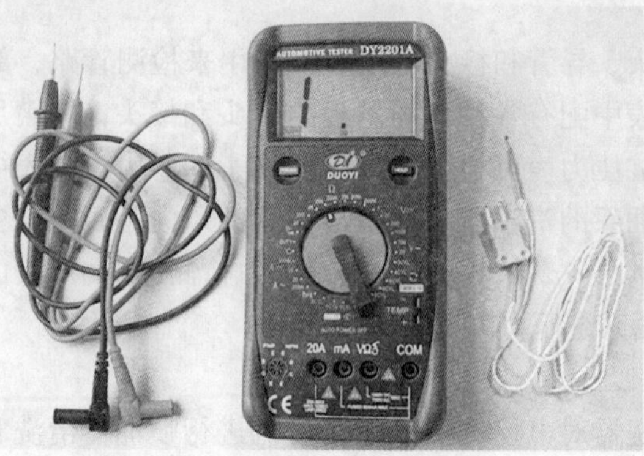

图 4-3　DY2201A 型数字式汽车万用表

三、汽车万用表的操作方法

下面以 DY2201A 型数字式汽车万用表为例，说明汽车万用表的基本使用方法。

1. 使用前的注意事项

（1）检查电表内的电池电压，当电压不足时，显示屏右上方会出现蓄电池符号，电压不足时，万用表测量的数据偏大。

（2）注意表笔插孔旁的符号，不要将正、负极接反。

（3）注意测试电压或电流不要超出指示数字的最大范围。

（4）使用前先将“转换开关”旋至要测量的挡位。

（5）在测电流、电压时，不能带电换量程。

（6）选择量程时，要先选大的，后选小的，尽量使被测值接近于量程。

（7）测电阻时，不能带电测量。因为测量电阻时，万用表由内部电池供电，如果带电测量则相当于接入一个额外的电源，可能损坏表头。

（8）使用完毕后，应将“转换开关”旋至交流电压最大挡位或空挡上。

2. 电压测量

（1）将汽车万用表的“转换开关”旋至电压挡（～V、-V）位置。

（2）估算测量电压大小，选择相应的挡位，无法确定时从大量程打到小量程。

（3）将红色表笔插入面板电压/电阻插座中，黑色表笔插入面板 COM 插座中。将红、黑表笔与被测电路并联。

（4）读取测量值。数字表显示为“0”时，挡位打得太大；显示为“1”时，挡位打得过小。前面有“一”说明电压实际方向与测量表笔方向相反。

3. 电流测量

（1）将汽车万用表的“转换开关”旋至电流挡（～A、-A）位置。

（2）估算测量电流的大小，选择相应的挡位，无法确定时从大量程打到小量程。

(3) 将红色表笔根据估算的电流值插入面板 20 A 或 mA 插座中，将黑色表笔插入面板 COM 插座中。将红、黑表笔与被测电路串联。

(4) 读取测量值，数字表显示为“0”时，挡位打得太大；显示为“1”时，挡位打得过小。前面有“一”说明电压实际方向与测量表笔方向相反。

4. 测量电阻

(1) 将汽车万用表的“转换开关”旋至电阻挡“Ω”位置。

(2) 估算测量电阻大小，选择相应的挡位，无法确定时随便选择一个挡位进行初测。

(3) 将红色表笔插入面板电压/电阻插座中，黑色表笔插入面板 COM 插座中。

(4) 测量时与被测量设备并联，设备断电测量；测量受其他设备影响时，设备要脱离电路测量。

(5) 读取测量值，数字表显示为“0”时，挡位打得太大；显示为“1”时，挡位打得过小。

5. 蜂鸣档的使用

这个挡位是用来测量二极管的好坏和导线的通断的，当所测量的元件电阻小于一定值（一般低于 50 Ω）时，蜂鸣器会响。检修人员可以根据蜂鸣器是否鸣叫而迅速判断电路中是否有断路故障。当用它来测二极管时，显示的数值就是二极管的正向压降值。

6. 测量温度

置于温度挡（℃/℉），探针线插头端插入汽车万用表温度测量孔，探针端接触被测物体，显示屏即显示被测温度。

7. 测量转速

(1) 将“转换开关”旋至转速挡位。

(2) 将感应夹（传感器）的红色表笔插入面板中的电压/欧姆挡插座内，黑色表笔插入 COM 插座内，感应夹（传感器）夹在通往火花塞的高压线上，其上方的箭头应指向火花塞。

(3) 根据被测发动机的缸数选择对应位置（3CYL、4CYL、5CYL、6CYL、8CYL）。

(4) 读取发动机转速。

8. 测量触点闭合角

(1) 根据被测试发动机的缸数，将“转换开关”旋至触点闭合角区域中对应的挡位（3CYL、4CYL、5CYL、6CYL、8CYL）上。

(2) 将红色表笔插入面板中的电压/欧姆挡插座内，黑色表笔插入 COM 插座内，并将红黑表笔连接到被测电路上。

(3) 读取触点闭合角度值。

4.1.3 解码器

解码器不仅具有读码、清码功能，而且具有解码功能，使用起来非常方便，是汽车电控系统检测中不可缺少的检测设备之一。

一、解码器的功能

（1）可以方便地直接读取诊断代码，而不必再通过发动机故障报警灯的闪烁读取代码。

（2）可以方便地直接清除诊断代码，使发动机故障报警灯熄灭，而不必再通过拆卸熔丝或蓄电池负极这种比较麻烦的方法达到清除诊断代码的目的。

（3）能与电子控制器 ECU 中的微机直接进行交流，显示数据流，即显示电子控制器 ECU 的工作状况和多种数据输入、输出的瞬时值，使电控系统的工作状况一目了然，为诊断故障提供依据。特别是当不产生诊断代码而又怀疑车辆有故障时，检修人员可以通过观察数据流中的参数来判断回路中是否确实有故障。

（4）能在静态或动态下，向电控系统各执行器发出检修作业需要的动作指令，以便检查执行器的工作状况。

（5）行车时或路试中能监测并记录数据流和诊断代码，以便回到汽车修理厂后能够调出相关信息进行分析和判断。

（6）有的还具有示波器功能、万用表功能和打印功能。

（7）有的还能显示系统控制电路图和维修指导，以供诊断时参考。

（8）可以和 PC 机相连，进行资料的更新与升级。

（9）功能强大的专用解码器，还能对车上 ECU 进行某些数据的重新输入和更改。

二、解码器的不足

（1）自身不能思考，因而也不会分析、判断故障。

（2）在某些条件下，可能会显示错误的信息，而且不会从所有被检汽车上获取 ECU 中微机的数据信息。

（3）在诊断电控系统未设诊断代码的故障时，或诊断的电控系统无法提供数据或数据无法导出时，解码器无作用，特别是对于机械系统、真空系统、排气系统、电器系统和液压系统等，还应采取传统的检测诊断方法。

三、解码器的类型

一般来讲，带有数据流功能的解码器可分为原厂专用型解码器和通用型解码器两种。原厂专用型解码器，一般是汽车制造厂为检测、诊断本厂生产的汽车而专门设计制造的解码器。世界上一些大的汽车制造商，如通用公司、福特公司、克莱斯勒公司、奔驰公司、宝马公司、奥迪公司、日产公司等，都有专用型解码器，它们只适用检测、诊断本厂生产的汽车，一般配备在汽车特约维修站，以提供良好的售后服务。通用型解码器，一般是检测设备制造厂为适应检测、诊断多车型而设计制造的解码器。它往往存储了几十种甚至几百种不同厂牌、不同车型汽车电控系统的检测程序、标准数据和诊断代码等资料，并配备各种车型的检测接头，可以检测诊断多种车型，因而适用综合性维修企业使用。目前，国内维修企业使用最多的通用型解码器包括美国生产的 MT2500 红盒子解码器和 OTC4000 型解码器，还有国产的 X431、仪表王、修车王、车博士解码器，等等。

不管是专用型解码器还是通用型解码器，大都能对全车电控系统进行检测、诊断和数据流分析。解码器与 ECU 相互交流信息的速度，取决于 ECU 中内置微机的性能，即取决于数据传输的波特率。波特率是每秒钟通过的数字式数据的字节或高、低电压信号的度量单位。波特率越高，信息传输速度越快。它不仅表明了解码器与 ECU 相互交流信息的速度，而且决定了解码器对 ECU 反应的快慢和显示屏数据读数变化的速率。

四、元征 X431 解码器

X431 汽车故障诊断电脑是元征最新一代汽车诊断电脑。它是汽车电子应用技术和信息网络技术完美集成的产品。它所采用的“开放式汽车诊断技术”是由元征率先在全球提出并倡导的最新汽车诊断技术，而且“开放式诊断技术”代表着当今世界汽车诊断技术的最高水平，同时是汽车诊断技术未来的发展方向。

1. 元征 X431 解码器的结构

X431 由主机、诊断盒和迷你打印机三部分组成。这三部分可以分开，各自具有独立的功能和作用。它们可根据需要和配置情况进行工作。通常这三部分都是通过插接组合为一个整体的，它们的外面会加上真皮保护外套，防止松动和磨损。国产无征 X431 解码器如图 4-4 所示。

图 4-4　国产元征 X431 解码器

图 4-5　SUPER-16 接头

除此之外，X431 还配有一些进行汽车诊断和网上升级所需的附件，如测试主线、电源线、开关电源、CF 卡、CF 卡读写器以及各种测试接头等。目前常用 SUPER-16 接头如图 4-5 所示。

（1）主机。可单独使用，单独使用时，它就成为一台标准的手持式电脑，具备所有标准的掌上电脑功能，如个人数据管理、游戏等。

（2）诊断盒。它是进行汽车诊断的必要组成部分，担负着汽车诊断的主要功能。SMARTBOX 具有详尽的功能设计，可为后续的升级服务（网上下载升级）奠定基础。

（3）迷你打印机。它与主机相连的是标准并口，用于打印测试结果。它使用的是 Φ30×57 mm（内孔为 Φ7 mm）的热敏打印纸。

X431 整机结构示意图如图 4-6 所示。

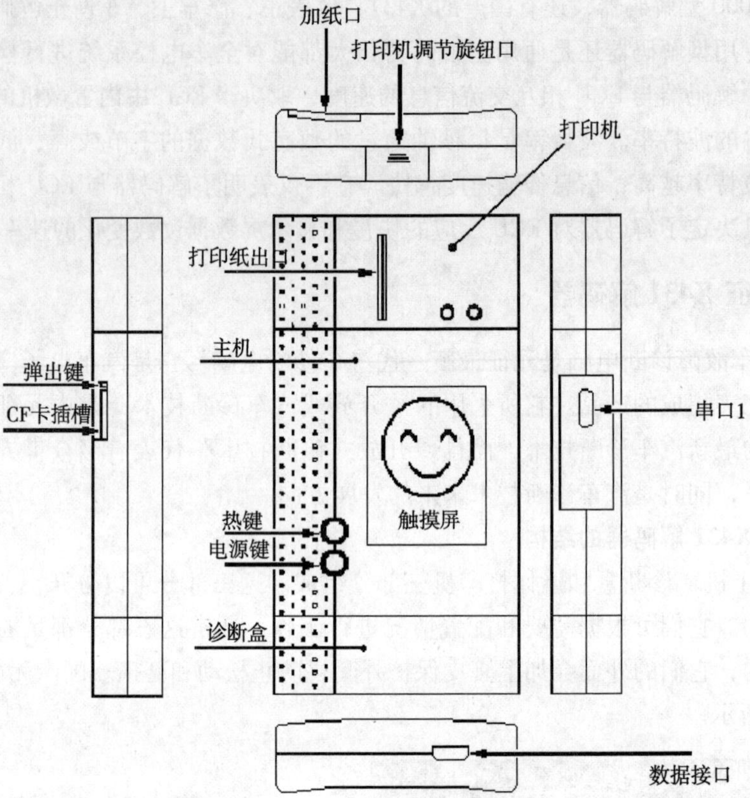

图 4-6　X431 整机结构示意图

2. 基本操作方法

（1）测试条件如下：汽车电源电压应在 11~14 V，X431 的额定电压为 12 V；节气门应处于关闭状态，怠速触点闭合；点火正时和怠速应在标准范围，水温和变速箱油温达到正常工作温度。

（2）选择测试接头。X431 带有各种测试接头。测试时，应根据汽车诊断座的类型，选择相应的测试接头。

（3）X431 的连接方式如下：将 CF 卡插入 X431 的 CF 卡插槽内，注意使印有“UP SIDE”字样的一面朝上，且确保插入到位；将 X431 测试主线的一端插入 SMARTBOX 数据接口内；将 X431 测试主线的另一端与选择的测试接头相连接，将测试接头的另一端与汽车诊断座相连接。

如果所测汽车的诊断座电源不足或其电源引脚损坏，可通过以下任一方式获取电源。

①通过点烟器线

取出点烟器，将点烟器的一端插入汽车点烟器孔，再将另一端与 X431 测试主线的电源插头连接。需要关闭点火开关时应先关闭 X431，以防非法关机。

②通过双钳电源线

将双钳电源线的电源钳夹在蓄电池的正负极，再将另外一端插入 X431 测试主线的电源插头。

③通过电源转接线

将电源转接线的一端插入 100~240V 交流电源插座，再将另外一端插入开关电源的插孔内，并将开关电源的电源插头与 X431 测试主线的电源插头连接。

（4）开机。接通主机电源，按下主机面板的“电源键”，请等待后进入启动画面。X431 开机界面如图 4-7 所示。

（5）在 X431 开机操作界面下面有一条任务栏，任务栏的左侧有“开始键”，点击“开始”选择“诊断程序”，如图 4-8 所示。

图 4-7　X431 开机界面

图 4-8　X431 操作界面

（6）点击“诊断程序”进入汽车诊断程序界面，如图 4-9 所示。点击“开始”进入车辆选择界面，如图 4-10 所示。

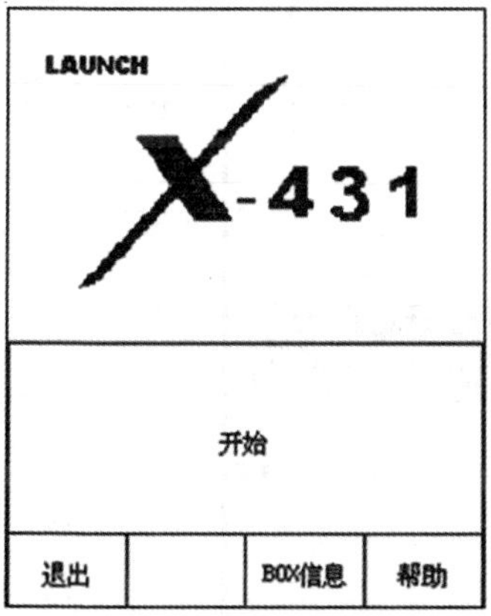

图 4-9　X431 诊断程序界面

图 4-10　X431 车辆选择界面

（7）点击“Brilliance Auto”图标，进入车型选择界面，如图 4-11 所示。选择“H530”车型，进入诊断软件版本选择界面，如图 4-12 所示。

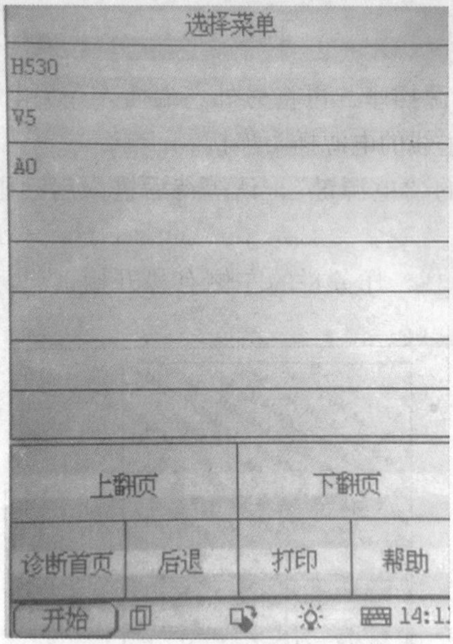

图 4-11　X431 车型选择界面

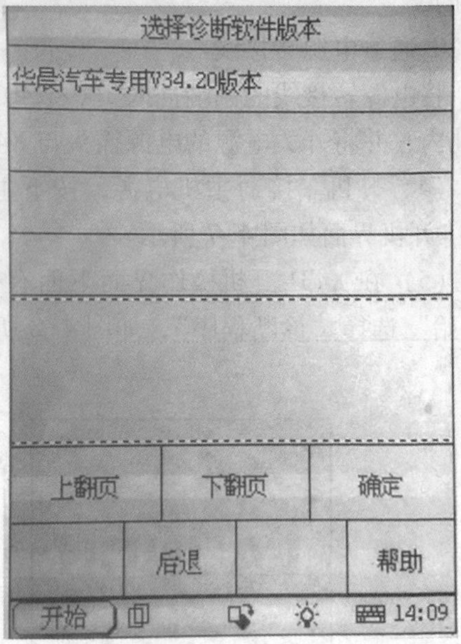

图 4-12　X431 诊断软件版本界面

（8）点击“华晨汽车专用 V34.20 版本”，点击“确定”按钮。X431 将对诊断盒进行复位和检测，并从 CF 卡中下载诊断程序。下载完毕后，屏幕显示内容如图 4-13 所示。

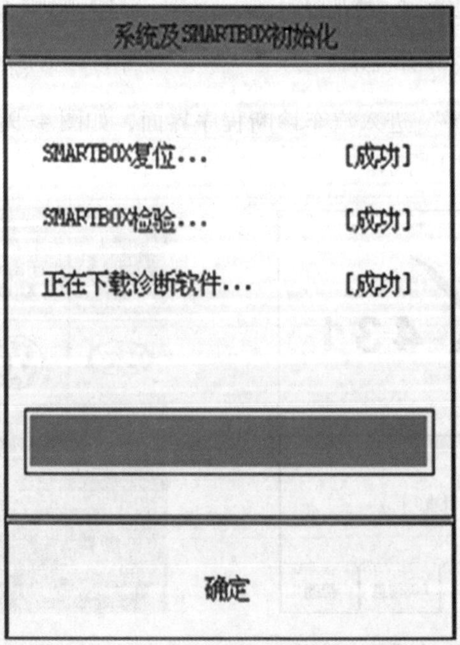

图 4-13　X431 诊断软件下载界面

（9）点击“确定”按钮进入诊断界面，屏幕显示内容如图 4-14 所示。

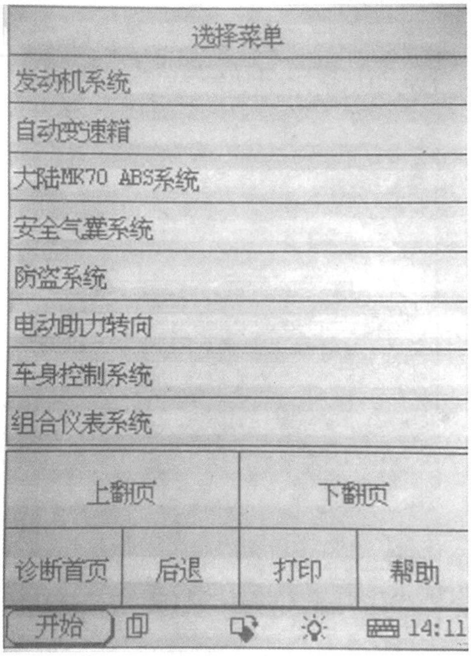

图 4-14　H530 诊断界面

（10）点击“发动机系统”进入电脑型号界面，发动机系统诊断界面如图 4-15 所示。

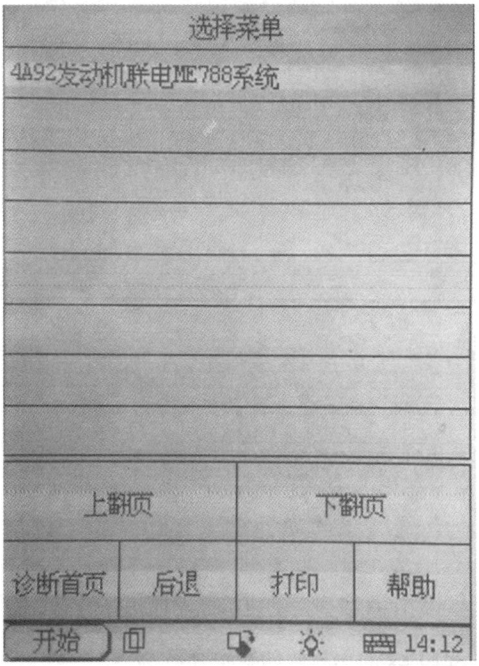

图 4-15　发动机系统诊断界面

（11）点击“4A92 发动机联电 ME788 系统”，进入发动机诊断接头检查界面，如图 4-16 所示。

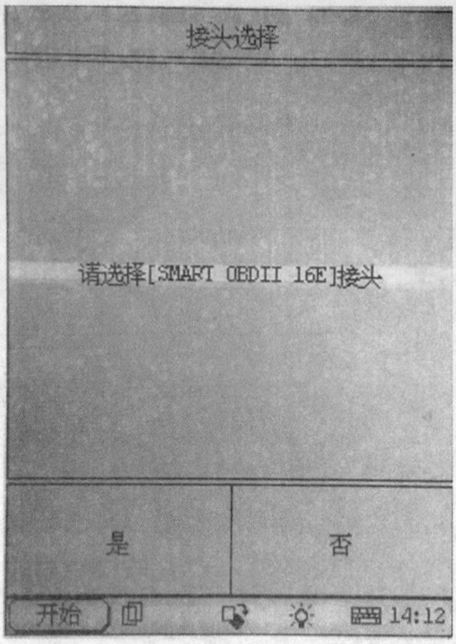

图 4-16　发动机诊断接头选择界面

（12）点击“是”按钮，进入发动机诊断功能选择界面，如图 4-17 所示。

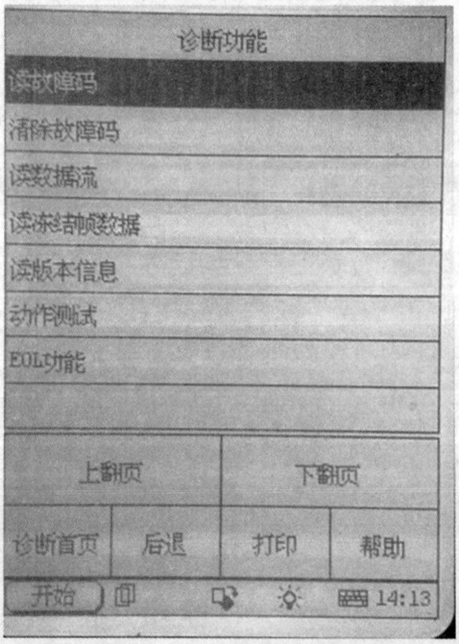

图 4-17　发动机诊断功能选择界面

（13）在此界面下，可以分别点击“读取故障码”“清除故障码”“读取数据流”“动作测试”等功能按钮。

4.2 电控燃油喷射系统检测诊断的程序和方法

电控燃油喷射系统 EFI 设有随车故障诊断系统（简称“故障诊断系统”或“故障自诊断系统”）。故障诊断系统是由电子控制器 ECU 控制的，它是一种能时刻监测电控系统各器件工作情况，并将发现的故障以代码的形式存入微机存储器内的一种自诊断系统，具有故障诊断和处理功能。自从 1979 年美国通用汽车公司首次在电控燃油喷射系统中正式使用故障诊断系统以来，一些国家也相继采用了这种系统，这就给越来越复杂的电控系统的故障诊断带来了方便。电控系统由电子控制器 ECU、传感器和执行器三部分组成。电控系统工作时，电子控制器 ECU 输入、输出信号的电平是在规定范围内变化的。如果某一输入、输出信号超出规定范围，ECU 就判定该路信号出现故障。故障诊断系统检测到故障后，ECU 立即采取三项措施：一是通过一定的显示方式通知汽车驾驶员，告知其发动机电控系统出现了故障；二是将故障信息以代码的形式存入微机存储器中，以便检修人员调出故障诊断代码实现快速诊断；三是立即启用应急备用系统，对喷油、点火等按预先编好的程序和设置的参数进行简单控制，以便驾驶员把车开到汽车修理厂或驻地（带故障运行）。

4.2.1 电控发动机检修注意事项

一、一般注意事项

（1）EFI 系统的结构复杂，技术含量较高，检修时要注意，在未明确结构、工作原理和检修方法之前，千万不要盲目拆卸，以免引起新的故障。

（2）电子控制器 ECU 内部置有微机，一般不易损坏，坏了也不易维修，所以不要随意打开 ECU 盒盖。

（3）EFI 系统对高电压很敏感，所以无论发动机是否工作，只要点火开关接通，就不要断开任何 12V 的电器工作装置，否则会因断开电器工作装置而使有关线圈产生很高的自感电动势，造成 ECU 内置微机和传感器等严重受损。此时不能断开的部件或部位主要有：蓄电池任一电极接头、各种电磁阀、怠速控制阀、喷油器、点火装置的导线、微机的程控只读存储器 ROM、ECU 的任何导线、鼓风电动机导线连接器和空调离合器导线等。因此，在拆卸 EFI 系统各电线接头及线束连接器时，首先要关闭点火开关，并拆下蓄电池负极接线柱上的搭铁线。拆下搭铁线后，微机存储器中的诊断代码被清除。因此，如有必要，应在拆下搭铁线之前读取诊断代码。

(4) 除非有特殊说明，不要使用指针式欧姆表检测 ECU 和传感器，更不能使用测试灯测试 ECU 和任何与 ECU 相连的电气设备。为防止 ECU、传感器等受损，应使用高阻抗数字式测试仪表进行测试。

(5) 在车身上使用电焊时，应断开汽车电源。在靠近微机、传感器等处施焊时，更应采取一些必要的防护措施。

(6) 安装蓄电池时，注意正、负极不能接反。

(7) 清洗发动机或雨天检修时，注意电子线路不可溅水。

(8) 对于带有安全气囊 SRS 的汽车，无论是驾驶员安全气囊、前座乘员安全气囊，还是他们的左、右侧安全气囊，如果没有正确、全面的维修资料，就不要去检修它。如果不按正确顺序操作，可能会使 SRS 系统意外打开，造成事故。对于带有安全气囊的丰田系列汽车，检修工作必须在点火开关转到"LOCK"位置以及负极端子电缆从蓄电池上拆下 20s 以后或更长一些时间后才可以开始。

(9) 用其他车辆蓄电池跨接启动本车或用本车蓄电池跨接启动其他车辆时，必须先断开点火开关，然后才能安装或拆卸跨接电缆线。

(10) 当检修人员进出车厢时，人体的静电放电可能达到 10000V 左右的高电压。因此，在检修 ECU 控制的数字式仪表或安装、拆卸只读存储器 ROM 时，检修人员一定要采取搭铁（接触车身）措施。一般做法是检修人员身上带有搭铁金属带，将其一头缠在手腕上，另一头夹在车身上。否则，静电会损害 ECU 电路。

(11) 如果发动机在缺火情况下工作，催化式排气净化转换器可能过热。为此，要特别注意检查蓄电池接头和高压线插接处的连接是否正确可靠。

(12) 不能将无线电扬声器等强磁物体靠近 ECU，以防损害微机的电路或器件。因此，在汽车上安装大功率移动无线电系统要慎重。

除以上注意事项外，还要注意 EFI 系统的进气系统、燃油系统和电控系统的相关事项。

二、进气系统注意事项

要特别重视进气系统的密封性的检修，这是因为 ECU 主要依据发动机的进气量和转速确定喷油器的喷油量。当进气系统的密封性欠佳时，既会影响发动机的进气量，又会影响发动机的转速，进而影响喷油器的喷油量。所以，检修人员应经常检查进气系统各连接件的密封性，这是十分重要的。

三、燃油系统注意事项

(1) 一定要使用清洁的汽油，并且不使用含铅汽油。

(2) 检修燃油系统时，应拆下蓄电池搭铁线，以防损害元器件。

(3) 在拆卸汽油管接头时，为防止汽油流失，应在管接头下方放置容器，并注意防火。

（4）安装油管螺母或安装油管接头时，应注意以下两点：对于连接螺栓型，一定要换用新垫片，并先用手拧上连接螺栓，再施加规定转矩上紧；对于连接螺母型，先用少量机油涂抹油管表面，并用手拧上油管螺母，再施加规定转矩上紧。

（5）有些电动汽油泵的控制开关受点火开关和空气流量计油泵开关的双重控制，打开点火开关后，如果空气流量计内没有空气流动，即发动机曲轴未转动时，电动汽油泵并不工作。对此检修人员要特别注意，不要认为这是故障。有些电动汽油泵（如大宇系列）会在点火开关打开后先工作 2s，以提高汽油压力，便于启动。

（6）拆装喷油器时，不要重复使用“O”形密封圈。新换的“O”形密封圈可先用锭子油或汽油润滑一下，但千万不能涂抹发动机机油、齿轮油、制动液。安装“O”形密封圈时要把它放正，注意不要损伤其表面。

（7）燃油系统检修完成后，要检查整个系统的密封情况，不得有任何渗漏。检查方法参见本书“2. 3. 1 燃油系统压力测试”。

四、电控系统注意事项

（1）在拆卸电控系统的连接件和接头之前，应将点火开关转到 OFF 或拆下蓄电池搭铁线。

（2）元件损坏时应随总成一起更换。

（3）电控系统的故障一般较少，常见故障往往是接触不良造成的，所以要注意保持各连接件、接插件和接头的清洁和牢固。

（4）对于一些接插件，打开卡锁和拉出接头时应将力用在接头上，而不能用在导线上。插接时应将接头全部插入，并将卡锁锁好。

（5）用万用表检查线路时，如果遇到防水型接头，要仔细取出防水橡胶套后再进行检测，并应将万用表的测针插进线束端的接头里。检测后应重新安装好防水橡胶套。

4. 2. 2 电控发动机检测诊断的程序和方法

电控汽油喷射发动机出现故障时，在进行必要的倾听用户意见和外观检查之后，只要显示诊断代码，就应首先按诊断代码的含义和指示的方法进行快速诊断。

一、故障诊断系统自诊断工作原理

发动机电控系统工作时，电子控制器 ECU 输入、输出信号的电平是在规定范围内变化的。如果某一输入信号或输出信号超出规定范围，ECU 就判定该路信号出现故障。

1. 微机系统的故障自诊断工作原理

微机系统一般不容易发生故障，但偶尔发生故障时会影响控制程序正常运行，导致汽车不能正常行驶。为此，电控系统中会设有监视回路，用来监视微机工作是否正常。在监视回路中还设有监视计时器，用于正常情况下按时对微机复位。当微机系统发生故障时，控制程序不能正常巡回，这时如果监视计时器的定期清除功能不能按时使微机复位，则微机显示溢出，表明微机系统发生故障并予以显示。微机系统中还设有应急回路，当该回路收到监视回路发出的异常信号时，应立即启用应急备用系统，使汽车保持一定运行能力。

2. 传感器的故障自诊断工作原理

运转中的发动机的电控系统的传感器如果出了故障，其输出信号就超出了规定范围。比如，水冷发动机的水温传感器的水温范围设定在-30 ℃~120 ℃。正常工作时，输出的信号电压为0.3~4.7 V。当水温传感器发生故障时，其向ECU输出的信号电压就会小于0.3 V（水温高于120 ℃）或大于4.7 V（水温低于-30 ℃）。当ECU接收到的信号电压超出规定范围时，就可以判定水温传感器信号电路有短路或断路故障。

ECU判断出电控系统产生故障后，会立即有以下三种显示：其一，输出控制信号，使驾驶室组合仪表板上的“发动机报警灯”点亮，通知驾驶员电控系统出现故障；其二，将水温传感器的故障信息以代码的形式存入微机存储器，以便检修人员调出诊断代码，快速诊断出故障，及时进行维修；其三，采用预先存储的正常水温（如80 ℃）对发动机进行控制，使发动机仍能维持运转，有时，即使水温传感器本身没有故障，但线路开路，故障诊断系统同样会显示水温传感器有故障。因此，在判断故障时，检修人员除了检查传感器本身外，还要检查线束、接插件（连接器）和传感器与ECU之间的电路等。

丰田2JZ-GE发动机发生以下故障时，ECU便进入故障保护功能，如表4-1所示。

表4-1　异常信号的故障保护

故障码	有异常信号的电路	需要进入故障保护的情况	故障保护结果
14	点火确认信号IGF	ECU连续6次未接收到点火确认信号（IGF）时，表明点火系统出现故障，其后果是只喷油不点火，会使三元催化转化器损坏	停止燃油喷射
16	自动变速器的控制信号电路	ECU本身的自动变速器控制程序发生故障时，其后果是自动变速器无法工作	ECT无法进行扭矩控制
22 24	水温传感器信号（THW）电路 进气温度传感器信号（THA）电路	水温或进气温度传感器开路时，ECU会误判为温度低于-50 ℃；如果传感器短路，则会误判为温度高于139 ℃，其后果是空燃比失调（混合气太浓或过稀），进一步导致发动机工作不良	将水温设定为80 ℃； 将进气温度设定为20 ℃
31	进气歧管真空度传感器信号（PIM）电路	进气歧管真空度传感器开路或短路，ECU无法确定基本喷油量，其后果是发动机无法启动或工作不良	将进气歧管的真空度设定为30 kPa这一预定值，提供基本的喷油和点火信号

续 表

故障码	有异常信号的电路	需要进入故障保护的情况	故障保护结果
41	节气门位置传感器信号（VTA）电路	节气门位置传感器信号开路或短路时，ECU 会误判节气门全开或关闭，而造成发动机高速或怠速熄火	将节气门开度角设定为 20°
52 53 55	爆震传感器信号（KNK）和控制电路	当爆震传感器信号开路或短路，或 ECU 内部的爆震控制系统出现故障时，无论是否出现爆震，都无法执行点火延迟控制，其后果是造成发动机的不正常损坏	ECU 将发出最大的点火延迟信号

需要指出的是，对于偶尔一次出现的不正常信号，故障诊断系统并不能立即将之判定为故障，只有不正常信号持续一定时间后才被视为故障。

3. 执行器的故障自诊断工作原理

执行器是在 ECU 不断发出各种指令情况下工作的。如果执行器出现了问题，监视回路把故障信息传输给 ECU，ECU 会做出故障显示、故障存储措施，并采取应急措施，确保发动机维持运转或停止运转。例如，当点火器中的功率三极管出现故障时，点火器内的点火监视回路就不能将功率三极管正常工作（不断地导通和截止）的信号反馈到 ECU。如果 ECU 得不到这一反馈信号，就会判定点火系统发生故障。ECU 除了采取故障显示和故障存储的措施外，还会立即向喷油器发出停止喷油的指令，使喷油器停止喷油，以防可燃混合气进入三元催化转换器而将其烧毁。

同样需要说明的是，ECU 只有 6 次得不到反馈信号时，才判定点火系统发生故障。

二、故障诊断系统显示故障的方式

故障诊断系统诊断出故障后要进行显示，由于厂牌、车型和生产厂家的不同，因而显示的方式也不相同，有用发动机报警灯显示的，有用红、绿发光二极管 LED 显示的，还有用数码管显示的。上述方式显示的诊断代码有一位数的、两位数的、三位数的，还有四位数或五位数的。

用发动机报警灯显示故障的情况如下：许多汽车的发动机在组合仪表板上设有发动机报警灯，用于故障报警和就车显示诊断代码。发动机启动前点火开关打开时，该灯应点亮，不亮则说明灯或灯的电路有问题。发动机启动后，当转速高于 500 r/min 时，该灯应熄灭，说明发动机无故障；如果该灯继续点亮或在运行中点亮，说明 ECU 检测到电控系统出现了故障，并以此方式向驾驶员发出报警信号，使驾驶员知道发动机出现了故障。另外，检修人员还可以通过该灯的闪烁频率和闪烁次数就车读取微机存储器中存储的诊断代码，以便诊断、排除故障；故障排除后，要通过消除诊断代码清除存储器中存储的诊断代码。

三、进入故障诊断系统的方法

由于汽车厂牌、车型和生产厂家的不同，因而进入发动机故障诊断系统的方法也不相同，主要有以下几种方法。

（1）用跨接线进入。用跨接线连接检查连接器有关的插孔，通过驾驶室组合仪表板上发动机报警灯或 LED 的闪烁频率就车读取诊断代码，例如丰田、日产、三菱、马自达、福特、通用（凯迪拉克除外）、宝马、菲亚特、标致等汽车，均是通过跨接线的方法进入，由发动机报警灯显示诊断代码的；奔驰、奥迪、沃尔沃等汽车也是通过跨接线的方法进入，由 LED 显示诊断代码的。

（2）用按压“诊断按钮开关”方法进入，就车读取诊断代码。

（3）用转动微机控制装置上的“诊断开关”方法进入，就车读取诊断代码。

（4）用同时按下空调控制面板上的“OFF”和“WARM”键的方法进入，就车读取诊断代码。

（5）用点火开关“ON→OFF→ON→OFF→ON”循环一次的方法进入，就车读取诊断代码。

（6）用读码器、解码器、扫描仪、电控专用检测仪或发动机综合性能检测仪等仪器进入，用仪器显示诊断代码。绝大多数汽车都可以通过解码器等专用或通用的仪器进入故障诊断系统并解读诊断代码。

四、故障诊断系统的测试模式

诊断故障的测试模式一般有如下两种。

1. 静态测试模式

它是在点火开关打开，发动机处于静止状态下进行检测诊断的一种测试模式，简称“KOEO”（Key ON Engine OFF）模式。该种测试模式用于静态下提取存储在存储器中的诊断代码，一般存储的是一些永久性故障（如断路、短路等故障）或一些间歇性故障（如接触不良等故障）。

2. 动态测试模式

为检测在静态状态下难以检测到的故障（一般是指一些难以存储的间歇性故障和偶发性故障），静态测试模式功能中增加了动态测试模式功能。该模式是在点火开关打开，发动机处于运转状态（包括汽车路试）下进行检测诊断的一种测试模式，简称 KOER（Key ON Engine Run）模式。该种测试模式用于提取动态（可以进行故障征兆模拟试验）下存储在存储器中的诊断代码或进行混合气成分的检测与分析。动态下存储的诊断代码，除了一些永久性故障外，一般还包括一些偶发性故障和通常情况下难以记录到的间歇性故障。

与静态测试模式相比，动态测试模式往往要再现故障出现的条件和时机，这一过程不仅可以提取到静态测试模式能提取到的一切诊断代码，而且可以提取到静态测试模式提取不到的诊断代码，因此具有较高的测试灵敏度。

五、用故障诊断系统检测诊断故障的方法

大多数电控汽油喷射发动机在组合仪表板上设有发动机报警灯，用于故障报警和显示诊断代码。发动机启动后（转速高于 500 r/min），如果该灯熄灭，说明发动机无故障；如果该灯继续点亮或在运行中点亮，说明 ECU 检测到电控系统出现故障。此种情况下，检修人员在倾听用户意见和对发动机进行外观检查后，应首先使用故障诊断系统检测诊断故障。检修人员按照一定方法进入故障诊断系统后，可就车读取诊断代码或利用解码器等专用检测仪来显示诊断代码，然后在汽车维修手册或解码器等专用检测仪中查阅该诊断代码的全部含义，并按指示的程序和方法对有关电路进行检查和测量，直至分析、判断出故障的部位和原因，并将故障排除。

用故障诊断系统检测诊断故障的具体程序和方法，以丰田皇冠 2JE-GE 型汽车为例介绍如下。

在丰田汽车检测诊断故障的测试模式中，上述的静态称为正常状态，上述的动态称为试验状态。

故障诊断系统只要检测到故障，两种状态都能点亮“CHECK”发动机报警灯，都能读取诊断代码，故障排除后，发动机报警灯都会熄灭，但诊断代码都仍然存储在 ECU 的存储器中，检修人员都要通过一定的方法才能清除存储的诊断代码。需要注意的是，使用试验状态之前，应先记录并清除已存储的诊断代码。

1. 正常状态（静态）下检测诊断故障的程序和方法

（1）检查“CHECK”发动机报警灯是否正常。

将点火开关转到“ON”，发动机不启动，“CHECK”发动机报警灯应点亮，如果不亮，说明灯有问题，应检查组合仪表板；

启动发动机后，“CHECK”发动机报警灯应熄灭，如果灯继续点亮，说明故障诊断系统已检测出故障或灯本身不正常。

（2）调出诊断代码。

将点火开关转到“ON”，用专用维修工具 SST（跨接线，下同）将故障诊断通信连接器 TDCL 或检查连接器的端子 TE1 与 E1 连接情况。

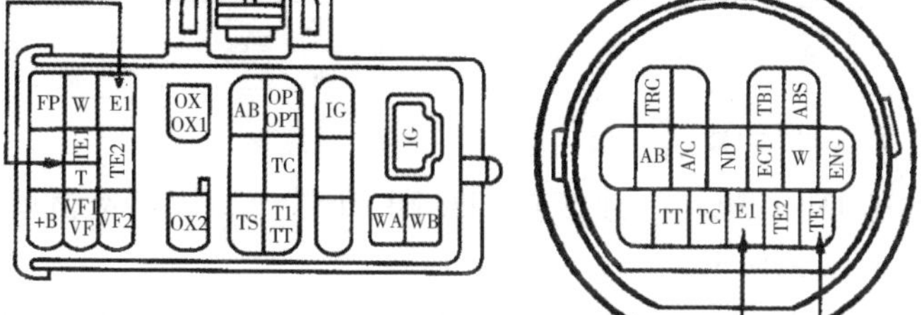

图 4-18　TDCL 与检测连接器

根据“CHECK”发动机报警灯的闪烁情况就车读取诊断代码。正常无故障代码的故

障指示灯会以 0.25 s 为周期均匀闪烁。如果有故障时，故障指示灯会发出不均匀的闪烁，其故障波形为故障指示灯发亮后熄灭 4 s，先显示十位数，闪烁周期为 5 s 闪烁一次时，故障代码为 10；闪烁两次时，故障代码为 20。

十位与个位之间故障指示灯熄灭 1.5 s，接着显示个位数，闪烁周期同为 5 s，故障指示灯闪烁一次时，故障代码为 1；闪烁两次时，故障代码为 2。每读出一个故障代码后，故障指示灯熄灭 2.5 s，以后再显示下一个。

诊断代码 13 和诊断代码 31 的闪烁形式如图 4-19 所示。当显示两个或更多的诊断代码时，从较小代码开始显示，然后依次逐渐增大代码数。

读出全部故障代码后，故障指示灯熄灭 4.5 s，此后再重复显示。

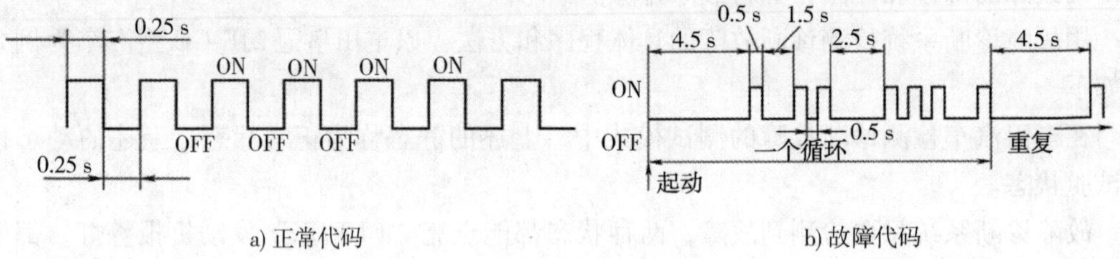

图 4-19　正常代码和诊断代码举例

爆震传感器的故障代码 2JZ-GE 发动机显示为 52、53、55，其检测方法比较特殊。首先预热发动机，热机后怠速运转 3 分钟，然后打开空调，突然踩下油门踏板使发动机转速提升到 5000 r/min，最后迅速松开油门踏板。

按上述方法重复试验三次，如果爆震传感器存在开路或短路故障，在突然提速时，故障指示灯会发亮。如果测定条件不满足上述要求，则无法诊断故障。

读取诊断代码，按汽车维修手册的指示仔细检查电路故障。完成诊断检查后，脱开 TE1 和 E1 端子，关闭点火开关。

2. 试验状态（动态）下检测诊断故障的程序和方法

（1）初始状态。

①蓄电池电压为 11 V 或更高。

②节气门全关（节气门位置传感器 IDL 触点闭合）。

③变速器置空挡位置。

④空调器关闭。

（2）将点火开关转到“OFF”。

（3）用 SST 连接 TDCL 或检查连接器 TE2 和 E1 端子，以启动试验状态。跨接端子 TE2 与 E1 如图 4-20（a）所示。

（4）将点火开关转到“ON”，检查“CHECK”发动机报警灯是否闪烁。若闪烁，可确认已进入试验状态；若不闪，检查 TE2 端子电路。

（5）启动发动机。

（6）发动机运转中或以 10 km/h 以上的速度模拟产生故障的道路行驶工况。

发动机试验状态下模拟故障征兆常采用振动法（轻拍、推、拉等）再现诊断代码所指电路的配线、连接器或端子的工作环境。在征兆模拟试验中，如果“CHECK”发动机报警灯点亮，说明诊断系统已检测到故障，被振动的部位就是因接触不良而出现瞬时断路或短路的部位。

（7）再现故障的试验结束后，用 SST 连接 TDCL 或检查连接器的端子 TE1 和 E1。跨接端子 TE2、TE1 与 E1 参见图 4-20（b）。

（8）根据组合仪表板上“CHECK”发动机报警灯的闪烁情况就车读取诊断代码。

（9）完成检查后，脱开 TE1、TE2 和 E1 端子，关闭点火开关。

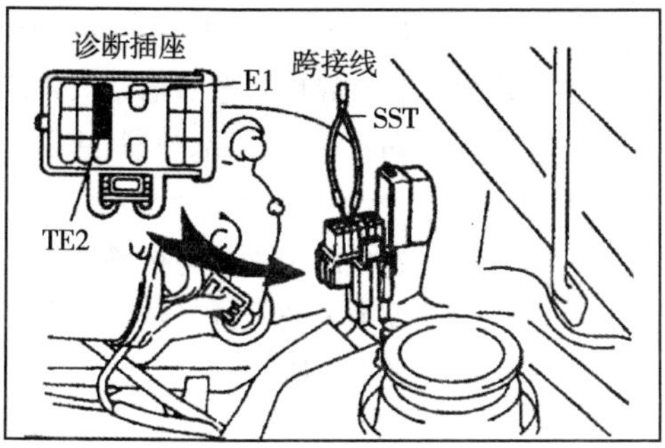

（a）跨接端子TE2与E1

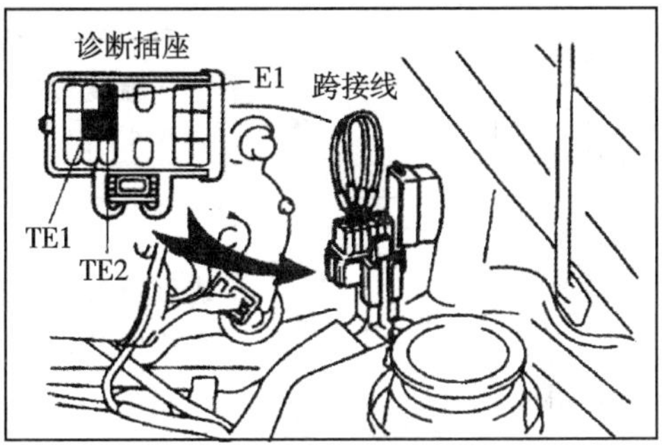

（b）跨接端子TE2、TE1与E1

图 4-20　诊断插座在动态测试时的跨接情况

丰田皇冠 3.0 的 2JZ-GE 型汽车发动机的诊断代码见表 4-2。检修人员根据“CHECK”发动机报警灯的闪烁情况就车读取诊断代码后，应在诊断代码表中查明该诊断代码的全部情况，得到有关故障所在的系统和要诊断的主要内容等信息。

表 4-2　2JZ-GE 发动机故障码

故障代码	信号系统	故障指示灯		现象和诊断方法	故障范围
		自诊断	试验状态		
12	转速信号	亮	无此诊断	启动机接通 2 s 以上仍无曲轴转速信号和凸轮轴转速信号输送到 ECU	曲轴转速传感器、凸轮轴位置传感器电路短路或开路；分电器；启动系电路开路或短路；ECU
13	转速信号	亮	亮	发动机转速达到 1000 r/min 或更高时，仍无转速信号（NE）输送到 ECU	曲轴位置传感器电路短路或开路；分电器；ECU
14	点火信号	亮	无此诊断	点火器连续 6 次没有点火确认信号（IGF）输送到 ECU	点火器到 ECU 之间的 IGF 电路短路或开路；分电器；ECU

续 表

故障代码	信号系统	故障指示灯		现象和诊断方法	故障范围
		自诊断	试验状态		
16	ECT 控制信号	亮	无此诊断	ECU 与 ECT 之间的控制信号无输出	ECU
22	水温传感器信号	亮	亮	水温传感器电路短路或开路 0.5 s以上	水温传感器电路短路或开路；水温传感器；ECU
24	进气温度传感器信号	不亮	亮	进气温度传感器电路开路或短路 0.5 s 以上	进气温度传感器电路短路或开路；进气温度传感器；ECU
31	进气歧管真空度传感器信号	亮	亮	进气歧管真空度传感器电路开路或短路 0.5 s 以上	进气歧管真空度传感器电路短路或开路；进气歧管真空度传感器；ECU
41	节气门位置传感器	不亮	亮	节气门位置传感器电路开路或短路 0.5 s 以上	节气门位置传感器电路短路或开路；节气门位置传感器；ECU
42	车速传感器信号	不亮	不亮	在发动机转速达到 2800 r/min 以上时，ECU 连续 8 s 未接收到车速信号	车速传感器电路开路或短路；车速传感器；ECU
43	起步信号	无此诊断	不亮	发动机转速达到 800 r/min 时，无起步信号输送给 ECU，汽车无法起步	起步信号短路或开路；点火开关或主继电器电路短路或开路；ECU
51	开关状态信号	无此诊断	不亮	在端子 E1 和 TE1 被连接情况下，开着空调，怠速电磁阀断开或换挡位置在 R、D、2 或 1 时被显示	空调开关及其电路节气门位置传感器和怠速电路；空挡启动开关及其电路；加速踏板或自动变速器节气门拉索调整不当；ECU
52	第一爆震传感器信号	亮	无此诊断	发动机转速在 1600~5200 r/min 范围内，爆震传感器 KNK1 无信号输送给 ECU	爆震传感器电路短路或开路；爆震传感器；ECU
53	爆震传感器信号	亮	无此诊断	发动机转速在 1600~5200 r/min 范围内，ECU 的爆震控制电路发生故障	ECU

续　表

故障代码	信号系统	故障指示灯		现象和诊断方法	故障范围
		自诊断	试验状态		
55	第二爆震传感器信号	亮	无此诊断	发动机转速在 1600～5200 r/min 范围内，爆震传感器 KNK2 无信号输送给 ECU	爆震传感器电路短路或开路；爆震传感器；ECU
78	燃油泵控制信号	无此诊断	亮	发动机转速低于 1000 r/min 时，燃油泵电路开路或短路 1 s 以上； 发动机转速低于 1000 r/min 时，燃油泵 ECU 的 FPC 电路短路或开路； 发动机转速低于 1000 r/min 时，燃油泵 ECU 的诊断信号（DI）线路断路或短路	燃油泵 ECU 电路短路或开路；燃油泵 ECU；ECU 电源电路；燃油泵；ECU

3. 故障排除后，清除诊断代码

排除发动机电控系统的故障以后，必须清除诊断代码，显示装置才不再显示故障信号。就大多数汽车而言，断开通往电控系统的电源线或熔断器即可清除存储在微机存储器内的诊断代码。一般把电控系统的 EFI 保险丝拔下或把蓄电池负极拆下 10 s～30 s（视车型不同而定），即可达到目的。

清除丰田系列汽车诊断代码时，将点火开关转到“OFF”，从发动机舱接线盒处拆下 EFI 保险丝（20A）达 10 s 即可。

诊断代码清除以后，要重新启动发动机，必要时还应进行路试，检查显示装置是否还显示诊断代码，如果还显示原故障诊断代码，说明原故障并未被排除；如果显示新的故障诊断代码，说明还有新的故障需要排除，因此还需要检修人员进一步诊断、排除故障，并再一次清除诊断代码和再一次显示诊断代码，直至显示正常代码为止。需要指出的是，使用拆卸蓄电池负极清除诊断代码的方法，也会将时钟和音响等存储一起清除掉，因此最好按汽车维修手册指示的方法进行，不可随意拆卸蓄电池负极；如果非要拆卸蓄电池负极来清除诊断代码，要事先读取并记录已存储的诊断代码。

4. 用解码器等专用检测仪显示诊断代码

在上述的读取诊断代码的过程中，检修人员是根据汽车组合仪表上发动机报警灯的闪烁情况就车读取诊断代码的，进而在汽车维修手册中查取诊断代码的全部含义和诊断流程，对电路进行深入检测，然后诊断出故障的原因和部位，从而将故障排除。这一过程对于检修人员来说比较费时费力，还会影响检测诊断效率。目前，国内外发展起来的一些电控系统专用检测仪包括解码器、示波器、扫描仪、专用诊断仪和发动机综合性能分析仪等，它们都具有读码、解码、清码等功能，甚至还有对检修的指导功能。因此，检修人员应充分利用这些检测设备，快速、准确地完成检修任务。

六、发动机电控系统故障的一般检测程序

从以上介绍的检测诊断的方法中可以看出，电控汽油喷射发动机装备的故障诊断系统是利用诊断代码检测诊断故障的，具有诊断故障部位明确、针对性强，能实现快速诊断等优点。该系统给检修人员诊断越来越复杂的电控系统故障带来了方便。因此，检修人员发现电控燃油喷射系统 EFI 故障时，只要显示诊断代码，就应该首先按故障诊断系统检测诊断故障的程序和方法进行快速诊断。但是，故障诊断系统检测并存储故障的能力是有限的，它不可能检测出所有故障（特别是机、液、气方面的故障）。对于那些没有包括在故障诊断系统之内的故障和虽包括在故障诊断系统之内但诊断代码不显示或显示正常代码而故障又确确实实存在的情况，检修人员则无法再使用故障诊断系统检测诊断故障，而应采取传统的方法，即在问询汽车用户有关问题后，采用外观检查、基本检查、进入故障征兆一览表、进入疑难故障诊断表和采用故障征兆模拟试验、对比试验等传统方法，把故障诊断出来并排除掉。

电控发动机故障检测程序如图 4-21 所示。

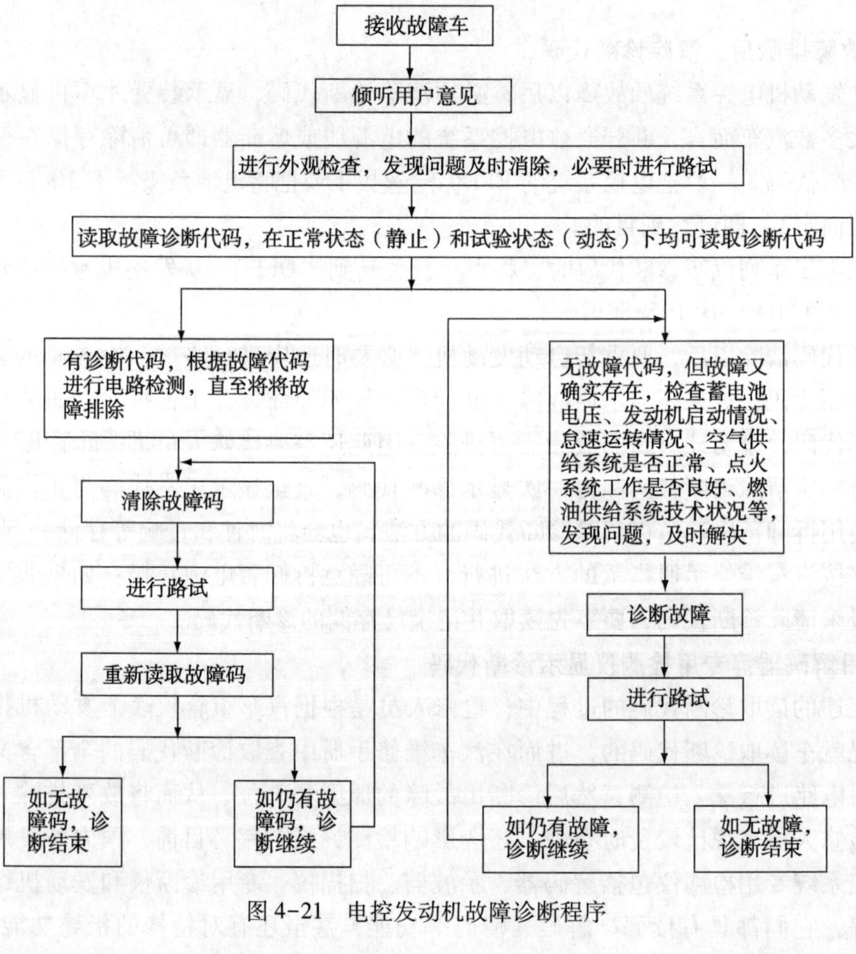

图 4-21　电控发动机故障诊断程序

七、疑难故障诊断方法

经过以上检查与测试后，一般情况下故障就被诊断出来了。但是，有些故障的征兆不明显，而故障又确确实实存在，这就成为故障诊断中最难以处理的情况，这些故障被称为疑难故障（有些属于偶发性故障或间歇性故障）。对于疑难故障，检修人员在诊断时可查阅汽车维修手册中的疑难故障诊断表，根据其中的检查要点和顺序进行检修，必要时可进行故障征兆模拟试验，再现故障出现的环境和条件，做出全面分析、判断，最终把故障诊断出来。故障征兆模拟试验也适用于应用故障诊断系统检测诊断故障的程序和方法（在试验状态下）。

检修人员进行故障征兆模拟试验前，最好能把可能发生故障的线路、连接器、传感器、执行器或相关部件的范围缩小，以缩短试验和诊断的时间。

在汽车静止发动机运转的情况下，进行发动机故障征兆模拟试验，主要有以下四种方法。

（1）振动法。模拟汽车行驶时的振动方式，使易松动部位故障再现。

（2）加热法。模拟发动机工作时某一部位的温度，使故障再现。

（3）淋水法。模拟雨、雪、雾的高湿度环境，使故障再现。

（4）电负荷满载法。模拟汽车使用全部用电负载时的工作情况，使故障在用电满负荷或超负荷情况下再现，必要时可进行路试。

八、对比试验

对比试验是一种用性能良好的同一型号、规格的新元器件，替换下被怀疑有故障的旧元器件的试验方法。替换后如果故障排除，说明旧元器件确实有问题。

4.3 电控发动机主要电子元件的检测方法

电控燃油喷射系统 EFI 的电子控制器 ECU、传感器和执行器的技术状况，多表现在断路、短路、接触不良和元器件损坏方面，检修人员可以通过用万用表检测电压、电阻和通过示波器观测信号电压波形等方法，找出故障的原因和部位。万用表和示波器的测针必须可靠接触测点，以保证测量结果正确无误。

丰田皇冠 3.0 型汽车 2JZ-GE 型发动机电控燃油喷射系统 EFI 电路图如图 4-22 所示。

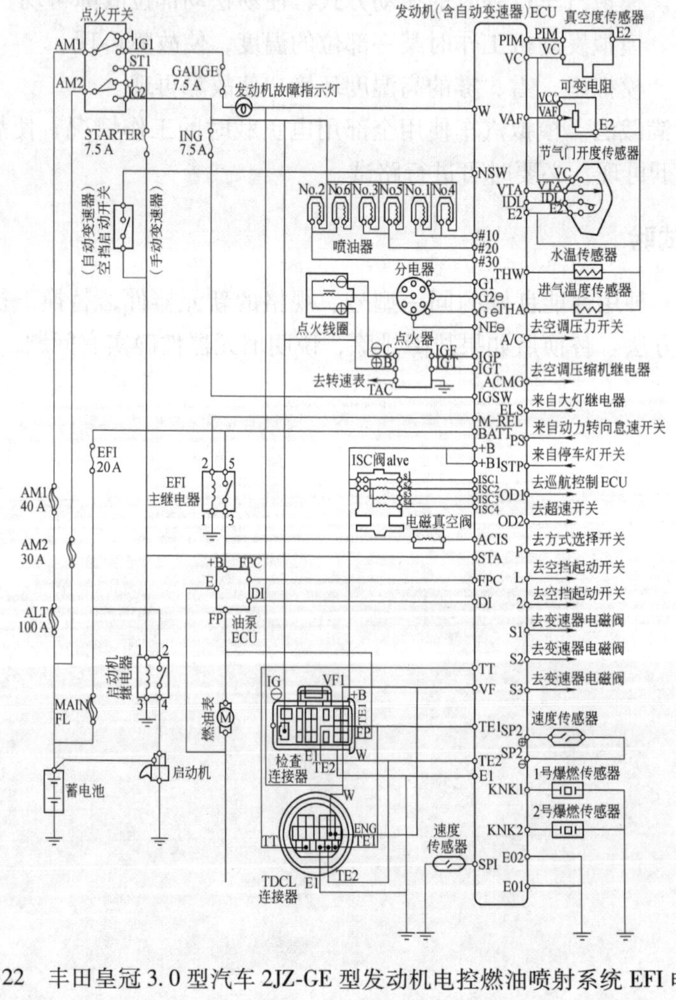

图 4-22 丰田皇冠 3.0 型汽车 2JZ-GE 型发动机电控燃油喷射系统 EFI 电路图

4.3.1 电子控制器（ECU）的检测方法

电子控制器ECU是电控系统的核心，它主要由输入回路、A/D（模/数）转换器、微机和输出回路等组成，屏蔽安装在一个铝质的方盒内，一般安装在驾驶室组合仪表板下方或发动机舱内。

一、电压测量

将点火开关置于“ON”，蓄电池电压不低于11 V，用电压表测量ECU导线连接器在接插状态下每个接头的电压。丰田皇冠3.0型汽车2JG-GE型发动机ECU导线连接器各端子的标准电压值见表4-3。

表4-3 2JZ-GE型发动机ECU导线连接器各端子的标准电压值

序号	端子	检测条件		标准电压/V
1	BATT-E1	点火开关置于“ON”		11~14
	IGSW-E1			
	M-REL-E1			
	+B（+B1）-E1			
2	IDL-E2	点火开关置于“ON”		节气门全开
	VC-E2			
	VTA-E2			节气门全关
				节气门全开
3	PIM-E2	点火开关置于“ON”		3.3~3.9
	VC-E2			4.0~5.5
4	10$^{\#}$、20$^{\#}$、30$^{\#}$-E1、E2			11~14
5	THA-E2	点火开关置于“ON”	进气温度20 ℃	0.5~3.4
6	THW-E2		冷却水温度80 ℃	0.2~1.0
7	STA-E1	启动		6~14
8	IGT-E1	启动或怠速		产生脉冲电压
9	ISC1~ISC4-E1	点火开关置于“ON”		11~14
10	W-E1	发动机运转正常，发动机故障灯系熄灭		11~14
11	ELS-E1	尾灯和雾灯都接通		11~14
		尾灯和雾灯都关闭		≤3.0

续 表

<table>
<tr><th>序号</th><th>端子</th><th colspan="2">检测条件</th><th>标准电压/V</th></tr>
<tr><td rowspan="2">12</td><td rowspan="2">STP-E1</td><td colspan="2">踩下制动踏板，使刹车灯接通</td><td>11~14</td></tr>
<tr><td colspan="2">刹车灯关闭</td><td>≤3.0</td></tr>
<tr><td>13</td><td>ACIS-E1</td><td colspan="2" rowspan="2">点火开关置于“ON”</td><td>11~14</td></tr>
<tr><td>14</td><td>OD1、OD2-E1</td><td>≤1.5</td></tr>
<tr><td>15</td><td>IGF-E1</td><td colspan="2" rowspan="6">怠速</td><td rowspan="6">产生脉冲电压</td></tr>
<tr><td>16</td><td>KS-E1</td></tr>
<tr><td>17</td><td>G1、G2-G-</td></tr>
<tr><td>18</td><td>NE-G-</td></tr>
<tr><td>19</td><td>KNK1、KNK2-E1</td></tr>
<tr><td>20</td><td>D1-E1</td></tr>
<tr><td>21</td><td>FPC-E1</td><td colspan="2">启动发动机，由怠速加速到 6000 r/min</td><td>4.5~5.5</td></tr>
<tr><td>22</td><td>VF-E1</td><td colspan="2">暖机后，发动机转速保持在
2500 r/min，180 s 后再怠速</td><td>1.8~3.2</td></tr>
<tr><td>23</td><td>NSW-E1</td><td rowspan="6">点火开关置于“ON”</td><td>换挡杆位于 P（停车）或 N（空挡）挡位</td><td>≤3.0</td></tr>
<tr><td>24</td><td>SP1、SP2-E1</td><td>换挡杆位于 P（停车）或 N（空挡）以外任何一个挡位</td><td>≤4.0</td></tr>
<tr><td rowspan="2">25</td><td rowspan="2">TE1、TE2-E1</td><td>检查连接器
TE1-E1 不连接</td><td>11~14</td></tr>
<tr><td>检查连接器
TE1-E1 连接</td><td>≤1.0</td></tr>
<tr><td rowspan="2">26</td><td rowspan="2">A/C、ACMG-E1</td><td>空调“ON”</td><td>9.0~14.0</td></tr>
<tr><td>空调“OFF”</td><td>≤1.5</td></tr>
</table>

二、电阻测量

欧姆表测针应从导线一侧插进线路端的接头，应小心拆卸 ECU 线路接头，然后测量线路接头每个端子间的电阻值。

丰田皇冠 3.0 型汽车 2JZ-GE 型发动机 ECU 导线连接器各端子的标准电阻值见表 4-4。

表 4-4 2JZ-GE 型发动机 ECU 导线连接器各端子的标准电阻值

序号	端子	检测条件	标准电阻/Ω
1	IDL-E2	节气门全开	∞
		节气门全关	≤500
2	VTA-E2	节气门全开	2400~11200
		节气门全关	340~6300
3	VC-E2		3100~7200
4	THA-E2	进气温度 20 ℃	2000~3000
5	THW-E2	水温 80 ℃	200~400
6	GI、G2-G-	冷机	125~190
7	NE-G-	冷机	155~240
8	ISC1、ISC2-+B ISC3、ISC4-+B1		10~30
9	10#、20#、30#-+B		13.2~14.2
10	ACIS-+B、+B1		38.5~44.5

4.3.2 主要传感器的检测方法

一、热膜式空气流量计的检测

帕萨特 B5 发动机的空气流量计损坏后 ECU 会利用节气门位置传感器信号和发动机转速传感器信号计算出一个精度较差的进气量信号来维持发动机的运转，即进入失效保护状态，但并不是所有的空气流量计故障都会使发动机转入失效保护，错误的空气流量信号会导致发动机启动困难、怠速不稳，甚至造成熄火、发动机喘振、CO 偏高或偏低等故障。

1. 检测空气流量计的工作情况

（1）对于运转不良的发动机，可以取下空气流量计导线插头后再启动发动机，如果此时发动机的运转情况有改善，则可以判定空气流量计存在故障。

（2）发动机怠速运转时，可以使用解码器读取数据流功能检测发动机的空气流量计，同时读取发动机故障代码。如果显示数值不在标准范围内或存在空气流量计的故障代码，则应进一步检测空气流量计及相关控制电路。

2. 空气流量计的检测诊断方法

帕萨特 B5 发动机热膜式空气流量计电路图如图 4-23 所示。

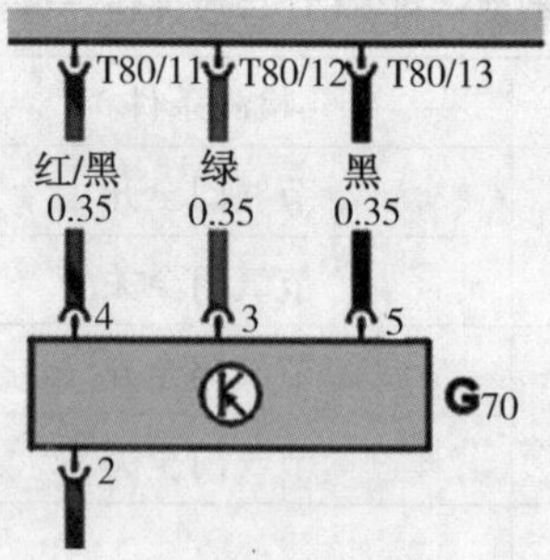

图 4-23　热膜式空气流量计电路图

使用空气流量计的检测步骤如下：

（1）检查发动机进气系统是否有泄漏，电路连接是否良好。

（2）检查电源电压，关闭点火开关，拔下空气流量计 5 芯插头，将点火开关置于“ON”，用万用表检测插头端子 2 和发动机搭铁点间的电压，电压应为 12 V 左右。如果电压为 0，应检查油泵保险丝与端子 2 间的线路有无断路，若无断路，检查端子 4 与搭铁间的电压。检查电脑的端子 11 的电压是否为 5 V，若为 5 V，则为线路断路；若不为 5 V，则应更换发动机 ECU。

（3）传感器端子 3 线路为搭铁端，断开插头后，插头 3 与搭铁间的导线电阻应小于 0.5 Ω。

（4）传感器端子 5 为信号端子，发动机运行时，端子 5 与搭铁间的信号电压在发动机怠速时约为 1.5 V，且电压会并随进气流量的增大而增大，急加速时应达到 3.5~4.5 V。若不正常，应更换传感器，观察发动机运行是否正常；若发动机运行恢复正常，则为传感器本身故障；若发动机运行不正常，检查并更换 ECU。

二、进气压力传感器检测

进气压力传感器又称歧管绝对压力传感器，它可以用来测量进气歧管内绝对压力的变化并转变为电信号。中华 H530 发动机采用半导体压敏电阻式进气压力传感器，它与进气温度传感器装为一体。进气压力传感器如图 4-24 所示。

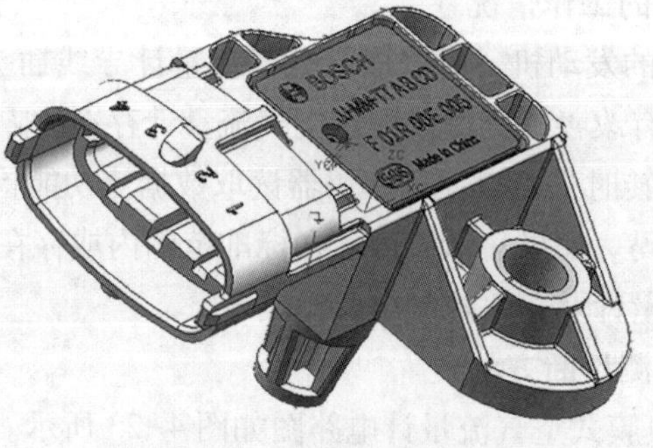
图 4-24　进气压力传感器

进气压力温度传感器电路图如图 4-25 所示。

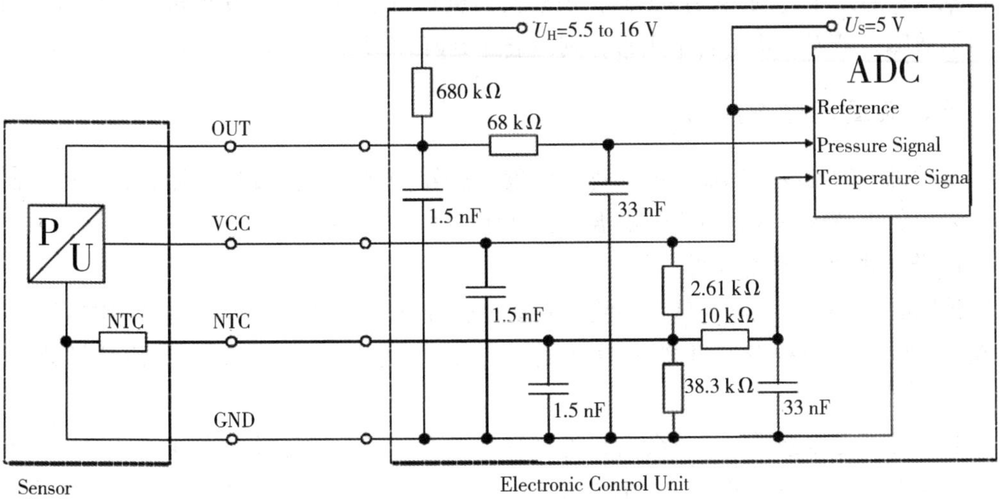

图 4-25 进气压力温度传感器电路图

如果进气压力传感器发生故障，发动机就不能精确检测进气量，就会使混合气过浓或过稀，产生点火提前角过大或过小，发动机出现启动困难、怠速抖动、加速无力、油耗增加、CO 偏高或偏低等故障。

1. 进气压力传感器电路分析

（1）传感器“VCC”线路为电源线，点火开关置于“ON”，“VCC”与搭铁之间的电压应为 5 V。

（2）传感器“OUT”线路为信号线，发动机运行时，“OUT”与搭铁之间的信号电压应在 0~4. 97 V 之间变化，并随进气压力的增大而增大，怠速信息电压为 1. 3 V；节气门全开时（或点火开关置于“ON”，发动机未启动时），信号电压应大于 4 V。

（3）传感器“GND”线路为搭铁线，断开连接器插头，点火开关置于“OFF”，连接器插头“GND”与搭铁之间的电阻应小于 0. 5 Ω。

2. 进气压力传感器检测诊断方法

运转发动机，读取数据流或故障码，进气歧管绝对压力应为 10~105 kPa，进气压力传感器信号电压应为 0~4. 97 V，进气歧管绝对压力值和进气压力传感器信号电压应随进气量的增大而增大。如果压力值与规定值不一致，则说明进气压力传感器有故障，检修人员应检查进气压力传感器及其线路故障，具体步骤如下。

（1）目测是否有真空泄漏，电路是否接好。

（2）检测传感器信号电压是否正常，若正常，则传感器电路良好；如果信号不良，则检查传感器供电信号电路。

（3）拔下连接器插头，检测传感器供电电压是否为 5 V，若不为 5 V，检查传感器至 ECU 之间的导线电阻（小于 0. 5 Ω）；若为 5 V，检测传感器搭铁电路。

（4）断开插头，插头“GND”与搭铁间的导线电阻应小于 0.5 Ω。若断路，则应更换搭铁线；若正常，则更换传感器，观察发动机是否正常。如果发动机运转正常，则为传感器故障；若发动机运转不正常，则检查并更换 ECU。

三、温度传感器检测

发动机中的温度传感器一般为进气温度传感器和冷却液温度传感器。温度传感器大部分采用负热敏电阻式，电阻值随温度升高而减小。

1. 进气温度传感器检测

传感器“NTC”线路为信号线路，发动机运行时，“NTC”线路与搭铁间的信号电压应在 0 ~ 5 V 之间变化，并随进气压力的增大而减小。在 20 ℃时，传感器阻值为 2.5 kΩ±5%。

若进气温度传感器失效，会引起进气量计算不准确。如果进气温度信号超出范围或信号变化不正常，ECU 会检测到故障，并存储故障码，失效保护程序应采用固定值 20 ℃，该传感器故障症状较为轻微。具体检测步骤为：

（1）点火开关置于“ON”，用万用表测量端子“NTC”和“GND”之间的信号电压，信号电压应为 5 V，若不为 5 V，则为传感器电路故障。

（2）断开传感器连接器，点火开关置于“ON”，用万用表测量连接器“NTC”端子与发动机搭铁间的电压，电压应为 5 V 左右，若不为 5 V 左右，检查传感器“NTC”端子至 ECU 之间的导线电阻是否小于 0.5 Ω；若线路正常，则为 ECU 故障，若不正常，则更换导线。若连接器“NTC”端子与发动机搭铁间的电压为 5 V 左右，则检测传感器搭铁线路。

（3）点火开关置于“OFF”，断开传感器连接器，用万用表测量连接器插头端子“GND”与发动机搭铁之间的电阻，线路应为导通状态。传感器“GND”端子至 ECU 之间的导线电阻应小于 0.5 Ω。若线路正常，则为 ECU 故障；若不正常，则应更换导线。若连接器“GND”端子与发动机搭铁间导通，则应检测传感器。

（4）点火开关置于“OFF”，断开传感器连接器，测量传感器电阻，在20 ℃时，传感器阻值应为 2.5 kΩ±5%，若改变温度，阻值应随温度升高而降低。

2. 冷却液温度传感器检测

中华 H530 发动机的冷却液温度传感器电路图如图 4-26 所示。

传感器 A、C 端子连接到 ECU，在 25 ℃时，传感器阻值为 1.98 kΩ 左右。B 端子连接到水温表。

若冷却液温度传感器失效，发动机不能识别机体温度，喷油、点火、怠速等控制不能满足发动机实际运行需要，一般会出现启动困难、怠速不稳、暖机过程不正常、污染增大、油耗增加等现象。其检测过程与进气温度传感器的检测步骤一致。

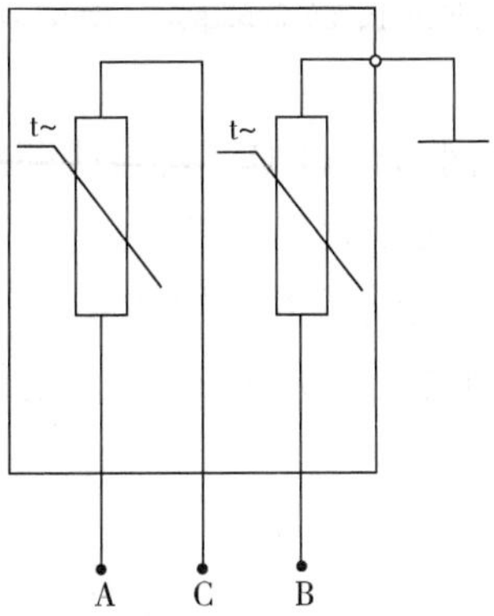

图 4-26　冷却液温度传感器电路图

四、曲轴/凸轮轴位置传感器的检测

曲轴位置传感器可以用来检测发动机转速和曲轴转角。当传感器发生故障时，ECU 不能识别活塞位置，发动机不能控制点火。发动机的故障严重，一般表现为发动机不启动或发动机熄火。

凸轮轴位置传感器可用来检测凸轮轴位置，产生判缸信号。该传感器发生故障时，ECU 不能识别活塞是在压缩上止点还是在排气上止点，也就不能在正确时刻控制喷油和点火，此时发动机可能出现的故障现象为发动机启动困难，大负荷功率下降，尾气排放超标，油耗增大。

不同的车型的发动机会采用不同形式的曲轴/凸轮轴位置传感器，其一般形式有磁感应式、霍尔式和光电式，其中磁感应式和霍尔式应用较多。

1. 磁感应式传感器检测

丰田皇冠 3. 0 所采用的 2JZ-GE 发动机的曲轴/凸轮轴位置传感器为磁感应式。

在图 4-27 中，传感器 2、3 号端子为判缸信号，分别用来检测 6 缸和 1 缸活塞压缩行程到达上止点前 10°信号。传感器 1 号端子为曲轴转速转角信号，传感器 4 号端子为搭铁信号线。

检测步骤为：

（1）检查传感器与发动机控制单元之间的导线是否有连接不良或松动现象。

（2）启动发动机，用示波器或解码器分别检测端子 2 与 4、端子 3 与 4 和端子 1 与 4 之间的电压信号，这些信号应为交变的脉冲电压信号，并且其频率应随发动机转速的提高而增大。若检测结果符合规定，则传感器及其电路良好，检查 ECU；若检测结果不符合规定，则检查传感器电阻。

（3）关闭点火开关，断开连接器，分别测量端子 2 与 4 和端子 3 与 4 之间的电阻在冷态下的阻值（应为 125~200Ω）；端子 1 与 4 之间的电阻在冷态下的阻值（应为 155~

250 Ω）。如果阻值不符合规定，则为传感器故障，须更换传感器；若阻值正常，则检查与传感器连接的相关导线。

（4）各端子之间导线阻值应小于 0. 5 Ω，若导线断路，则更换导线；若符合规定，检查传感器信号盘以及传感器与信号盘之间的气隙。

（5）分析传感器波形，判断信号盘是否有缺损或沉积杂物，信号盘与传感器凸轮之间的气隙为 0. 2~0. 4 mm。若不符合规定值，应更换传感器总成。

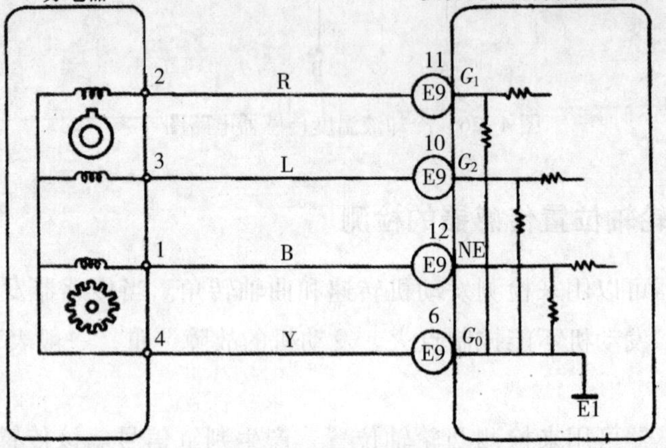

图 4-27　磁感应式凸轮轴/曲轴位置传感器电路

2. 霍尔式传感器检测

中华 H530 发动机曲轴位置传感器和凸轮轴位置传感器均采用霍尔式。霍尔式凸轮轴位置传感器电路如图 4-28 所示。其中，1 为搭铁信号端子，2 为信号端子，3 为电源端。

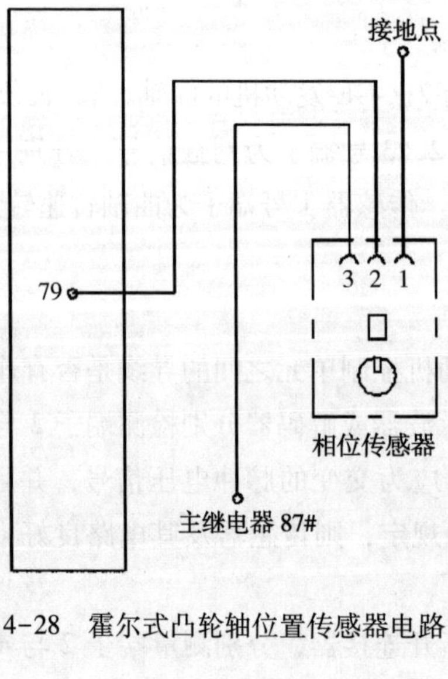

图 4-28　霍尔式凸轮轴位置传感器电路

检测步骤为：

（1）检测传感器信号电压是否正常，将发光二极管连接在端子 1 与 2 之间，运行发动机，发光二极管应闪烁；或用示波器读取该传感器信号波形，信号波形如图 4-29 所示。若信号端符合要求，则说明传感器电路良好，检查 ECU；若不符合要求，则检查供电电路。

（2）断开点火开关，拔下连接器，将点火开关置于“ON”，用万用表检测连接器插头端子 3 与搭铁之间的电压，电压应为 12 V（有些车辆的电压为 5 V），如果不符合规定值，检测 ECU 与传感器之间的导线是否发生断路；若符合规定值，则检测搭铁线路。

（3）断开连接器，用万用表电阻挡检测端子 1 与发动机搭铁点是否为导通状态，若不是导通状态，应更换传感器搭铁线。

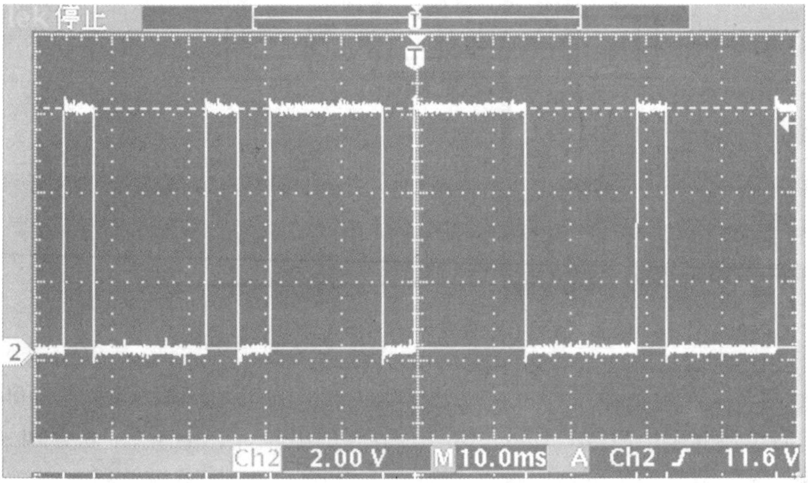

图 4-29 霍尔式凸轮轴位置传感器信号波形

五、节气门位置传感器的检测

节气门位置传感器可用来检测节气门位置状态，ECU 由此判定发动机工况，所以若该传感器发生故障，则 ECU 不能识别发动机工况，喷油和点火控制不能满足发动机实际运行的需要，发动机可能出现启动不良、怠速不稳等现象。当传感器信号超出规定范围时，即与进气压力信号以及空气流量信号和发动机转速信号不一致时，ECU 会检测到节气门位置传感器的故障，存储故障码，同时采用替代值。若传感器信号不准确，ECU 不能检测到节气门位置传感器故障，不能存储故障码，不能采用替代值。

不同的车型和发动机会采用不同形式的节气门位置传感器，如开关型节气门位置传感器、线性节气门位置传感器和霍尔元件型节气门位置传感器。帕萨特 B5 发动机采用的是线性节气门位置传感器，其电路原理图如图 4-30 所示。

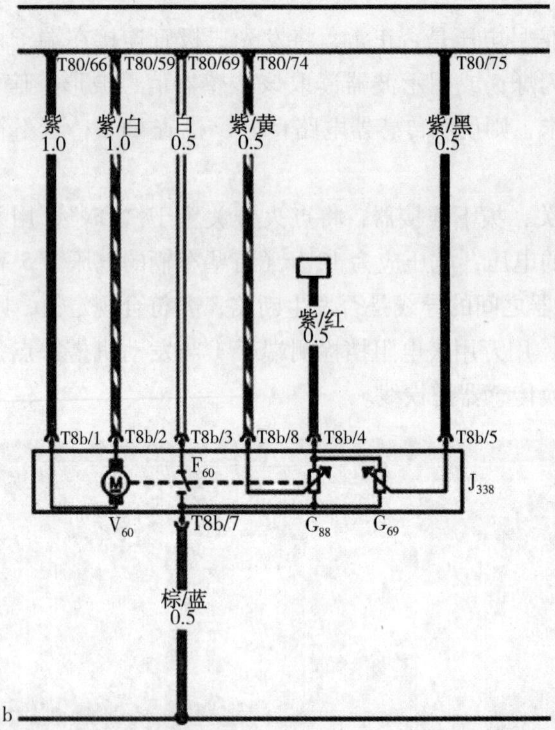

图 4-30　线性节气门位置传感器电路原理图

在图 4-30 中，V60 为节气门电动机，端子 1 和 2 为电动机接线端子，F60 为怠速开关，端子 3 为怠速开关信号线，G88、G69 为节气门电位计，端子 5、8 分别为电位计的信号线，端子 4 为节气门传感器电源线，端子 7 为节气门传感器搭铁线。

检测步骤为：

（1）检测 G69 电位计，断开点火开关，拔下传感器插头，将点火开关置于“ON”，检测端子 5 和 7 之间的电压，当节气门全闭时，电压应为 0.3~0.8 V；当节气门全开时，电压应为4 V。同时检测连接插头 4 和 7 之间的电压，电压应为 5 V，若电压不正常，则分别检测各导线的导通性，如果导线无断路，则检测 ECU。若电压均正常，测量 G69 电位计各电阻，用万用表测量电位计 4 和 7 之间的电阻，在节气门任何位置下，阻值都应为 700 Ω。测量 5 和 7 之间的电阻，阻值在节气门全开时应为 0.95 Ω，在节气门全闭时应为 1.6 kΩ。测量端子 4 和 5 之间的阻值，在节气门全开时应为 1.73 kΩ，在节气门全闭时应为 0.9 kΩ。如果阻值不符合规定，则应更换节气门传感器。

（2）检测 G88 电位计，断开点火开关，拔下传感器插头，将点火开关置于“ON”，检测端子 8 和 7 之间的电压，当节气门全闭时，电压应为 0.3~0.8 V；当节气门全开时，电压应为4 V。若电压不正常，分别检测各导线的导通性，如果导线无断路，检测 ECU。若电压均正常，测量 G88 电位计各电阻，用万用表测量 8 和 7 之间的电阻，节气门在全闭时阻值应为 1170 Ω。测量端子 4 和 8 之间的阻值，节气门全闭时阻值应为 735 Ω。如果阻值不符合规定，则应更换节气门传感器。

（3）检测 F60 怠速开关，关闭点火开关，拔下插头，检测端子 3 和 7 之间的电阻，在节气门全关时，阻值应小于 1Ω；打开节气门时，阻值应为∞。若阻值不符合规定，应更换节气门体。

（4）检测 V60 节气门电动机，关闭点火开关，断开插头，检测端子 1 和 2 之间的电阻，阻值应为 3~200 Ω，若不符合规定，更换节气门体。

六、氧传感器的检测

氧传感器作为电控系统的重要部件，对发动机正常运转和尾气排放的有效控制起着至关重要的作用。若氧传感器及其控制电路出现故障，不仅会造成排放超标，还会导致发动机空燃比失常，引发怠速不稳、喘振或熄火以及加速不良等故障。因此，检修人员必须排除这类故障。

1. 氧传感器的常见故障

（1）氧传感器中毒。铅、硅等杂质会使氧传感器和三元催化转化器中毒，使氧传感器输出信号电压发生变化，不能正常工作。

（2）氧传感器积炭。如果发动机燃烧不好，氧传感器表面会形成积炭，氧传感器输出的信号会失准。此时，应排除发动机积炭故障，这样氧传感器的沉积物会自动清除，恢复正常工作状态。

（3）氧传感器陶瓷碎裂。氧传感器的陶瓷硬而脆，用硬物敲击或用强烈气流吹洗都可能使其碎裂而失效，因此对于这一故障，检修人员在处理时要特别小心，应及时发现问题。

（4）加热器烧断。如果加热器烧断，氧传感器不能迅速达到正常工作温度，会导致发动机排放超标。

（5）氧传感器线路故障。氧传感器线路断路、短路、搭铁或接触不良，都会使 ECU 接收到的信号不准确，以至于不能进行空燃比闭环控制。

2. 氧传感器检修

氧传感器电路图如图 4-31 所示。

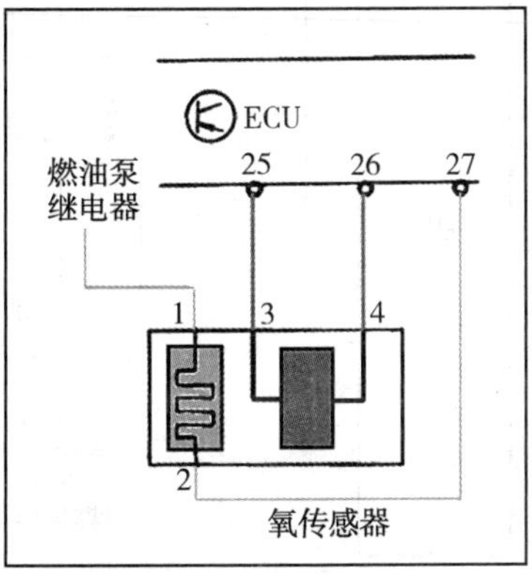

图 4-31　氧传感器电路图

检测步骤如下：

（1）预热发动机，使其进入空燃比闭环控制。

（2）检测氧传感器端子 3、4 间的电压信号是否在 0~0.3 V 与 0.7~1.0 V 之间波动变化，发动机在 2500 r/min 左右时的变化频率应为 10 s 内不少于 8 次。若电压信号正常，则氧传感器电路正常，故障为传感器本身；若电压信号不符合规定，则应分别检测传感器加热电路和信号电路。

（3）检测氧传感器加热电路以及加热器的阻值，用万用表电阻挡测量端子 1、2 之间的阻值，阻值在常温下应为 5 Ω 左右，若阻值不正常，则更换氧传感器；若阻值正常，则检测加热器电路。油泵继电器至端子 1 之间和端子 2 至端子 27 之间的导线阻值应小于 0.5 Ω，若导线阻值不符合规定，则为导线故障；若导线阻值正常，则检测 ECU。

（4）检测氧传感器信号电路，断开氧传感器连接器插头，将点火开关置于“ON”档，检测 3、4 端子间电压，应为 0.45 V。若电压不正常，更换氧传感器；若电压正常，检测信号线路，端子 3 至端子 25 之间和端子 4 至端子 26 之间的导线阻值应小于 0.5 Ω，若导线阻值不符合规定，则为导线故障；若导线阻值正常，则检测 ECU。

七、爆震传感器

爆震传感器是点火时刻闭环控制必不可少的重要部件，其功能是将发动机爆燃信号转换为电信号传递给 ECU，ECU 根据爆燃信号对点火提前角进行修正，从而使点火提前角保持最佳状态。爆震传感器一般不易损坏，如果发现爆震传感器有问题，则可能是线路或发动机确实存在故障，故障现象主要表现为加速不良等。

下面以中华 H530 型轿车的爆震传感器为例说明其检修方法。爆震传感器电路如图 4-32所示。

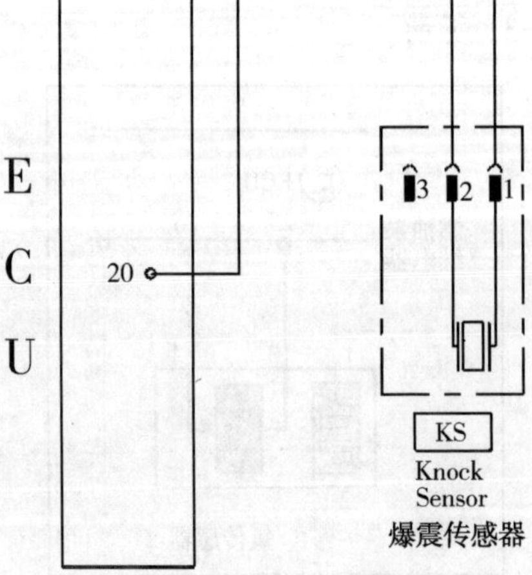

图 4-32　爆震传感器电路

1. 电路检测

检测爆震传感器时，应断开点火开关，拔下传感器线束插头，用万用表 200 kΩ 挡检测传感器 1 和 2 之间的阻值，阻值应大于 1 Ω，若阻值不符合规定，则要更换传感器；若阻值正常，检测传感器导线，拔下 ECU 和传感器插头，测量 1、19 和 2、20 之间的导线阻值，阻值应小于 0.5 Ω，若不符合规定，则更换导线；若导线阻值正常，检测 ECU。

2. 波形分析

发动机动态测试，即对发动机进行加载，看示波器显示。波形的峰值电压和频率将随发动机的负载和转速变化而变化，同时随发动机点火时间、燃烧温度、废气再循环等情况变化。

发动机静态测试，即接通点火开关，不启动发动机，在传感器附近敲击发动机机体。示波器将显示出振动波形，敲击越重，振动幅度就越大。

4.3.3 主要执行器的检测方法

一、怠速控制阀

怠速控制阀（ISCV）安装在节气门体上，在电子控制器 ECU 的作用下，它能自动控制怠速运转时进入发动机的空气量，实现对怠速转速的控制，保证怠速时发动机能够稳定地运转。电子控制器 ECU 通过发动机转速传感器监测怠速转速，并根据自动变速器空挡开关、空调压缩机电磁离合器开关、蓄电池充电指示灯、动力转向压力开关等传输来的信号，不断将实际怠速与预置的目标怠速进行对比，根据对比出的转速差值，指令怠速控制阀调节旁空气通道的空气通过量进行怠速补偿，使怠速转速保持目标怠速。

怠速控制阀大致分为两种：一种为控制节气门全关闭位置的节气门直动式怠速控制阀，另一种为控制节气门旁空气通道空气通过量的旁通空气式怠速控制阀。目前，这两种怠速控制阀均使用广泛，例如，帕萨特 B5 的 ANQ 发动机、中华 H530 使用的三菱 4A92 发动机等均使用节气门直动式怠速控制阀；皇冠 2JZ 发动机、三菱 4G63 发动机均使用旁通空气式怠速控制阀。

怠速控制机构一旦发生故障，发动机就会出现怠速不稳、怠速熄火及无怠速等故障。因此，检修人员必须及时排除故障。怠速控制机构的常见故障主要为：机械故障和电气故障。

1. 机械故障

怠速控制机构的机械故障有节气门积炭、节气门发卡等。节气门发卡往往是积炭引起的。处理这类故障时，检修人员应先将沉积物清除，然后进行基本设定，这样系统就会恢复正常；当然，还应排除引起非正常积炭的故障。

清洗节气门和进气系统积炭的方法有免拆洗法和拆解清洗法两种。免拆洗法的操作方法简便，检修人员还可以同时清洗节气门体、进气道和进气门，但成本较高，效果不好。使用拆解清洗法时，需要将节气门体拆下，这种方法比较费时，但清洗较彻底。

2. 电气故障

节气门直动式怠速控制机构的检测方法参见本章 4.3.2 中的“节气门位置传感器的检测”。本书以三菱 4G63 发动机步进电机式怠速控制阀为例，介绍怠速控制阀的检测方法。图 4-33 为怠速步进电机电路图。

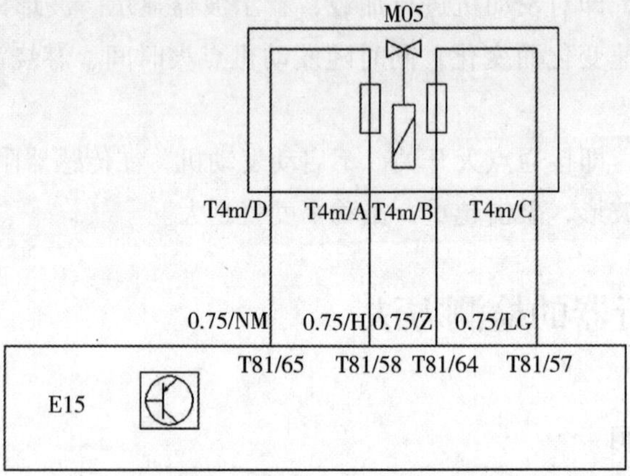

图 4-33 怠速步进电机电路图

检测方法如下：

（1）关闭点火开关，用万用表欧姆挡测量怠速控制阀上各端子间的阻值。端子 65 和 58、端子 64 和 57 之间的标准阻值为 53±10 Ω。若阻值不正确，则更换控制阀；若阻值正常，检测各插头端子与 ECU 之间的控制线路。

（2）分别测量各插头端子至 ECU 间的导线阻值，其阻值应小于 0.5 Ω，若不符合规定，应更换导线；若线路正常，则检测发动机控制单元 ECU。

二、碳罐电磁阀

碳罐电磁阀（ACF）安装在碳罐通往进气管的通路中。在 ECU 控制下，它可以防止汽油蒸气泄漏造成的污染。常见的碳罐电磁阀有两种结构形式：一种为三通气口式，如皇冠 2JZ-GE 发动机；另一种为二通气口式，如中华 H530 的 4A92 发动机。

一旦碳罐电磁阀失效或控制线路不良，就会引起怠速不稳和失速、发动机性能不良以及空燃比不正确等问题。

这部分仅以中华 H530 的 4A92 发动机碳罐电磁阀为例，介绍碳罐电磁阀的检测方法，其电路图如图 4-34 所示。

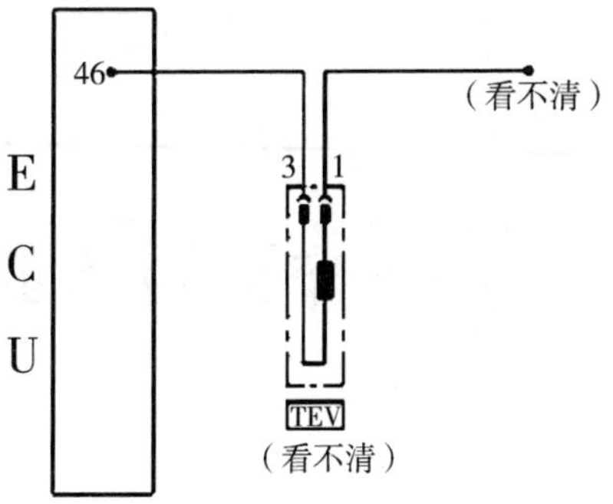

图 4-34　碳罐电磁阀电路原理图

检测方法如下：

(1) 检测电磁阀的线圈阻值，关闭点火开关，脱开电磁阀的导线插接器，用万用表欧姆挡测量电磁阀两插头的电阻，标准值为 26 Ω，如果阻值不正确，则更换碳罐电磁阀；如果阻值正确，则检测控制线路。

(2) 碳罐电磁阀通过主继电器供电检测。检测时，先关闭点火开关，断开电磁阀导线插接器，启动发动机，用万用表直流电压挡连接插头端子 1 和搭铁，其电压应为 12 V，如果电压值不正常，应检查保险丝到主继电器之间的导线是否断路或短路；如果导线良好，应检测保险丝和主继电器。

(3) 碳罐电磁阀的动作测试。关闭点火开关，断开电磁阀的导线插接器，用发光二极管试灯连接插头上两端子，启动发动机，发光二极管试灯应闪烁。如果二极管试灯保持常亮，应检测电磁阀导线插接器的端子 2 是否对地短路。如果二极管试灯不亮，应检测电磁阀导线插接器的端子 2 是否断路或对正极短路。如果插接器连接良好，导线无短路或断路现象，则应检测发动机控制单元 ECU。

4.4 OBD-Ⅱ车载自诊断系统

为了限制汽车排放，提高燃料的燃烧性能，减少大气污染、光化学烟雾和燃料消耗量，世界上许多国家相继制定了一些法律法规，采取了越来越严厉的限制规定，汽车厂商也纷纷研制新的技术。1979 年，美国通用汽车公司首次在电控燃油喷射系统中使用了随车诊断系统。1985 年，加州空气资源委员会（CARB）开始对汽车提出了应能监测排放系统性能及指示器件失灵的要求，也就是对汽车增设随车诊断系统提出了要求。

当时要求汽车增设随车诊断系统的目的是：在车辆的排放系统有故障时提示车主注意，并使维修技术人员快速地找到故障来源，以减少汽车废气对大气的污染。可以看出，当时增设随车诊断系统的主要是为了监测排放系统，减少废气对大气的污染，并希望为故障诊断带来方便。1993 年以前的随车诊断系统为第一代随车诊断系统，各厂家采用了不同的诊断座、不同的诊断代码和不同的诊断功能，对此，检修人员在检测诊断中会感到不方便。

OBD-Ⅱ（On Board Diagnostics-Ⅱ）是随车诊断系统第二代的缩写。它是由美国汽车工程师学会（SAE）制定的，经由美国联邦环保局（EPA）及美国加州空气资源协会（CARB）登记的一套汽车标准。美国加州要求一些国家销售到该地区的车辆均必须符合该标准。该标准要求各汽车厂家提供统一的诊断模式、统一的诊断座和统一的诊断代码，只要一台诊断仪器就可检测并诊断所有车种。

在 OBD-Ⅱ标准公布后，世界各汽车生产厂家纷纷采用，该标准逐渐形成了国际标准。1994 年，约有 10% 的汽车生产厂家采用了这一标准，1995 年约有 50% 的汽车厂家采用了这一标准，而在 1996 年，几乎全部厂家都在考虑采用这一标准。OBD-Ⅱ标准为汽车排放和电器元件提供了更为精确的监控，覆盖范围要更广，因而对汽车设计、制造、检测、维修产生了巨大影响。检修人员了解、掌握和应用 OBD-Ⅱ国际标准，将大大简化汽车检测诊断、维护修理工作。

4.4.1 OBD-Ⅱ车载自诊断系统的目标

OBD-Ⅱ随车诊断系统的目标如下。

（1）统一诊断座。OBD-Ⅱ诊断座如图 4-35 所示。

（2）统一诊断座位置。

（3）解码器和车辆之间采用标准通信规则。

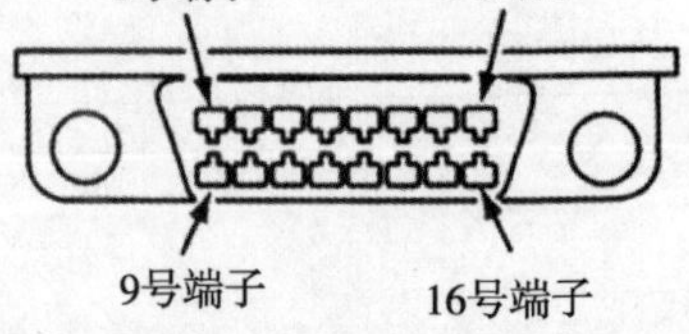

图 4-35 OBD-Ⅱ诊断座

（4）统一诊断代码含义。

（5）具有行车记录器功能。

（6）监控排放控制系统。

（7）解码器能够读码、记录数值、清码等。

（8）具有标准的技术缩写术语以及工作元件的定义系统。

美国汽车工程师学会（SAE）还制定了用于车辆传送信息到解码器的标准以及解码器软件标准。

从图 4-35 中可以看出，OBD-Ⅱ诊断座统一为 16 针（pin），各针作用见表 4-5。

表 4-5　OBD-Ⅱ诊断座各针作用表

针的序号	针的功能
1	汽车生产厂家自行设定
2	BUS+线，SAE J1850
3	汽车生产厂家自行设定
4	底盘搭铁
5	信号搭铁
6	汽车生产厂家自行设定
7	K 线，ISO 9141
8	汽车生产厂家自行设定
9	汽车生产厂家自行设定
10	BUS-线，SAE J1850
11	汽车生产厂家自行设定
12	汽车生产厂家自行设定
13	汽车生产厂家自行设定
14	汽车生产厂家自行设定
15	L 线，ISO 9141
16	蓄电池正极

从上表可以看出，在 OBD-Ⅱ诊断座的 16 针中，其中有 7 个是 OBD-Ⅱ标准定义的，其余 9 个待用，可由汽车生产厂家自行设定。

4.4.2 OBD-Ⅱ车载自诊断系统代码的组成与结构

OBD-Ⅱ随车诊断系统诊断代码由 1 位字母和 4 位数字组成，结构如下。

（1）第 1 位为英文字母，表示诊断代码的系统划分，分配的字母有 4 个，划分如下：

B—车身系统；

C—底盘系统；

P—动力系统；

U—未定义。

（2）第 2 位为数字，表示诊断代码类型，共计 4 个数字，类型如下：

0—美国汽车工程师学会（SAE）定义的（通用）诊断代码；

1—汽车生产厂家定义的（扩展）诊断代码；

2、3—随系统划分 B、C、P、U 的不同而不同。在 P 系统中，2 或 3 由 SAE 留作将来使用；在 B 或 C 系统中，2 由汽车生产厂家保留，3 由 SAE 保留。

（3）第 3 位为数字，表示故障的系统识别，共计 10 个数字，识别如下：

1—燃油或进气系统故障；

2—燃油或进气系统故障；

3—点火系统故障；

4—排放控制系统故障；

5—速度控制系统故障；

6—电脑或输出电路故障；

7—变速器控制系统故障；

8—变速器控制系统故障；

9—SAE 未定义；

10—SAE 未定义。

（4）第 4、5 位为数字，这两个数字组合在一起使用，表示对具体故障的代码界定（Code Definition）。SAE 为不同传感器、执行器和电路分配了不同区段的两位数代码，以便使诊断代码表示的故障更为具体，例如中华 H530 汽车 OBD-Ⅱ诊断代码“P0117 发动机冷却液温度传感器电路电压过低”“P0118 发动机冷却液温度传感器电路电压过高”。

4.4.3 OBD-Ⅱ车载自诊断系统代码的读取

检修人员既可以使用解码器等专用检测仪器显示读取 OBD-Ⅱ随车诊断系统诊断代码，也可采用如下方法就车显示诊断代码。

（1）通用（GM）车系。跨接 OBD-Ⅱ诊断座第 5、6 孔，由仪表板“发动机报警灯”显示诊断代码。

（2）福特（FORD）车系。跨接 OBD-Ⅱ诊断座第 5、13 孔，由仪表板“发动机报警灯”显示诊断代码。

（3）克莱斯勒（CHRYSLER）车系。将点火开关置于“ON”，等待5~10s后，由仪表板“发动机报警灯”显示诊断代码。

（4）丰田（TOYOTA）车系。跨接OBD-Ⅱ诊断座第5、6孔，由仪表板“发动机报警灯”显示诊断代码。

（5）三菱（MITSUBISHI）车系。该车系可显示以下系统的诊断代码：

跨接OBD-Ⅱ诊断座第5、1孔，由仪表板“发动机报警灯”显示发动机电控系统诊断代码。用LED灯跨接OBD-Ⅱ诊断座第4、6孔，由LED灯显示变速器电控系统诊断代码，用LED灯跨接OBD-Ⅱ诊断座第8、4孔，由LED灯显示ABS电控系统诊断代码。

4.5 防抱死制动系统检测

汽车防抱死制动系统（ABS）是提高汽车行驶安全性的重要装置。它能使汽车在紧急制动时防止车轮抱死以获取最大制动力，并保持行驶方向的稳定性和转向时良好的操纵性。

汽车 ABS 是由电子控制器（ABS ECU）、ABS 执行器、传感器和 ABS 报警灯等部分组成的。其中 ABS 执行器主要由电磁阀、回油泵等组成。汽车制动时，ABS ECU 计算出车轮的旋转速度并将之换算成车速，使 ABS 执行器工作，把最适合的制动液压力供给每个车轮制动器，避免车轮抱死，使车轮与地面的滑移率保持在最佳范围之内（10%~30%），以达到最大制动效果。

ABS 装备有故障诊断系统。如果 ABS 中任一信号系统出现故障，驾驶员组合仪表上的 ABS 报警灯会点亮，告知驾驶员出现故障。同时，ABS ECU 把故障以代码形式储存起来，以便检修人员读取代码，检测、分析、判断并排除故障。

4.5.1 ABS 系统自诊断与检测方法

特定的诊断与检测可及时发现 ABS 中的故障，是汽车检测中非常重要的部分。对于不同的车型，甚至同一系列不同年代生产的车型，诊断与检测的方法和程序都会有所不同，其中的不同只要比较相应的维修手册便可知道，但是 ABS 基本诊断与检测方法的内容是不变的。

一、初步检查

1. 直观检查

（1）检查驻车制动是否完全释放。

（2）检查制动储液罐液面是否符合规定。

（3）检查所有的制动管路有无损坏、变形和泄漏迹象。

（4）检查 ABS 系统的所有保险丝是否完好，导线是否破损，插座是否牢固。

（5）检查蓄电池容量和电压是否符合规定，正、负极导线连接是否可靠。

（6）检查 ABS ECU 插接器连接是否牢靠。

（7）检查电路连接处是否有腐蚀、损坏、松脱或接触不良现象，检查 ABS 系统的各接地线接地是否可靠。

（8）检查轮胎磨损是否严重。

（9）检查车轮转动有无阻滞，轮毂轴承间隙是否正常。

上述检查正常或经调整正常后，再进入试车检查。

2. 试车检查

通过路试检查后，评价汽车的制动性能及 ABS 的工作情况，并确认故障症状。试车检查的方法是：先以 30 km/h 左右的车速减速制动停车，然后以 40 km/h 左右的车速紧急制动，观察制动过程中发生的现象。

（1）根据故障指示灯判断故障。正常情况下，在点火开关置于“ON”位置时，ABS 故障指示灯应点亮，启动发动机时，ABS 故障指示灯应点亮 3s 左右。在试车过程中，指示灯应保持熄灭，若指示灯亮，则说明 ABS 有故障。

（2）根据制动的轮胎印迹判断故障。试车紧急制动时，若在路面上留下拖印痕迹，则说明 ABS 系统存在车轮抱死故障。

（3）根据制动时汽车的方向稳定性判断。试车时减速制动，汽车直线行驶，而紧急制动时，汽车有跑偏甚至侧滑现象，说明 ABS 系统存在故障；若试车时减速制动有跑偏现象，多为常规制动系统故障。

（4）根据制动踏板的感觉判断故障。发动机启动后，踩下制动踏板，制动踏板有反弹现象，说明 ABS 系统在工作；若感觉不到制动踏板的连续振动，说明 ABS 有故障。

二、读取故障代码

ABS 系统一般都具有故障自诊断功能，电子控制单元工作时能对自身和系统中的有关电器元件进行测试。如果电子控制单元检测出系统存在故障，一方面会使 ABS 故障指示灯点亮，中断 ABS 工作，恢复常规制动系统，另一方面会将故障信息以代码的形式存入存储器中，然后在检修时由检修人员将故障代码读出，以便了解故障状况。

ABS 系统故障代码的读取方法大致可归纳为以下三种方法。

1. 跨接自诊断启动电路读取故障代码

检修人员可按规定的方法跨接诊断插座中相应端子，然后根据 ABS 故障指示灯的闪烁规律，读取故障代码。检修人员再参照故障代码表，确定故障的基本情况。目前，人们很少使用此方法。

2. 借助专用诊断仪器读取故障代码

将专用诊断仪器与故障诊断接口相连，按照一定的操作规程，通过与 ABS ECU 双向通信，从检测仪的显示器上读取故障代码。目前，人们广泛使用此种方法。

3. 利用汽车仪表板上的信息显示系统读取故障代码

有的汽车仪表板上具有驾驶员信息系统，即中心计算机系统。检修人员可以按照一定的自检操作程序，从信息显示屏上获取 ABS 系统的故障代码或故障信息。

三、故障码显示故障的诊断与排除

下面以中华骏捷 FRV 故障码为例，介绍 ABS 的故障码的诊断排除过程，中华骏捷

FRV ABS 系统电路图如图 4-36 所示。

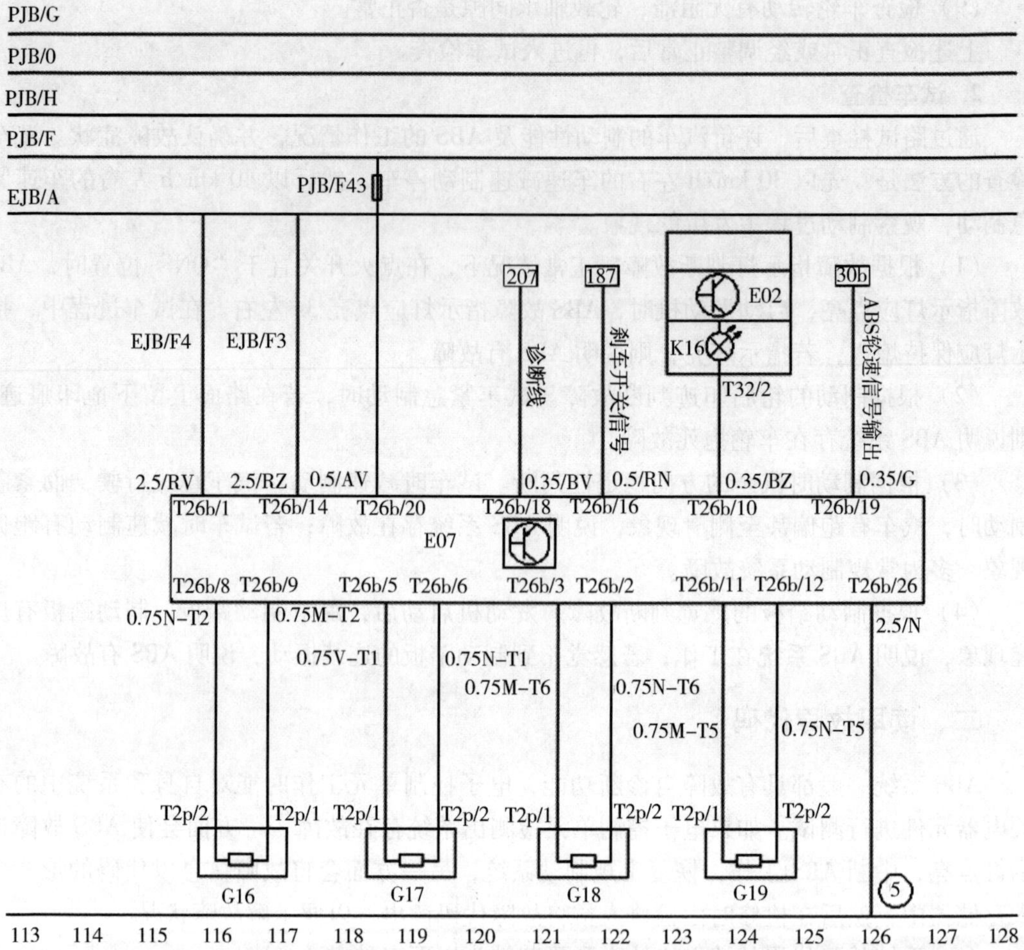

图 4-36　中华骏捷 FRV ABS 系统电路图

1. 故障码为 "01276"

当车速超过 20 km/h 时，ABS ECU 将控制液压泵电动机工作，若此时检测到液压泵电动机工作不正常，则出现此故障码，主要故障原因为电源线路短路或搭铁不良，电动机线束松脱。

检测方法为：

（1）应首先检查蓄电池的电压是否正常，然后拔下电动机线束连接器，直接给电动机提供蓄电池电压，若电动机不能正常工作，则应更换液压控制单元。

（2）检查保险丝 F3（泵电机保险丝）和 ABS ECU 连接器，若有损毁或腐蚀、松动，应更换保险丝和线束。

（3）接好电动机线束，连接解码器 X431，点火开关打到 "ON" 挡，清除故障码（功能 02），利用解码器液压控制单元测试（功能 04）控制测试液压泵电动机，若电动机仍不能正常工作，则更换电子控制单元；若电动机运转正常，可能是接触不良引发的偶然性故障，可用模拟法查找故障部位，并排除故障。

2. 故障码为“00283”“00285”“00287”“00290”

此故障码表示车轮转速传感器电气及机械故障。以下几种情况可能出现上述车轮转速传感器故障码。

（1）当检查不到电路断路，而车速达到 20 km/h 以上仍没有信号输出时，即出现此故障码。

（2）当检测到车速超过 40 km/h，且传感器信号超出公差值时，即出现此故障码。

（3）传感器存在可识别的断路故障时，即出现此故障码。

针对前两种情况，故障原因可能是传感器安装不当、传感器线圈或线束短路、传感器与齿圈气隙过大、ABS ECU 损坏等。

诊断时，首先检查车轮转速传感器，若安装不正确或损坏，应重新安装或更换。其次检查齿圈及气隙，若车轮转速传感器的齿圈有变形、断齿等现象，应更换齿圈。车轮转速传感器的齿圈若被泥土、脏物等异物堵塞，应清除异物。若气隙过大，应重新安装，调整正确值（0. 9~1. 7 mm），之后检查车轮轴承间隙是否正常，若不正常，应继续进行调整。最后检查车轮转速传感器与 ABS ECU 间的线束和连接器，若有损坏或松旷现象，应更换。

针对第三种情况，故障原因可能为传感器和线束连接不良、传感器线圈短路、传感器连接器或线束短路、ABS ECU 信号处理电路有故障等。

诊断时，将 ABS ECU 插头拆下，检查 ABS ECU 下列端子间（左前轮端子 8 和 9、右前轮端子 5 和 6、左后轮端子 3 和 2、右后轮端子 11 和 12）的电阻值，阻值应为 1. 0~1. 3 kΩ，若阻值正确，可能是电子控制单元损坏，应更换；若阻值不正确，检查传感器连接器，如有腐蚀或松旷现象，应检修或更换；若连接器正常，检查 ABS ECU 到传感器之间的线束是否有短路或断路故障，若有，则更换线束，否则更换传感器。若上述各项检测均正常，可能是偶发性故障，可用模拟法检测，确定故障部位并排除故障。

3. 故障码为“01044”

此故障码表示 ABS 编码错误。当 ABS ECU 的软件编号与 ABS 线束的硬件编号不一致时，就会出现此故障码。故障原因可能是 ABS 线束内跳针连接错误、ABS ECU 编码错误。检测方法为：

（1）可使用 X431 检查 ABS ECU，检查软件编码值是否正确，若不正确，则需要重新编码。

（2）检查 ABS 线束跳针端子能否导通，若不正常，应检修或更换线束。

四、偶发性故障的检查方法

在电子控制系统中，在电气回路和输入、输出信号的地方，可能出现瞬时接触不良的问题，从而导致偶发性故障或 ECU 在自检时留下故障码。如果故障持续存在，那么只要按照故障码检查表就可以发现不正常的部位，不过有时故障会自行消失，所以不容易找出问题产生的原因。

因此，检修人员要使偶发的故障再现，这样才能解除故障。偶发性故障再现的方法就是要求检修人员模拟实际情况，利用振动法、加热法、冷冻法、喷水法和电流负荷法等排除故障。

1. 振动法

进行振动测试时，可用手轻轻摇动各连接插头及其线束，轻轻弯动各线束，或用手轻轻敲击连接部件，同时观察系统状态变化。

如果线束有扭断或因拉得太紧而产生断裂的现象，就必须更换新件，尤其是当传感器在车辆运动因为悬架系统而上下移动时，可能会造成短暂的开路、短路。因此，检查传感器信号时，检修人员必须进行实车行驶试验。

2. 加热法

如果故障是在炎热的气候条件下且是在汽车短暂停车后发生的，则可用电吹风机加热可能发生故障的部位，如果故障再现，则应更换或者分离该部件。

3. 冷冻法

如果故障发生在冬季，当发动机启动后故障消失，故障可能是水结冰引起的。模拟故障的方法有两种：第一种方法是将汽车放置在露天处过夜，到第二天清晨时快速测试；第二种方法是将怀疑有故障的部件放入冷冻箱，让水结冰，再装回汽车上进行测试。

4. 喷水法

如果故障是在雨雪天和高湿度天气下发生的，可用喷水的方法模拟故障发生的条件，但喷水时一定要注意不要将水喷到电控部件上。

5. 电流负荷法

如果故障是在电流负荷较大时出现的，应考虑在所有用电设备（包括空调、后窗除霜器、音响、雾灯）开启时进行诊断测试。

4.5.2 ABS 系统无故障码输出时的故障诊断与排除

ABS 工作不正常而又无故障码输出时，可根据具体故障现象进行相应的故障诊断。

一、发动机未启动，点火开关置于“ON”时，ABS 警告灯不亮

此故障的可能原因为保险丝烧断、警告灯灯泡损坏、电源电路断路或连接器损坏、ABS 警告灯控制器损坏。

（1）检查中央电器盒内的 ABS 保险丝，烧断则更换。

（2）检查中央电器盒内保险丝插座，损坏应修复。

（3）断开 ABS ECU 连接器，点火开关置于“ON”，若 ABS 警告灯点亮，应为 ABS 线束中连接 ABS 警告灯控制器和 ECU 的导线断路，应检修或更换线束。若 ABS 警告灯不亮，应检查警告灯灯泡，若损坏，应更换。

（4）若灯泡良好，检查警告灯电源电路、搭铁电路及其连接器，如有断路现象或腐蚀现象，应更换线束。

（5）在检查过程中，轻轻晃动线束及连接器，如果故障消失，则为接触不良引起的偶发性故障，视情况排除故障。

（6）若上述检查正常，故障可能是警告灯控制器损坏，应更换警告灯控制器。

二、发动机启动后，ABS 警告灯常亮

此故障的可能原因为警告灯控制器损坏或电路断路。

（1）检查 ABS ECU 和 ABS 警告灯控制器之间的电线是否断路，若断路，则更换线束。

（2）检查 ABS 警告灯控制器，若不正常，则更换。

（3）若警告灯电路及控制器均正常，则 ABS ECU 出现故障，应进行更换。

三、ABS 工作异常而无故障码输出

此故障不仅和 ABS 系统有关，还与驾驶状况及路面条件有密切关系，主要故障原因为车轮转速传感器安装不当、传感器失效或沾有异物、连接器接触不良、齿圈损坏、车轮轴承损坏、ABS 液压控制单元及电子控制单元损坏。

（1）检查车轮转速传感器的安装情况，若不符合规定，需要重新安装。

（2）检查传感器输出信号电压，若信号电压正常，故障出现在液压控制单元，用故障诊断仪 X431 液压单元功能进行测试检查，若不正常，则更换液压控制单元。

（3）检查各个传感器，若传感器损坏，应更换。

（4）检查传感器齿圈，如有损坏，应更换。

（5）检查车轮轴承，轴承过松或损坏，应予以调整或更换。

（6）在检查过程中，轻轻晃动线束及连接器，如果故障消失，则为接触不良引起的偶发性故障，视情况排除故障。

（7）断开 ABS ECU 连接器，检查线束端子间（左前轮端子 8 和 9、右前轮端子 5 和 6、左后轮端子 3 和 2、右后轮端子 11 和 12）的电阻值，电阻值应为 1.0~1.3 kΩ，若电阻值不正常，应检修连接器或更换线束。

（8）若上述检测结果均良好，则 ABS ECU 有故障，应更换。

四、行驶中进行制动时，制动踏板行程过长

此故障的原因为制动液泄漏或系统机械部分有故障，这可能是液压系统泄漏或有空气、常闭电磁阀关闭不严、制动盘严重磨损、驻车制动调整不当所致。

（1）检查制动管路及接头，如有泄漏，应按要求拧紧或修复。

（2）拆检制动器，检查制动盘的磨损情况，视情况修理或更换。

（3）检查驻车制动调节装置，若不正常，应更换。

（4）对液压制动系统进行排气。

（5）用故障诊断仪 X431 液压单元功能测试检查常闭电磁阀的密封性能，若不正常，应更换液压控制单元。

五、行驶中需要用很大的力踩制动踏板才能实施有效制动

此故障的原因是踏板自由行程调整不当、真空助力器失效或液压控制单元内常开电磁阀有故障。

（1）用故障诊断仪 X431 液压单元功能测试检查常开电磁阀，若不正常，应更换液压控制单元。

（2）用传统方法检查真空助力器及踏板自由行程。

六、无诊断码输出（无法与故障诊断仪通信）

此故障的原因是 ABS 电源保险丝烧断、诊断线断裂或接头松脱、ABS ECU 损坏或故障诊断仪有问题。

（1）故障诊断仪 X431 是否可与其他车上的 ABS ECU 通信，若不能通信，则说明故障诊断仪有故障，修理故障诊断仪后再进行检查。

（2）若能通信，则检查 ABS 电源保险丝，烧断则更换。

（3）若正常，观察故障诊断仪 X431 的屏幕有无显示，若没有显示，检查诊断插座中电源线（16 端子）、搭铁线（端子 4 和 5）和诊断线（端子 7）及其连接是否正常，若不正常，修理诊断插座或线束。

（4）若故障诊断仪 X431 屏幕显示正常，可拆下 ABS ECU 接头检查 ABS 线束中 ECU 接线柱（端子 18）与诊断插座（端子 7）是否导通，若不导通，应修理诊断插座或 ABS 线束；若导通，应更换 ABS ECU。

项目五 整车检测技术

知识目标

1. 正确描述汽车整车检测技术的目的和方法；
2. 应知整车检测设备的使用方法及检测工艺流程；
3. 应知整车性能检测项目及技术标准。

能力目标

1. 会运用检测仪器设备对整车进行检测；
2. 会分析整车各个检测项目的检测结果。

建议学时

学时：20 学时。

5.1 汽车动力性检测

汽车的平均行驶速度是汽车动力性的总指标。从尽可能获得高的平均行驶速度的观点出发，汽车的动力性主要从最高车速、加速性能和爬坡能力三个方面来评定。

5.1.1 汽车最高车速的检测

1. 汽车的最高车速

最高车速是指汽车以额定最大总质量，在风速不大于 3 m/s 的条件下在干燥、清洁、平直、良好的路面（混凝土或沥青）上所能达到的最高稳定行驶速度。

2. 最高车速试验

在符合试验条件的道路上，选择中间 200 m 为测量路段，并用标杆做好标志，测量路段两端为试验加速区间。根据试验汽车加速性能的优劣，选定充足的加速区间（包括试车场内环形高速跑道），使汽车在驶入测量路段前能够达到最高的稳定车速。试验汽车在加速区间以最佳的加速状态行驶，在到达测量路段前保持变速器及分动器在汽车设计最高车速的相应挡位，油门全开，使汽车以最高的稳定车速通过测量路段。试验过程中，检修人员要注意观察汽车各总成、部件的工作状况并记录异常现象。

5.1.2 汽车加速性能的检测

汽车加速性能是指汽车从较低车速到获得较高车速时所需最短时间的能力。常用原地起步加速时间与超车加速时间这两项指标来表明汽车的加速能力。

原地起步加速时间是指汽车由第一挡起步并以最大的加速度（包括选择适当的换挡时机）逐步换至高挡后到达某一预定的距离或车速所需的时间。一般采用起步连续换挡加速试验来测定。国外一般用 0~400 m、0~500 m 或 0~1000 m 的原地起步加速时间来比较加速能力。

超车加速时间是指用最高挡或次高挡由某一预定车速全力加速到某一高速所需的时间。常用 40~60 km/h、40~80 km/h 或 40~100 km/h 加速所需时间来表示。因为，超车时汽车与被超车辆并行，容易发生安全事故，所以超车加速能力强，并行距离短，行驶较安全。

1. 原地起步加速性能的测定

检测时，先将变速器置于该车的起步挡位，然后快速起步，并将加速踏板踩到底，使汽车尽快加速。当发动机转速达到最大功率转速时，力求迅速换挡，换挡后立即踩下加速踏板，这样连续换挡加速直到达到预定车速或预定距离为止，记录加速过程的速度、时间和行驶距离。

对于使用自动变速器的车辆，应在 D 挡进行试验。

2. 超车加速性能的测定

汽车在正常行驶时以最高挡和次高挡行驶居多，当汽车由较低车速过渡到较高车速时，动力性好的汽车能在较短时间内达到预定的车速，表现为加速快或能迅速实现超车。

检测时，汽车变速器置于预定挡位，加速过程中不能换挡。现以预定的车速进行等速行驶，进入测试路段后，迅速将加速踏板踩到底，使汽车以最快速度行驶至某一车速或行驶一定距离，记录加速过程的速度、时间和行驶距离。

对于使用自动变速器的汽车，测试在 D 挡进行，初始车速的选取一般以汽车在加速中不应有自动换挡操作为原则。

加速性能测试往返各进行一次，测量路段应尽量重合，结果取平均值。

5.1.3 汽车爬坡能力的检测

汽车在一定坡道上必须达到的车速也可以用来表示汽车的爬坡能力。

1. 汽车的爬坡能力

汽车的爬坡能力是指汽车在良好路面上的最大爬坡度。货车在各种道路上行驶，必须具有足够的爬坡能力。最大爬坡度代表汽车的极限爬坡能力，它应比实际行驶中遇到的道路最大坡度超出许多。人们应考虑到汽车在实际坡度行驶时，在坡道上停车后顺利起步加速、克服松软坡道路面的大阻力、克服坡道上崎岖不平路面的局部大阻力等因素。越野汽车要在无路或坏路条件下行驶，因而爬坡能力是一个很重要的衡量其性能的指标。

2. 爬坡性能试验

它是指在各种坡度的坡道上测定汽车的起步能力和爬坡能力，包括陡坡试验和长坡试验。

(1) 陡坡试验。陡坡试验一般在专门设置的坡道上进行（图 5-1），坡道长度应大于汽车长度的 2~3 倍。车辆用最低挡开始爬坡，其所能克服的最大坡度值就是最大爬坡能力。轿车的最大爬坡度一般在 20% 以上，货车爬坡度在 20% ~30% 之间（图 5-2），爬坡能力是衡量越野车性能的一项重要指标，一般最大爬坡度不小于 60%。而液力传动车辆，其最大爬坡度可达很大值，但仅具有极低的车速，因此一般以克服一定的坡度时的车速来评价其爬坡性能。

图 5-1　设置专门的坡道

图 5-2　30% 坡道试验性能

试验车辆按通用试验条件的规定进行准备，试验时的坡道坡度应接近于试验车的最大爬坡度。坡道长不小于 25 m，坡前应有 8~10 m 的平直路段（图 5-3）。试验车停于平直路段上，起步后，油门全开进行爬坡。测量并记录汽车通过测试路段的时间及发动机转速，监视车辆在各仪表（爬坡过程如水温、机油压力等）的工作情况；爬至坡顶后，停车检查各部位有无异常现象发生（图 5-4），并做详细记录。如果第一次爬不到坡顶，可进行第二次爬坡，但不得超过两次。爬不上坡顶时，测量停车点（后轮触地中心）到坡底的距离，并记录爬不上坡顶的原因。

图 5-3　平直路段

图 5-4　爬至坡顶检查车有无异常

如果没有规定坡度的坡道，可增减装载质量或用变速器较高一挡（如 2 挡）进行试验。若试验车为越野车，则变速器使用最低挡，分动器亦置于最低挡，全轮驱动，停于接近坡道的平直路段上，起步后，将油门全开进行爬坡。当试验车处于坡道上时，停住车辆，变速器置于空挡，发动机熄火 2 分钟，再起步爬坡。测量并记录通过测速路段的时间及发动机转速。爬坡过程中监视各仪表的工作状况，车辆爬至坡顶后，检查各部位有无异常现象，并做详细记录。

试验常用仪器有：坡度仪、发动机转速表、秒表、钢卷尺（50 m）等。

（2）长坡试验。长坡试验的目的是综合考验汽车的动力性和燃油经济性能，并对发动机冷却系冷却能力、发动机热状况和传动系统等在低转速、大转矩工作条件下的性能加以考验，也可通过测定挡位利用率对传动系速比的合理设置进行分析和比较。爬长坡试验应在最大纵向坡度为 7%~10% 以及长 10 km 以上的连续长坡上进行，一般要求上坡路段应占坡道的 90% 以上。试验时，根据道路情况和汽车的动力状况，以合适的变速器挡位爬坡，原则上在保证安全和交通法规允许的前提下，尽可能以较高车速行驶。注意观察发动机水温及底盘零部件的工作状态，当有“开锅”等异常情况时，应停止试验。记录从起点到终点行驶过程中各挡位使用次数和时间、行驶里程、燃油消耗量，计算出各挡位时间（或里程）利用率、汽车行驶平均车速和百公里油耗。

5.2 汽车尾气的检测

5.2.1 汽车尾气污染物及其危害

随着汽车工业的发展和汽车保有量的急剧增加，汽车排放的污染物是被人们一致公认的城市大气主要污染公害之一，已成为人们特别关注的社会问题。因此，检测并控制汽车排气污染物的浓度，已成为汽车检测中重要的检测项目。

一、汽车排气污染物的主要成分

汽车排气的污染物主要是一氧化碳（CO）、碳氢化合物（HC）、氮氧化合物（NO_X）、硫化物（主要是 SO_2）、碳烟及其他一些有害物质。在相同工况下，汽油机排放的 CO、HC 和 NO_X 排放量比柴油机的排放量大，因此，目前的排放法规对汽油机主要限制 CO 、HC 和 NO_X 的排放量。柴油机对大气的污染较汽油机轻得多，它主要会产生碳烟污染，因此，排放法规主要限制柴油机排气的烟度。

二、汽油车排气污染物的标准及检测

1. 汽油车排气污染物的检验标准

装配点燃式发动机的车辆，在检测中要进行怠速试验、双怠速试验和加速模拟工况（ASM）试验。装配点燃式发动机的车辆双怠速试验排气污染物限值见表 5-1。

表 5-1　装配点燃式发动机的车辆双怠速试验排气污染物限值

车辆类型	怠速		高怠速	
	CO/%	$HC/10^{-6}$①	CO/%	$HC/10^{-6}$①
2001 年 1 月 1 日以后上牌照的 M1②类汽车	0.8	150	0.3	100
2001 年 1 月 1 日以后上牌照的 N1③类汽车	1.0	200	0.5	150

①HC 容积浓度值按正己烷当量计算。

②M1 指车辆设计乘员数（含驾驶员）不超过 6 人，且车辆的最大总质量不超过 2500 kg。

③Nl 还包括设计乘员数（含驾驶员）超过 6 人，或车辆的最大总质量超过 2500 kg 但不超过 3500 kg的 M 类车辆。

装配点燃式发动机的车辆怠速试验排气污染物限值见表 5-2。

表 5-2　装配点燃式发动机的车辆怠速试验排气污染物限值

车辆类型	轻型车		重型车	
	CO/%	HC/10^{-6}①	CO/%	HC/10^{-6}①
1995 年 7 月 1 日以前生产的在用汽车	4.5	1200	5.0	2000
1995 年 7 月 1 日起生产的在用汽车	4.5	900	4.5	1200

①HC 容积浓度按正己烷当量计算。

装用点燃式发动机的车辆加速模拟工况试验排气污染物限值见表 5-3。

表 5-3　排气污染物限值

车辆类型	基准质量 RM/kg	ASM5025			ASM2540		
		HC/10^{-6}①	CO/%	NO/10^{-6}	HC/10^{-6}①	CO/%	NO/10^{-6}
2001 年 1 月 1 日以后上牌照的 M② 类车辆	<1050	260	2.2	2500	260	2.4	2300
	<1250	230	1.8	2200	230	2.2	2050
	<1470	190	1.5	1800	190	1.8	1650
	<1700	170	1.3	1550	170	1.5	1400
	<1930	150	1.1	1350	150	1.3	1250
	<2150	130	1.0	1200	130	1.2	1100
	<2500	120	0.9	1050	120	1.1	1000
2001 年 1 月 1 日以后上牌照的 N③ 类车辆	<1050	260	2.2	2500	260	2.4	2300
	<1250	230	1.8	2200	230	2.2	2050
	<1470	250	2.3	2700	250	3.2	2600
	<1700	190	2.0	2350	190	2.7	2200
	<1930	220	2.1	2800	220	2.9	2600
	<2150	200	1.9	2500	200	2.6	2300
	<2500	180	1.7	2250	180	2.4	2050
	<3500	160	1.5	2000	160	2.1	1800

注：①HC 容积浓度值按正乙烷当量计算。

②M1 指车辆设计乘员数不超过 6 人，且车辆的最大总质量不超过 2500 kg。

③N1 还包括设计乘员数超过 6 人，或车辆的最大总质量超过 2500 kg 但不超过 3500 kg 的 M 类车辆。

2. 汽油车排气污染物的检测仪器

不分光红外线气体分析仪是一种能够从汽车排气管中采集气样，并对其中所含 CO 和 HC 的浓度进行连续测量的仪器。图 5-5 所示的为不分光红外气体分析仪。它由废气取样装置、废气分析装置、废气浓度指示装置和校准装置等组成。从废气分析装置送来的电信号，在 CO 指示仪表上 CO 的浓度以体积百分数（%）表示，在 HC 指示仪表上 HC 浓度以正己烷当量体积的百万分数表示。

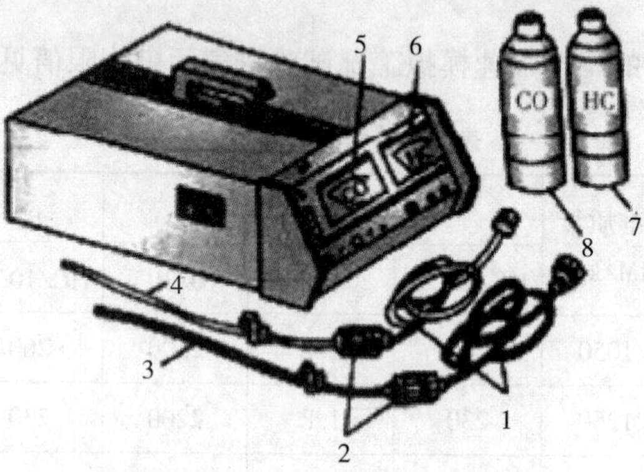

图 5-5　不分光红外线气体分析仪

1：导管；2：滤清器；3：低浓度取样探头；4：高浓度取样探头；
5：CO 指示仪表；6：HC 指示仪表；
7：标准 HC 气样瓶；8：标准 CO 气样瓶

5.2.2　汽油机尾气污染物的检测

《点燃式发动机汽车排气污染物排放限值及测量方法》规定了点燃式发动机汽车怠速和高怠速两种工况下排气污染物排放根值及测量方法。

怠速工况是指发动机运转，离合器处于接合位置，油门踏板与手油门处于松开位置，变速器处于空挡位置，采用化油器的供油系统，其阻风门处于全开位置时的工况。

高怠速工况是指用油门踏板将发动机转速稳定控制在 50% 额定转速或制造厂技术文件中规定的高怠速转速时的工况。轻型汽车的高怠速转速规定为 2500±100 r/min，重型车的高怠速转速规定为 1800±100 r/min。

一、测量

检修人员应按仪器使用说明书的要求做好各项检查项目，见表 5-4。

表 5-4　检查项目

时间	检查部位	检查要领	备注
使用前	指示计	在不输入电源的状态下，检查指针的机械零点	偏离时，调节零点校正螺钉，直至合格
	流量计	从气体入口取下导管，用手遮住进气口，检查动作状态	当发现不能正常动作时，应送至专业厂家修理
	探测器与导管	检查有否压扁、割坏、堵塞、污染等情况	当发现已压扁、割坏时，应更换新件，如有污染和堵塞时，用布和压缩空气清扫
	滤清器	检查脏污程度	脏时应更换
	水分离器	检查存水量	发现有存水时，取下，排尽存水并清扫
	校正装置 标准气体校正 简易校正装置	接通电源，进行必要的预热，吸进清净空气，检查能否进行零点调整。关闭泵开关（校正，测定转换开关，放在校正一侧），注入标准气体，检查能否进行标准气体校正（调整频率根据制造厂的规定）。检查动作状态和指示针的指针位置，调整刻度板的位置	HC 测定器的标准气体是丙烷，所以应求得校准的标准值。当发现不能调整时，应送至专业厂家修理
	接线	检查有无损伤和接触不良的地方	如发现有接触不良和断线处，应更换新线

接通电源，对气体分析仪预热 30 分钟以上。

用标准气样校准仪器先让气体分析仪吸入清洁空气，用零点调整旋钮把仪表指针调整到零点，然后把标准气样从标准气样注入口中注入，再用标准调整旋钮把仪表指针调到标准指示值。CO 校准的标准值就是标准气样瓶上标明的 CO 浓度值。HC 校准的标准值以丙烷作为标准气样，因而要求出正己烷的换算值作为校准的标准值。先用简易装置校准仪器接通简易校准开关，对于有校准位置刻度线的仪器，可用标准调整旋钮将仪表指针调整到正对标准刻度线的位置；对于没有标准刻度线的仪器，要在标准气样校准后立即进行简易校准，使仪表指针与标准气样校准后的指示值重合。把采样探头和采样导管安装到气体分析仪上，此时如果仪表指针超过零点，则表明导管内壁吸附有较多的 HC，需要用压缩空气或布条等清洁采样探头和导管。

从仪器上取出采样导管，进行标准气件校正：吸进清洁空气，用零点调整旋钮去调整零位，再把测定器附属的标准气体从标准气体注入口中注入，用标准气体校正旋钮使指示值符合校正基准值（当注入标准气体时，应关闭仪器上的泵开关）。

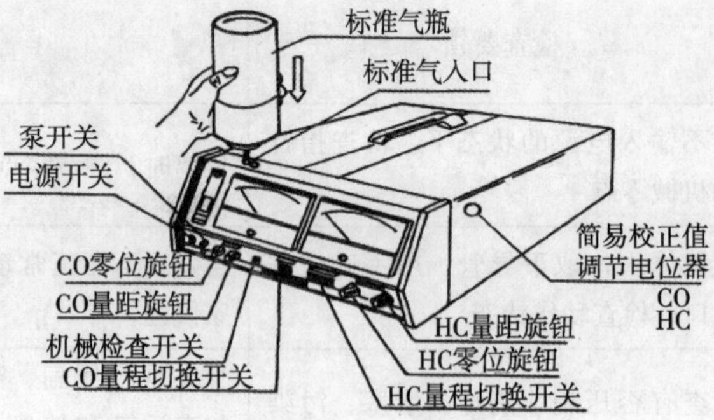

图 5-6　尾气分析仪标准气校正

接通图 5-7 所示的简易校正开关，对于有校正位置刻度线的仪器，可用标准调整旋钮把仪表指针调到标准刻度线的位置。对于没有标准刻度线的仪器，要在标准气校正后立即进行简易校正，使仪器指针与标准气校正后的指示值重合。检查采样探头和导管内是否有残留 HC，如果管壁内壁吸附残留的 HC 过多，仪表指针偏离零点太多，则要用压缩空气或布条等清洁采样探头和导管。

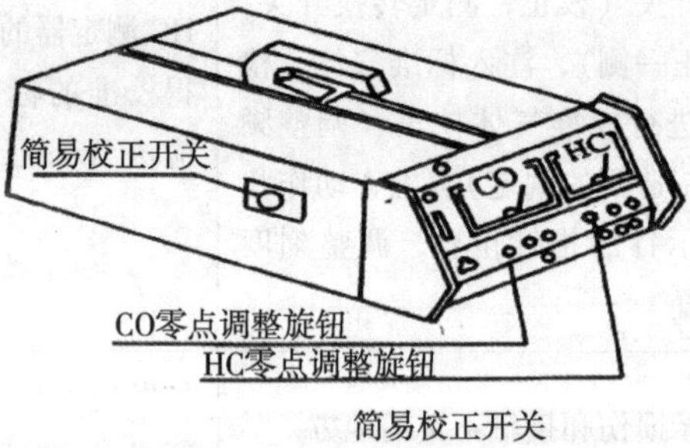

图 5-7　尾气分析仪简易校正异常

二、受检车辆或发动机的准备

被检测车辆处于制造厂规定的正常状态，发动机进气系统应装有空气滤清器，排气系统应装有排气消声器，并不得有泄漏。

发动机上应安装转速计、点火正时仪、冷却液和润滑油测温计等测量仪器。测量时，发动机冷却液和润滑油温度应不低于 80℃，或者达到汽车使用说明书规定的热车状态。

三、测量步骤

（1）发动机从怠速状态加速至 70% 额定转速，运转 30 s 后降至高怠速状态。

（2）将采样探头插入排气管中，深度不少于 400 mm，并把它固定在排气管上。

（3）维持 30 s 后，可利用具有平均值功能的仪器读取30 s内的平均值，或者人工读取 30 s 内的最高值和最低值，平均值即高怠速污染物测量结果。

（4）对于使用闭环控制电子燃油喷射系统和三元催化转化器技术的汽车，还应同时读取过量空气系数（λ）的数值。

（5）发动机从高怠速降至怠速状态 15 s 后，由具有平均值功能的仪器读取 30 s 内的平均值，或者人工读取 30 s 内的最高值和最低值，其平均值即为怠速污染物测量结果。

（6）若车辆有多支排气管，则取各排气管测量结果的算术平均值作为测量结果。

（7）若车辆排气管长度小于测量深度，则应使用排气加长管。

（8）测量工作结束后，把采样探头从排气管里抽出来，让它吸入新鲜空气 5 分钟，待仪器指针回到零点后再关闭电源。

5.2.3 柴油机尾气污染物的检测

一、柴油车排气污染物的检测标准

根据 GB 18285—2000《在用汽车排气污染物限值及测试方法》规定，对于装配压燃式发动机的车辆，按照 GB 14761—1999 通过 C 类认证的车辆进行自由加速排气可见污染物试验，除通过 C 类认证以外的其他装配压燃式发动机的车辆进行自由加速烟度试验。

装配压燃式发动机的车辆自由加速试验烟度排放限值，如表 5-5 所示。

表 5-5 装配压燃式发动机的车辆自由加速试验烟度排放限值

车辆类型	烟度值/Rb
1995 年 7 月 1 日以前生产的在用汽车	4.7
1995 年 7 月 1 日起生产的在用汽车	4.0

二、柴油车排气污染物的检测

《柴油车自由加速烟度的测量滤纸烟度法》规定在进行柴油车排气烟度检测时，应采用滤纸式烟度计，还对检测工况和测量程序做出了具体规定。

1. 滤纸式烟度计的检测原理

滤纸式烟度计的测量原理是用一个活塞式抽气泵从柴油机排气管中抽取一定容积的废气，并使废气通过一张一定面积的白色滤纸。废气中烟的碳粒使滤纸染黑，仪器中的检测装置可以测定滤纸的染黑度，指示装置可以将染黑度指示出来，该染黑度就代表柴油车的排气烟度。

2. 滤纸式烟度计的结构

滤纸式烟度计是应用最广的烟度计之一，有手动、半自动和全自动三种形式。它由废气采样装置、染黑度检测与指示装置和控制装置等组成。滤纸式烟度计的结构简图如图 5-8 所示。

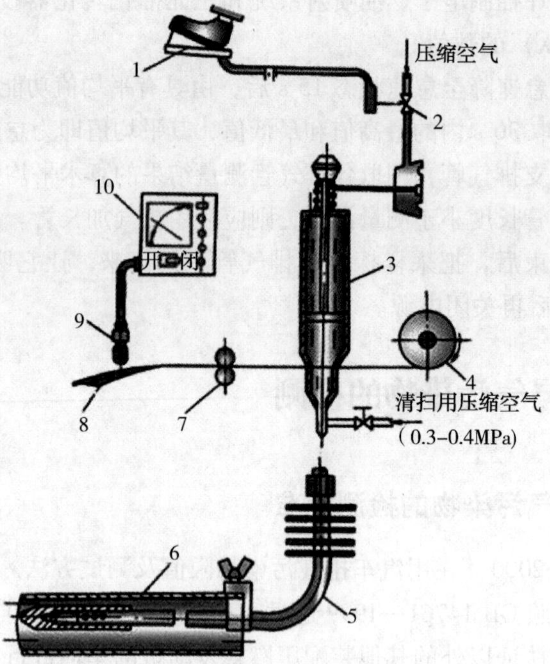

图 5-8　滤纸式烟度计的结构简图

1：脚踏开关；2：电磁阀；3：抽气泵；4：滤纸卷；5：采样探头；6：排气管；7：进给机构；8：染黑的滤纸；9：光电传感器；10：指示仪表

三、柴油车自由加速烟度的检测

柴油车自由加速滤纸式烟度的检测应在自由加速工况下采用滤纸式烟度计进行测量。自由加速滤纸式烟度是指发动机在自由加速工况下，检修人员从发动机排气管抽取规定长度的排气柱所含的碳烟，检测规定面积的清洁滤纸染黑的程度。

自由加速工况是指柴油发动机处于怠速工况下（发动机运转，离合器处于接合位置，油门踏板与手油门处于松开位置，变速器处于空挡位置，具有排气制动装置的发动机，碟形阀处于全开位置），将油门踏板迅速踩到底，使喷油泵供给最大油量。在发动机达到调速器允许的最大转速前，保持此位置。当达到最大转速时，松开加速踏板，使发动机恢复至怠速工况。

检测的具体方法如下。

1. 仪器准备

（1）通电前，检查指示仪表指针是否在机械零点上，若不在零点，则用零点调整螺钉，调整指针与“0”的刻度重合。

（2）接通电源，仪器进行预热。打开测量开关，在检测装置上垫上全白滤纸，调节粗调电位器及微调电位器，使表头指针与“0”的刻度重合。

（3）在 10 张全白滤纸上放上标准烟样，并把标准烟样对准检测装置，仪表指针应指在标准烟样的染黑度数值上，若不符合规定，应进行调节。

（4）检查采样装置和控制装置中各部机件的工作情况，特别要检查脚踏开关与活塞抽气泵的动作是否同步。

（5）检查控制用压缩空气和清洗用压缩空气的压力是否符合要求。

（6）检查滤纸进给机构的工作情况是否正常；检查滤纸是否合格，滤纸应洁白无污。

2. 受检车辆准备

（1）进气系统应装有空气滤清器，排气系统应装有消声器并且不得有泄漏。

（2）柴油应符合国家规定，不得使用燃油添加剂。

（3）测量时发动机的冷却水和润滑油温度应达到汽车使用说明书所规定的热状态。

（4）自 1995 年 7 月 1 日起，应保证新生产柴油车用的柴油机启动加浓装置在非启动工况下不再起作用。

3. 测量步骤

（1）用压力为 0.3~0.4 MPa 的压缩空气清洗采样管路。

（2）把抽气泵置于待抽气位置，将洁白的滤纸置于待采样位置，将滤纸夹紧。

（3）安装采样探头。将采样探头固定于排气管内，插入深度为 300 mm，并使其中心线与排气管轴线平行。

（4）清除积存物。按照自由加速工况的规定加速三次后，把脚踏开关固定在油门踏板上，进行实测。

（5）测量采样，按照自由加速工况和自由加速烟度测量相关规程，循环测量四次并取后三次循环烟度读数的算术平均值作为所测烟度值。

（6）当汽车发动机出现黑烟冒出排气管的时间与抽气泵开始抽气的时间不同步的现象时，应取最大烟度值作为所测烟度值。

（7）在被染黑的滤纸上记下试验序号、试验工况和试验日期等，以便保存。

5.3 汽车侧滑的检测

5.3.1 侧滑试验台

汽车前轮定位参数是影响汽车操纵性和稳定性的重要因素。汽车如果没有正确的前轮定位，将会导致转向沉重、操纵困难，还会增加驾驶员的劳动强度；同时，转向车轮在向前滚动时将会产生横向滑移现象，即车轮侧滑。

汽车前轮定位参数的检测有静态检测法和动态检测法两种。静态检测法是指在汽车静止的状态下，用车轮定位仪对前轮定位值进行检测。动态检测法是一种使汽车以一定的行驶速度通过侧滑试验台，从而测量转向轮的横向侧滑量的方法。侧滑量是指汽车直线行驶位移量为 1 km 时转向轮的横向位移量。侧滑量的单位是 m/k。

汽车前轮的侧滑量主要受转向轮外倾角和转向轮前束值的影响。汽车侧滑试验台就是为检测汽车转向轮外倾角和前束值这两个参数配合是否恰当而设计的一种专门的检测设备。

图 5-9　侧滑试验台

一、汽车侧滑试验台的结构与工作情况说明

以滑板式侧滑试验台为例，介绍其结构与工作原理。

汽车侧滑检验设备按测量参数可以分为两类：一类是测量车轮侧滑量的滑板式侧滑试验台；另一类是测量车轮侧向力的滚筒式侧滑试验台。上述两种试验台都属于动态侧滑试验台。

滑板式侧滑试验台按其结构又可分为单板式侧滑试验台和双板式侧滑试验台两种。前者只有一块侧滑板，检验时汽车只有一侧车轮从试验台上通过；后者有左、右两块侧滑板，检验时汽车左、右车轮同时从侧滑板上通过。它们一般均由测量装置、指示装置和报警装置等组成。下面主要介绍双板式侧滑试验台。

1. 测量装置

测量装置由框架、两块滑动板、杠杆机构、回位装置、滚轮装置、导向装置、锁止装置、位移传感器及信号传递装置等组成。该装置能测出前轮侧滑量并传递给指示装置。滑动板的下部装有滚轮装置和导向装置，两滑动板之间连接有曲柄机构、回位装置和锁止装置。在侧向力的作用下，两块滑动板只能在左、右方向上做等量同向位移，在前、后方向上不能位移。按滑动板位移量传递给指示装置方式的不同，测量装置可分为机械式和电测式两种。机械式侧滑试验不便于远距离传输，近年来已很少使用。电测式测量装置是一种把滑动板的位移量通过位移传感器变成电信号，再经过放大与处理而传输给指示装置的结构形式。它可以借助于导线，将测量结果长距离传输，或与计算机接通，处理起来十分方便。

2. 指示装置

指示装置有指针式和数字式两种。指针式指示装置如图 5-10 所示。指示装置能把测量装置传递来的滑动板侧滑量，按汽车每行驶 1 km 侧滑 1 m 定为一格刻度，所以每一格代表汽车每行驶 1 km 侧滑 1 m。检修人员可以根据指针偏向“IN”或“OUT”的方向确定侧滑方向。“IN”表示正前束，“OUT”表示负前束。

图 5-10 指针式指示装置

1：指针式表头；2：报警用蜂鸣；3：电源指示；4：电源连接 220V；5：电源开关

5.3.2 侧滑的测量方法

一、汽车侧滑的检测方法

侧滑试验台的型号不同，其使用方法也有所区别。检修人员在使用前一定要认真阅读使用说明书，掌握正确的使用方法。

汽车侧滑检测前的准备工作包括试验台的准备和被检汽车的准备。

（1）试验台的准备工作如下：打开电源开关，查看指针式仪表的指针是否在机械零点上，或查看数码管是否亮度正常并都在零位上，若发现故障，应及时清除。

（2）被检汽车的准备工作如下：轮胎气压应符合规定；清洁轮胎上的污物；轮胎花纹深度必须符合有关规定。

汽车侧滑的检测方法如下：拔掉滑动板的锁止销钉，检查电源；汽车以 3~5 km/h

的速度垂直侧滑板驶向侧滑试验台，使前轮平稳通过滑动板；当前轮完全通过滑动板后，从指示装置上观察侧滑方向并读取最大侧滑量；检测结束后，切断电源并锁止滑动板。

对于后轮有定位的汽车，仍可按上述方法检测后轴的侧滑量，从而诊断后轴的定位值是否失准。有关汽车转向轮定位参数的检测有如下规定：

（1）机动车转向轮转向后应能自动回正，以使机动车具有稳定的直线行驶能力。

（2）机动车前轮定位值应符合该车有关技术条件。

（3）机动车转向轮的横向侧滑量，用侧滑台检测时，其值应在±5 m/km 之间。

5.4 燃油经济性检测

5.4.1 油耗的概念

汽车的燃料经济性常用一定运行工况下汽车行驶百公里的燃料消耗量或一定燃料量能供汽车行驶的里程数来衡量。在一些国家，燃料经济性指标的单位为百公里燃料消耗量（L/ 100 km）。为便于比较不同载重量汽车的燃料经济性，人们也可用汽车行驶 100 km 所消耗的燃料升数来评价，即百公里燃料消耗量。美国采用的单位是 MPG 或 mile/USgal，它指的是每加仑燃料汽车能行驶的英里数。这个数值越大，汽车燃料经济性愈好。以下介绍乘用车（M1 类车辆和最大总质量小于 2t N1 类车辆）和商用车（M2、M3 类车辆和最大总质量大于或等于 2t 的 N1 类车辆）的等速行驶燃料消耗量试验、商用车的多工况燃料消耗量试验的基本试验条件和试验方法。

等速油耗是指汽车在良好路面上做等速行驶时的燃油经济性指标。由于等速行驶是汽车在公路上运行的一种基本工况，加上这种油耗容易测定，所以得到了广泛采用。如法国和德国把 90 km/h 和 120 km/h 的等速油耗作为燃油经济性的主要评价指标，我国也采用这一指标，国产汽车说明书上表明的百公里油耗一般都是等速油耗。由于汽车在实际行驶中经常出现加速、减速、制动和发动机怠速等工作情况，因此等速油耗往往偏低，且与实际油耗有较大差别。

道路循环油耗是汽车在道路上按照规定的车速和时间规范反复循环行驶时所测定的燃油经济性指标，也称多工况道路循环油耗。有些规范规定了每个循环包含的各种行驶工况，并规定了每个循环中的换挡时刻、制动与停车时间，以及行驶速度、加速度及制动减速度的数值。因此，用这种方法测定的燃油经济性比较接近汽车实际的行驶情况。美国汽车工程师学会（SAE）制定了 SAE J10926 道路循环试验规范，并被广泛采用。这一规范包括四种不同的循环：市区、郊区、州际 55 mile/h 和州际70 mile/h。

5.4.2 油耗的测量

一、燃料消耗量道路试验

1. 基本试验条件

试验前，应对试验的车辆进行磨合，乘用车至少应行驶3000 km；试验时，试验车辆必须进行预热行驶，使发动机、传动系及其他部分预热到规定的温度状态。轮胎充气压力应符合该车技术条件的规定。装载质量除有特殊规定外，乘用车试验质量应为装备质量加上 180 kg，当车辆的 50% 的装载质量大于 180 kg 时，则车辆的试验质量为装备质量加上 50% 的装载质量；商用车试验质量为：M2 、M3 类城市客车的试验质量为装载质量的 65%，其他车辆为满载，装载物应均匀分布且固定牢靠，试验过程中不得有晃动和颠离现象；不应因潮湿、散失等条件变化而改变其质量，以保证装载质量的大小、分布不变。试验道路应为清洁、干燥、平坦的，应是用沥青或混凝土铺成的直线道路，道路长 2~3 km，且宽不小于 8 m，纵向坡度在 0. 1% 以内。试验应在无雨、无雾，相对湿度小于 95%，风速不大于 3 m/s 的天气条件下进行。

2. 试验项目及规程

（1）乘用车以 90 km/h 和 120 km/h 等速行驶燃料消耗量试验。如果车辆在最高挡（n）时的最大速度超过 120 km/h，则只能使用该挡位进行燃料消耗量的测定；在(n-1)挡时的最大速度超过 120 km/h，则试验应在（n-1）挡进行，但制造厂可要求同时测定在 120 km/h 这一速度时在（n-1）挡和（n）挡的燃料消耗量。

为了确定在规定速度时的燃料消耗量，应至少在低于或等于规定速度时进行两次试验，并至少在等于或高于规定速度时进行另外两次试验，但应满足下面规定的误差：在每次试验行驶期间，速度误差为±2 km/h；每次试验的平均速度与试验规定速度之差不得超过 2 km/h。

（2）商用车等速燃料消耗量试验。试验测试路段长度为 500 m，汽车用常用挡位等速行驶通过 500 m 测试路段，检测人员测量通过该路段的时间及燃料消耗量。试验车速从 20 km/h（最小稳定车速高于20 km/h）开始，以每隔 10 km/h 均匀提升车速，直至最高车速，至少测定五个试验车速，同一车速往返各进行两次。以试验车速为横坐标，燃料消耗量为纵坐标，绘制等速燃料消耗量散点图，根据散点图绘制等速燃料消耗量的特性曲线。

（3）商用车多工况燃料消耗量试验。试验方法是：汽车运行工况可分为匀速、加速、减速和怠速等几种，实际运行时，往往是上述几种工况的组合，并以此决定了汽车的油耗。多工况燃料消耗量试验的方法就是将不同车型的车辆严格依据各自的试验循环进行燃料消耗量测定。尽量使用高挡进行车辆试验，当高挡位达不到工况要求，超出规定偏差时，应降低一挡进行，当车辆进入可使用高挡行驶的等速行驶段和减速行驶段时，再换高挡进行试验。换挡应迅速、平稳。减速行驶中，应完全放松加速踏板，离合器仍结合。当试验车速降至 10 km/h 时，分离离合器，必要时，减速工况允许使用车辆的制动器。每次循环试验后，应记录通过循环试验的燃料消耗量和通过的时间。当按各试验循环完成一次试验后，车辆应迅速调头，重复试验，试验往返各进行两次，取四次试验结果的算术平均值，该值为多工况燃料消耗量试验的测定值。

二、道路试验的仪器设备

燃料消耗量测定的试验主要测量车速、距离、时间和燃料消耗量等参数，车速、距离和时间的测量仍然使用五轮仪或非接触式车速仪。燃料消耗量的检测仪器为车用油耗仪，如图 5-11 所示。它可测量某一段时间间隔或某一里程内，流体通过管道的总体积或总重量。为提高测量精度，应保证流量仪表前有足够的直管段长度或加装流量整流器，以使仪表前的流速分布保持稳定，最后用综合测试仪处理出试验结果。

图 5-11　车用油耗仪

三、燃料消耗量台架试验

在汽车底盘测功机（即转鼓试验台）上进行循环试验（测定油耗）是近年来新发展的试验方法，已日益受到广泛重视。所用底盘测功机能反映汽车行驶阻力与加速时的惯性阻力，以模拟道路上的行驶工况。检修人员可以在底盘测功机上按照很复杂的循环进行试验。检修人员将汽车驱动轮置于底盘测功机的转鼓之上，驱动轮既可拖动转鼓，又可进行反拖。如果将底盘测功机装在有空调设施的实验室内，就不会有风和温度的变化，行驶阻力就会保持一定，实验便具备良好的再现性。

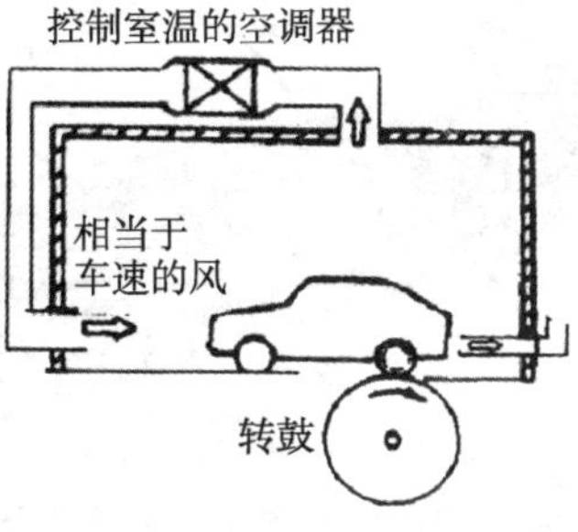

图 5-12　燃油消耗量台架试验示意图

5.5 汽车车速表检测

5.5.1 车速表试验台

汽车行驶速度对交通安全有很大影响，尤其在限速路段，驾驶员必须按照车速表的指示值准确地控制车速，因此，车速表本身一定要准确可靠。为确保车速表的指示精度，检修人员必须适时对车速表进行检测、校正。

一、车速表试验台

车速表试验台有三种类型：无驱动装置的标准型，它依靠被测车轮带动滚筒旋转；有驱动装置的驱动型，它由电动机驱动滚筒旋转；把车速表试验台与制动试验台或底盘测功试验台组合在一起的综合型。

1. 标准型车速表试验台

该类型的试验台由速度测量装置、速度指示装置和速度报警装置等组成，如图 5-13 所示。

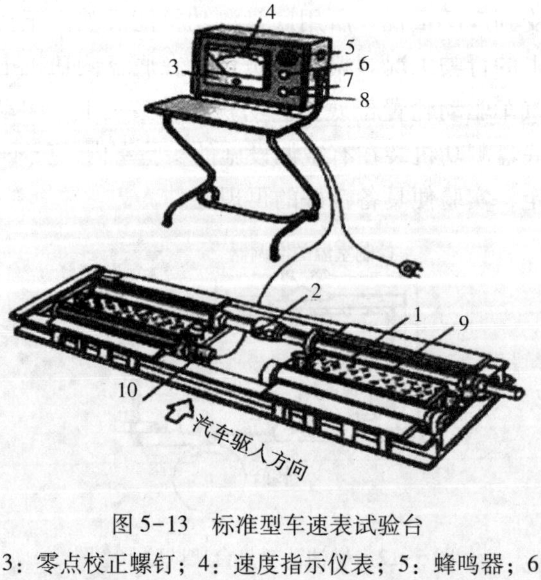

图 5-13　标准型车速表试验台

1：滚筒；2：联轴器；3：零点校正螺钉；4：速度指示仪表；5：蜂鸣器；6：报警灯；7：电源灯；8：电源开关；9：举升器；10：速度传感器

2. 驱动型车速表试验台

汽车车速表的转速信号多数取自变速器或分动器的输出端，但对于后置发动机的汽车来说，如果车速表软轴过长，则会出现传动精度和寿命方面的问题，因此转速信号取自前轮。驱动型车速表试验台就是为适应后置发动机汽车的试验而研制的，其结构如图5-14所示。这种试验台在滚筒的一端装有电动机，由它来驱动滚筒旋转。此外，这种试验台在滚筒与电动机之间装有离合器，若试验时将离合器分离，又可将它作为标准型试验台使用。

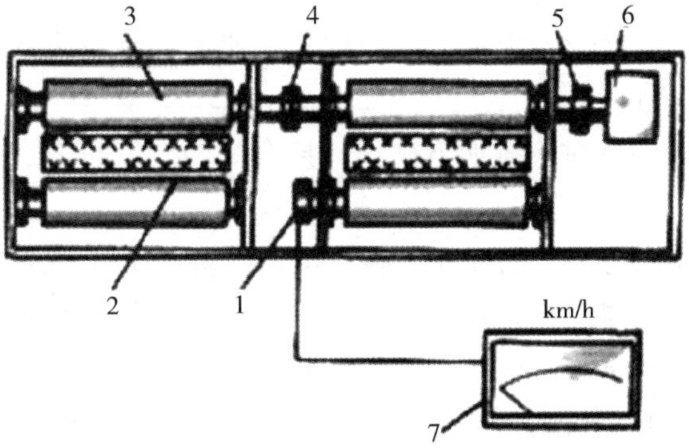

图5-14　驱动型车速表试验台

1：测速发电机；2：举升器；3：滚筒；4：联轴器；5：离合器；6：电动机；7：速度指示仪表

5.5.2　检测方法及评价标准

一、车速表的检测方法

车速表的检测方法因试验台的牌号、类型而异，检修人员应根据使用说明书进行操作。车速表试验台通用的检测方法如下。

1. 车速表试验台的准备

（1）滚筒处于静止状态时检查指示仪表是否在零点上，否则应调至零点。

（2）检查滚筒上是否沾有油、水、泥、砂等杂物，应清除干净。

（3）检查举升器的升降动作是否自如。

（4）检查导线的连接接触情况。

2. 被测车辆的准备

若动作阻滞或有漏气部位，应予以修理；若有接触不良或断路，应予以修理或更换。

（1）轮胎气压应为标准值。

（2）清除轮胎上的水、油、泥和嵌入轮胎花纹沟槽内的石子等杂物。

3. 检测方法

（1）接通试验台电源。

（2）升起滚筒间的举升器。

（3）将被检车辆开上试验台，使输出车速信号的车轮尽可能与滚筒呈垂直状态，然后停放在试验台上。

（4）降下滚筒间的举升器，至轮胎与举升器托板完全脱离为止。

（5）用挡块抵住位于试验台滚筒之外的一对车轮，防止汽车在测试时滑出试验台。

（6）使用标准型试验台时应做如下操作：

待汽车的驱动轮在滚筒上稳定后，挂入最高挡，松开驻车制动器，踩下加速踏板使驱动轮带动滚筒平稳地加速运转；当汽车车速表的指示值达到规定检测车速（40 km/h）时，读出试验台速度指示仪表的指示值；当试验台速度指示仪表的指示值达到检测车速时，读取车速表的指示值。

（7）使用驱动型试验台时应做如下操作：接合试验台离合器，使滚筒与电动机连接在一起。

将汽车的变速器挂入空挡，松开驻车制动器，启动电动机，使电动机驱动滚筒旋转；当汽车车速表的指示值达到检测车速时，读取试验台速度指示仪表的指示值；当试验台速度指示仪表达到检测车速时，读取汽车车速表的指示值。

（8）测试结束后，轻轻踩下汽车制动踏板，使滚筒停止转动。对于驱动型试验台，必须先断开电动机电源，再踩制动踏板。

（9）升起举升器，去掉挡块，汽车驶出试验台。

2. 车速表诊断参数标准及结果分析

（1）车速表检测标准如下：国家强制性标准围+5%～−20%，当车速表试验台的速度指示值为 40 km/h 时，车速表允许误差范为 38～48 km/h；当车速表指示值应为 40 km/h，车速表试验台的速度指示值应为 33. 3～42. 1 km/h。指示值若超出上述范围，车速表检测为不合格。

（2）检测结果分析如下：车速表经检测出现误差，主要原因是车辆在长期使用过程中车速表本身出现了故障、损坏和轮胎磨损。车速表内有转动的活动盘、转轴、轴承、齿轮、游丝等零件和磁性元件，这些构件在工作过程中产生的磨损和性能变化会造成车速表的指示误差。磁力式车速表的磁铁磁力退化，也会引起指针指示值失准，应更换磁铁进行修复。汽车轮胎在使用过程中由于磨损，其半径逐渐减小。在变速器输出轴转速不变的条件下，汽车行驶速度因轮胎半径的变化而变化，而车速表的软轴是与变速器输出轴相连的，因此车速表指示值与实际车速形成误差。为消除车速表机件磨损和轮胎磨损形成的指示误差，检修人员应借助车速表试验台适时地对车速表进行检验。

5.6 汽车前照灯检测

5.6.1 汽车前照灯光学基础知识

一、前照灯检测的目的

汽车前照灯检测是汽车安全性能检测的重要项目。前照灯诊断的主要参数是发光强度和光束照射位置。当前照灯的发光强度不足或光束照射位置偏斜时，会造成夜间行车驾驶员视线不清，或使迎面来车的驾驶员炫目，将极大地影响行车安全。所以，定期对前照灯的发光强度和光束照射位置进行检测、校正是非常有必要的。前照灯的技术状况，可用前照灯校正仪检测。

二、前照灯检测的要求

1. 前照灯光束照射位置的检验标准

汽车前照灯的检验指标为发光强度和光束照射位置的偏移值。前照灯光束照射位置应符合以下要求：

（1）在检验前照灯的近光光束照射位置时，机动车（运输用拖拉机除外）的前照灯在距离屏幕 10 m 处，光束明暗截止线转角或中点的高度应为 0.6~0.8 H（H 为前照灯基准中心高度），其水平方向位置向左、向右偏移均不得超过 100 mm。

（2）四灯制前照灯的远光单光束灯在屏幕上的调整要求是：光束中心离地高度为 0.85~0.90 H，水平位置左灯向左偏移不得大于 100 mm，向右偏移不得大于 170 mm；右灯向左或向右偏移均不得大于 170 mm。

（3）机动车装用远光和近光双光束灯时以调整近光光束为主。对于只能调整远光单光束的灯，则调整远光单光束。

2. 前照灯发光强度的检验标准

机动车每只前照灯的远光光束发光强度应达到表 5-6 所示的发光度要求，测试时，其电源系统应处于充电状态。

表 5-6　前照灯远光光束发光强度要求（cd）

检查项目车辆类型	新注册车		在用车	
	两灯制	四灯制	两灯制	四灯制
汽车、无轨电车	15000	12000	12000	10000
四轮农用车	10000	8000	8000	6000

三、用前照灯检测仪检测发光强度和光轴偏斜量

前照灯检测仪是按一定测量距离放在被检车辆的对面，用来检测前照灯发光强度与光轴偏斜量的专用设备。光轴偏斜量表示光束照射位置。

前照灯检测仪按照结构特征与测量方法的不同可分为投影式前照灯检测仪和自动追踪光轴式前照灯检测仪。不同类型的前照灯检测仪均由接受前照灯光束的受光器、使受光器与汽车前照灯对正的照准装置、前照灯发光强度指示装置、光轴偏斜方向和偏斜量指示装置及支柱、底板、导轨、汽车摆正找准装置等组成。

1. 投影式前照灯检测仪

投影式前照灯检测仪（图 5-15）可以把前照灯光束的影像映射到投影屏上，这种方法可以用来检测发光强度和光轴偏斜量。检测时，测试距离一般为 3 m。

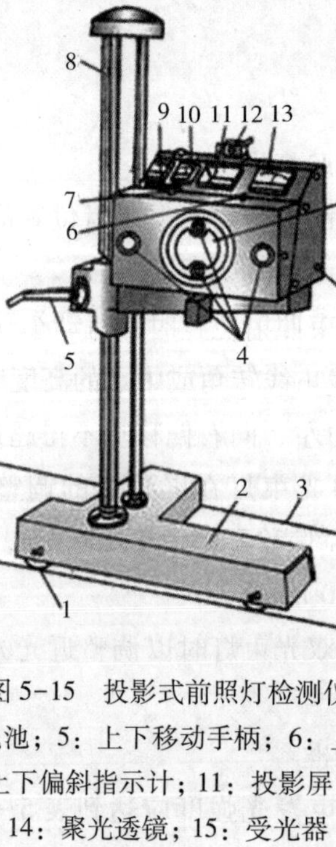

图 5-15　投影式前照灯检测仪

1：车轮；2：底座；3：导轨；4：光电池；5：上下移动手柄；6：上下光轴刻度盘；7：左右光轴刻度盘；8：支柱；9：左右偏斜指示计；10：上下偏斜指示计；11：投影屏；12：汽车摆正找准器；13：光度计；14：聚光透镜；15：受光器

投影式前照灯检测仪使用光轴刻度盘检测法。转动光轴刻度盘，使投影屏上的坐标原点与前照灯影像中心重合，读取此时光轴刻度盘上的指示值，即光轴偏斜量，再根据

光度计上的指示值读取发光强度值。

2. 自动追踪光轴式前照灯检测仪

检修人员可利用自动追踪光轴式前照灯检测仪（图 5-16）的受光器自动追踪光轴的方法来检测前照灯发光强度和光轴偏斜量，一般检测距离为 3 m。

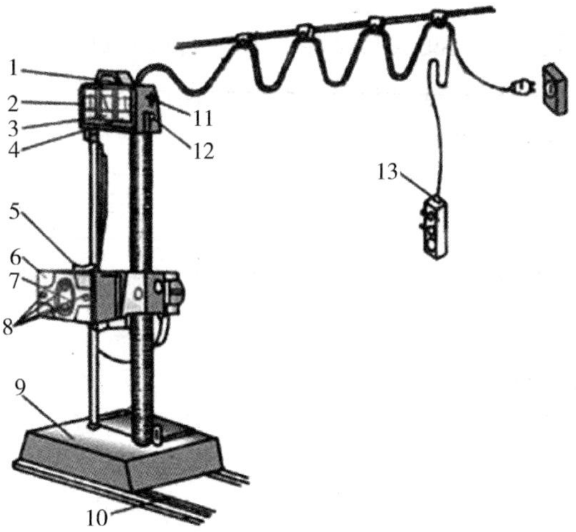

图 5-16　自动追踪光轴式前照灯检测仪

1：在用显示器；2：左右偏斜指示计；3：光度计；4：上下偏斜指示计；5：车辆摆正找准器；6：受光器；7：聚光透镜；8：光电池；9：控制箱；10：导轨；11：电源开关；12：熔丝；13：控制盒

5.6.2　检测项目及方法

一、前照灯发光强度和光轴偏斜量的检测方法

1. 检测前的准备

（1）前照灯检测仪的准备。在不受光的情况下，调整光度计和光轴偏斜量指示计是否对准机械零点。若指针失准，可用零点调整螺钉调整。检查聚光透镜和反射镜的镜面上有无污物，若有污物，可用柔软的布料或镜头纸擦拭干净。检查水准器的技术状况，若水准器无气泡，应进行修理或更换。若气泡不在红线框内时，可用水准器调节器或垫片进行调整。检查导轨是否沾有泥土等杂物，若有杂物，应清除干净。

（2）被检车辆的准备。清除前照灯上的污垢，轮胎气压应符合汽车制造厂的规定，前照灯开关和变光器应处于良好状态，汽车蓄电池和充电系统应处于良好状态。

2. 用投影式前照灯检测仪检测发光强度和光轴偏斜量的过程

（1）车辆沿引导线居中驶入检测仪规定的位置。

（2）在规定的距离处停车。

（3）开启前照灯远光灯，打开电源开关，遮挡左侧灯光，检测右侧灯光是否符合要求，若符合要求，检测左侧灯光。

（4）从光轴刻度上读取光轴偏斜量，从光度计上读取发光强度。

（5）检测结束后关闭检测仪电源，放回原位。

3. 自动追踪光轴式前照灯检测仪的检测发光强度和光轴偏斜量的过程

（1）车辆沿引导线居中驶入离检测仪规定的距离 3 m 处。

（2）在规定距离处停车。

（3）开启前照灯远光灯，检测仪自动搜寻左、右远光灯。

（4）自动检测发光强度和光轴偏斜量，打印数据。

（5）检测结束后，仪器自动回位。

二、检测结果分析

前照灯检验不合格的原因有两种，一是前照灯发光强度偏低，二是前照灯照射位置偏斜。

1. 左、右前照灯发光强度均偏低

（1）检查前照灯反光镜的光泽是否明亮，如果昏暗、镀层剥落或发黑，应予以更换。

（2）检查灯泡是否老化，质量是否符合要求，如果老化或质量不符合要求，应更换光度偏低的灯泡。

（3）检查蓄电池端电压是否偏低，如果电压偏低，应先给蓄电池充足电再检测，仅靠蓄电池供电，前照灯发光强度一般很难达到标准的规定，检测时发电机应供电。

2. 左、右前照灯发光强度不一致

检查发光强度偏低的前照灯的反射镜光泽是否灰暗，灯泡是否老化，质量是否符合要求，若有上述问题，一般多为搭铁线路接触不良。

3. 前照灯光束照射位置偏斜

前照灯安装位置不当或因强烈振动而错位致使光束照射位置偏斜，应予以调整。可在前照灯检测仪上调整前照灯光束照射位置偏斜的问题。根据检测标准，在检测调整光束照射位置时，针对远、近双光束灯，以检测调整近光光束为主。如果制造质量合格的灯泡，近光光束照射方向调整合格后，远光光束照射方向一般也会合格；若近光光束照射方向调整合格后，经复核远光光束照射方向不合格，则应更换灯泡。

5.7 汽车噪声检测

5.7.1 噪声及其危害

汽车噪声已成为当今社会特别是一些大城市的主要噪声源。所谓汽车噪声就是指汽车行驶在道路上时，发动机、底盘、喇叭等都发出的大量的人类不喜欢的声音。它给人类生活带来了很多的负面影响，所以人们必须定期对汽车噪声进行检测。

一、噪声的认识

噪声是指使人烦躁或音量过强而危害人体健康的声音。它的强度单位用声压级来表示，记为分贝（dB）。其他评价指标为噪声级，主要由声压级和声音的频谱共同决定。

1. 噪声的声压和声压级

声压是指在声波的作用下介质压强的变化量。声音的强弱取决于声压，声压越大，听到的声音越强。用声压的绝对值来表示声音的强弱不是很方便，因此人们通常用声压级来表示声音的强弱。

2. 噪声的频谱

人耳对声音的感觉不仅与声压有关，还与声音的频率有关。人耳可听到的声音的频率范围为20~20000 Hz。一般的声源并不是仅发出单一频率的声音，而是发出具有很多频率成分的复杂声音。声音听起来之所以会有很大的差别，就是因为它们的组成成分不同。因此，人们要想全面了解一个声源的特性，仅知道它在某一频率下的声压级是不够的，还必须知道它的各种频率成分和相应的声音强度，这就是频谱分析。因此，噪声的频谱也是噪声的评价指标之一。

3. 噪声级

用声压级测定的声音强弱与人们的生理感觉往往不一样，人们的生理感觉还受噪声频谱的影响。因而，对于噪声的评价，人们常采用与人耳生理感觉相适应的指标。为了模拟人耳在不同频率有不同的灵敏性这一特性，声级计内设有一种能够模拟人耳的听觉特性，它能把电信号修正为与听觉近似的网络，这种网络被称为计权网络。通过计权网络测得的声压级，已不再是客观物理上的声压级，而是经过听觉修正的声压级，被称为计权声级或噪声级。国际电工委员会对声学仪器规定了 A、B、C 等几种国际标准频率计权网络，由于 A 计权网络对噪声低频成分的衰减程度最多，其特性曲线接近人耳的听觉特性，因此，目前世界上对噪声的测量和评价普遍采用 A 计权网络，记作 dB（A）。

二、汽车噪声的检测标准

汽车噪声的检测标准及其测量方法主要包括以下四点。

（1）车外最大允许噪声级。汽车加速行驶时，车外最大允许噪声级应符合表 5-7 所示的规定。表中所列各类机动车辆的变型车或改装车（消防车除外）在加速行驶时，车外最大允许噪声级均应符合其基本型车辆的噪声规定。

（2）车内最大允许噪声级。客车车内最大允许噪声级不大于 82 dB。

（3）汽车驾驶员耳旁噪声级。耳旁噪声级应不大于 90 dB。

（4）机动车喇叭声级。在距车前 2 m，离地高 1.2 m 处测量时，机动车喇叭声级应为 90~115 dB。

表 5-7　车外最大允许噪声级

车辆类型		车外最大允许噪声级/［dB（A）］	
		1985 年 1 月 1 日以前生产的汽车	1985 年 1 月 1 日起生产的汽车
载货汽车	8 t≤载质量<15 t	92	89
	3.5 t≤载质量<8 t	90	86
	载质量<3.5 t	89	84
轻型越野车		89	84
公共汽车	4 t≤载质量<11 t	89	86
	载质量≤4 t	88	83
轿车		84	82

5.7.2　汽车噪声检测方法

汽车噪声的测量方法

汽车噪声主要包括发动机的机械噪声、燃烧噪声、进排气噪声、风扇噪声、底盘的机械噪声、制动噪声、轮胎噪声、车厢振动噪声、货物撞击噪声、喇叭噪声和转向、倒车时的蜂鸣声等。目前，检修人员主要利用声级计对汽车车外噪声、加速行驶噪声、喇叭噪声等进行检测。ND2 型便携式精密声级计如图 5-17 所示。

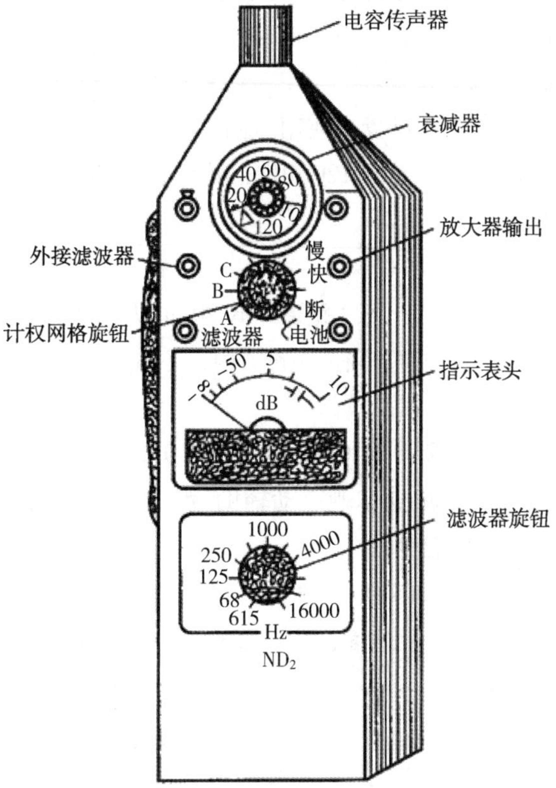

图 5-17　ND2 型便携式精密声级计

1. 检测前的准备

检测之前应对仪器进行检查与校准，具体步骤如下。

（1）指针调零。接通电源前，先检查仪器指针是否指零，如未指零，则将仪器指针调至指零。

（2）电池容量检查。按说明书检查电池容量，如不符合要求，则应更换电池。

（3）仪器预热。接通电源开关，预热仪器 10 分钟。

（4）仪器校准。为了保证测量精度，每次使用仪器前或使用一段时间后，必须对声级计的电路和传声器进行校准。校准时先根据仪器使用说明书对电路进行校准，然后利用标准传声器对声级计上的传声器进行对比校准。

（5）将声级计的功能开关对准“线性”和“快”挡。一般检测具有一定的环境噪声（一般为 40~60 dB），声级计上应有相应的指示值。变换衰减器刻度盘，表头指示值应相应变化 10 dB 左右。

（6）检查计权网络。按上述步骤将“线性”位置依次转换到 C、B、A 位置。由于室内环境噪声多为低频成分，故经三挡计权网络后的噪声级示值将低于线性值，而且应依次递减。

（7）检查“快”挡和“慢”挡。将声级计衰减器刻度盘调到高分贝值的位置（例如90 dB），通过操作人员发声来观察“快”挡时的指针能否跟上发音速度，“慢”挡时的指针摆动是否明显迟缓。

（8）经过以上检查，仪器才可投入使用。如果不知道被测噪声级多大，必须把衰减器刻度盘预先放在最大衰减位置（即120 dB），然后在实测中逐步将衰减器刻度盘旋至被测声级所需要的衰减挡。

2. 车外噪声测量方法

（1）测量场地应平坦而空旷，场地跑道应有20 m以上的平直、干燥的沥青路面或混凝土路面；在测试中心以25 m为半径的范围内，不应有大的反射物，如建筑物、围墙等。

（2）周围环境的噪声应比所测车辆噪声至少低10 dB。

（3）被测车辆应空载，为减少车辆启动辅助设备产生的其他噪声而影响测试精度，测量时发动机应保持正常使用温度。

（4）测量场地及测点位置如图5-18所示。测试传声器位于20 m跑道中心点“O”的两侧，它们各距中线7.5 m，距地面高度1.2 m，用三脚架固定；传声器平行于路面，其轴线垂直于车辆行驶方向。

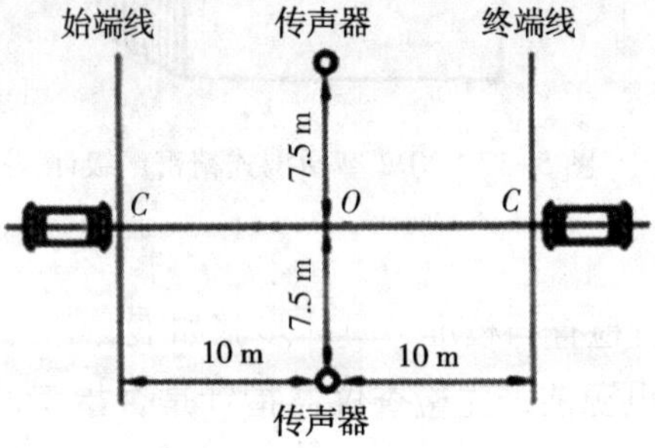

5-18　车外噪声测量位置

3. 加速行驶车外噪声测量方法

（1）对于手动挡车辆，具有四挡以上的车辆到达始端线的速度相当于发动机额定功率转速3/4的速度。如果此时车辆速度超过了50 km/h，那么车辆应以50 km/h的车速稳定地到达始端线。自动挡的车辆应以发动机额定功率转速3/4的速度到达始端线。

（2）从车辆前端到达始端线开始，使用在试验区间加速最快的挡位，并以发动机额定功率立即将加速踏板踩到底或使节气门全开，直线加速行驶，当车辆后端到达终端线时，立即停止加速。

（3）用声级计“A”计权网络和“快”挡进行测量，读取车辆驶过时的声级计表头的最大读数。

（4）用同样的测量方法往返各进行一次测量。车辆同侧两次测量结果之差应不大于

2 dB，取两次声级平均值中的最大值作为检测车的最大噪声级。若只用一只声级计测量，则对车辆每侧测量两次，然后取四次测量的平均值作为该车的最大噪声级。

4. 匀速行驶车外噪声测量方法

（1）车辆用常用挡位以 50 km/h 的车速匀速通过测量区域。

（2）用声级计“A”计权网络和“快”挡进行测量，读取车辆驶过时声级计表头的最大读数。

（3）用同样的测量方法往返各进行一次测量。车辆同侧两次测量结果之差应不大于 2 dB，并取两次声级平均值中最大值作为检测车的最大噪声级。若只用一只声级计测量，则对车辆每侧测量两次，然后取四次测量的平均值作为该车的最大噪声级。

5. 驾驶员耳旁噪声的测量方法

（1）车辆应处于静止状态且变速器置于空挡，发动机应处于额定转速状态。测点位置如图 5-19 所示。

（2）声级计应置于“A”计权网络和“快”挡位置。

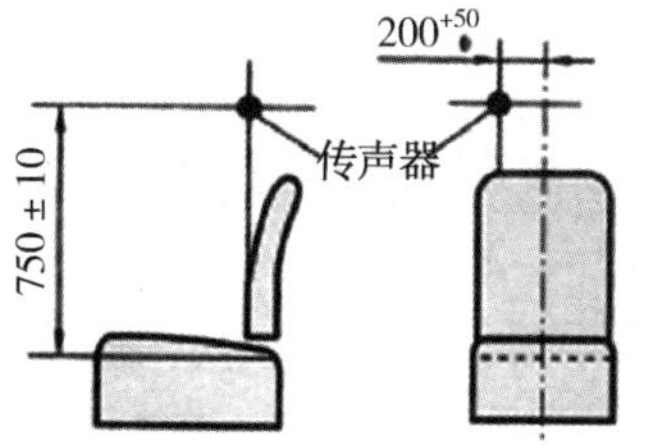

图 5-19 测点位置

6. 汽车喇叭声的测量

汽车喇叭噪声的测点位置如图 5-20 所示，测量次数宜在两次以上，并注意监听喇叭声是否正常。

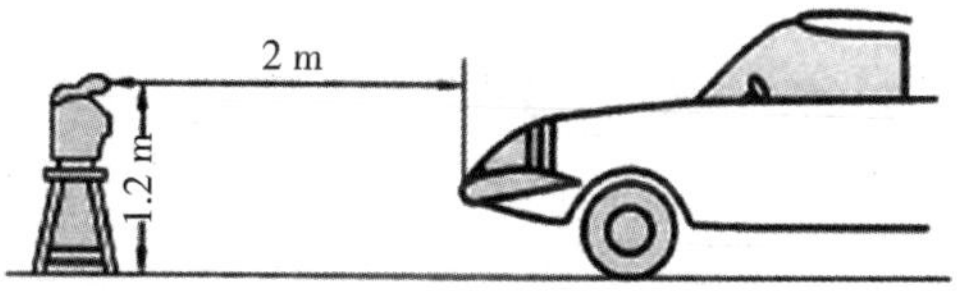

图 5-20 汽车喇叭噪声的测点位置

参考文献

[1] 张建俊. 汽车检测技术 [M]. 北京：高等教育出版社，2003.

[2] 凌永成. 汽车检测诊断技术 [M]. 北京：清华大学出版社，2009.

[3] 李玉柱. 汽车检测与故障诊断技术 [M]. 北京：冶金工业出版社，2009.

[4] 张子波. 汽车故障诊断技术 [M]. 北京：机械工业出版社，2006.

[5] 邹小明. 汽车检测诊断技术 [M]. 北京：人民交通出版社，2005.

[6] 李春明. 现代汽车底盘技术 [M]. 北京：北京理工大学出版社，2009.

[7] 王遂双. 汽车电子控制系统的原理与检修（电喷发动机部分）[M]. 北京：北京理工大学出版社，2007.

[8] 邹长庚. 现代汽车电子控制系统构造原理与故障诊断（上）：发动机部分. [M]. 北京：北京理工大学出版社，2011.

[9] 肖超胜. 丰田汽车维修手册. [M] 长春：吉林科学技术出版社，1996.